Viktor Mayer-Schönberger
& Kenneth Cukier

# DE BIG DATA REVOLUTIE

## Hoe de data-explosie al onze vragen gaat beantwoorden

Vertaald uit het Engels door Wim Scherpenisse

MAVEN
PUBLISHING

Voor B en v

V.M.S.

Voor mijn ouders

K.N.C.

Oorspronkelijke titel
*Big Data: A Revolution That Will Transform How We Live, Work, and Think*

Nederlandse vertaling


www.mavenpublishing.nl

Ontwerp omslag Studio Ron van Roon
Opmaak binnenwerk Michiel Niesen, ZetProducties

ISBN boek 978 94 9057 490 1
ISBN e-boek 978 94 9057 491 8
NUR 780

# Inhoud

# 1

# Nu

In 2009 werd er een nieuw griepvirus ontdekt. De nieuwe stam, die als H1N1 werd aangeduid, bevatte elementen van de virussen die vogelgriep en varkensgriep veroorzaken en verspreidde zich snel. Binnen enkele weken vreesden volksgezondheidsinstellingen overal ter wereld dat er een verschrikkelijke pandemie aanstaande was. Sommige commentatoren waarschuwden voor een griepuitbraak van dezelfde omvang als de Spaanse griep van 1918, waarbij een half miljard mensen besmet raakten en waaraan tientallen miljoenen overleden. En, wat nog erger was, er was geen onmiddellijk beschikbaar vaccin tegen het nieuwe virus. De enige hoop van de verantwoordelijken voor de volksgezondheid was dat het zou lukken de verspreiding van het virus te vertragen. Maar daarvoor moesten ze eerst weten hoe ver het virus zich al had verspreid.

In de Verenigde Staten verzochten de Centers for Disease Control and Prevention (centra voor ziektebestrijding en -preventie, CDC's) artsen hen te informeren over nieuwe griepgevallen. Maar het beeld van de pandemie dat daaruit naar voren kwam, was altijd dat van een paar weken geleden. Mensen voelden zich misschien al dagenlang ziek, maar wachtten nog met naar de dokter gaan. Het doorgeven van de informatie aan de centrale instanties kostte tijd en de CDC's verwerkten de gegevens maar één keer per week. Bij een ziekte die zich snel verspreidt is een vertraging van twee weken veel te veel. Door die vertraging tastten de instanties voor gezondheidszorg op de meest cruciale momenten volledig in het duister.

Slechts een paar weken voordat het H1N1-virus de voorpagina's haalde, hadden een paar dataspecialisten van de internetgigant Google een opmerkelijk artikel gepubliceerd in het wetenschappelijke tijdschrift *Nature*. Het sloeg als een bom in bij verantwoordelijken voor gezondheidszorg en informatici, maar bleef verder onopgemerkt. De auteurs legden uit dat Google de verspreiding van de wintergriep in de VS kon 'voorspellen', niet alleen op landelijk niveau, maar per regio en zelfs per deelstaat. Dat kreeg het bedrijf voor elkaar door te kijken waar mensen op internet naar zochten. Aangezien Google elke dag meer dan drie miljard zoekopdrachten krijgt en die allemaal bewaart, waren er meer dan genoeg gegevens om mee te werken.



Google bekeek de 50 miljoen zoektermen die het meest door Amerikanen werden ingetypt en vergeleek die lijst met de gegevens van de CDC's over de verspreiding van de seizoensgriep tussen 2003 en 2008. De bedoeling was de mensen die met het griepvirus geïnfecteerd waren aan te wijzen op basis van dingen waar ze op internet naar zochten. Datzelfde hadden ook anderen al geprobeerd, maar niemand beschikte over zoveel gegevens, rekenkracht en statistische knowhow als Google.

De mensen van Google hadden erop gegokt dat de zoekers uit waren op het verkrijgen van informatie over griep – met behulp van zoektermen als 'medicijn voor hoest en koorts' –, maar dat bleek niet de crux te zijn. Daarom ontwierpen ze een systeem waarbij het er niet toe deed waar mensen naar zochten. Het systeem zocht alleen maar naar correlaties tussen de frequentie van bepaalde zoekopdrachten en de verspreiding van de griep in tijd en ruimte. In totaal verwerkten ze maar liefst 450 miljoen verschillende wiskundige modellen voor het testen van de zoektermen en vergeleken ze de voorspellingen met de gegevens van de CDC's over werkelijke griepgevallen in 2007 en 2008. En ze stuitten op een goudmijn: hun software vond een combinatie van vijfenveertig zoektermen die, indien ze samen werden ingevoerd in een wiskundig model, een sterke correlatie lieten zien tussen de voorspellingen en de officiële landelijke cijfers. Ze konden net als de CDC's aangeven waar de griep zich had verspreid, maar anders dan de CDC's konden ze dat bijna realtime in plaats van pas een paar weken later.

Toen de H1N1-crisis in 2009 toesloeg, bleek het Google-systeem een bruikbaardere en snellere indicator dan de overheidsstatistieken met hun inherente meldingsvertragingen. Zo kregen de verantwoordelijken voor de volksgezondheid waardevolle informatie ter beschikking.



De Google-methode is opmerkelijk omdat er geen speekselmonsters worden verzameld en geen artsenpraktijken worden bevraagd. In plaats daarvan maakt ze gebruik van *big data* – het vermogen van de samenleving om informatie op nieuwe manieren in te zetten voor het verkrijgen van nuttige inzichten of waardevolle goederen en diensten. Daarmee heeft de wereld tegen de tijd dat de volgende pandemie zich aandient een beter instrument ter beschikking om de verspreiding van de ziekte te voorspellen en dus te voorkomen.

Gezondheidszorg is maar een van de terreinen waarop de big data-revolutie haar invloed doet gelden. Hele sectoren van het zakenleven veranderen op dit moment ingrijpend door big data. De aankoop van vliegtickets is een goed voorbeeld.

In 2003 moest Oren Etzioni van Seattle naar Los Angeles vliegen voor de bruiloft van zijn jongste broer. Een paar maanden voor de grote dag ging hij online en kocht hij een vliegticket, in de veronderstelling dat je minder betaalt als je vroeg boekt. Tijdens de vlucht kreeg zijn nieuwsgierigheid de overhand, en hij vroeg de man die naast hem zat hoeveel zijn ticket had gekost en wanneer hij het had gekocht. De man bleek aanzienlijk minder te hebben betaald dan Etzioni, hoewel hij zijn ticket veel later had gekocht. Dat zat Etzioni helemaal niet lekker, en hij sprak nog meer medepassagiers aan. De meesten hadden minder betaald dan hij.

De meeste mensen zouden hun verontwaardiging over hun te dure ticket waarschijnlijk zijn vergeten tegen de tijd dat ze hun tafeltje opklapten en hun vliegtuigstoel weer rechtop zetten. Maar Etzioni is een van de meest vooraanstaande Amerikaanse informatici. Hij beschouwt de wereld als een reeks big data-problemen – die hij kan oplossen. En daar is hij al mee bezig sinds hij in 1986 aan Harvard afstudeerde als eerste student met het hoofdvak informatica.

Vanaf zijn uitvalsbasis aan de universiteit van Washington had hij al een hele rits big data-bedrijven opgestart voordat de term 'big data' bekend werd. Hij hielp bij het bouwen van een van de eerste zoekmachines op het web, MetaCrawler, die in 1994 werd gelanceerd en kort daarna overgenomen door InfoSpace, destijds een groot internetbedrijf. Hij is een van de oprichters van Netbot, de eerste prijsvergelijkingssite voor consumenten, die hij later doorverkocht aan Excite. Zijn bedrijfje voor het distilleren van betekenis uit tekstdocumenten, ClearForest, werd later overgenomen door Reuters.



Zodra Etzioni weer met beide benen op de grond stond, besloot hij een manier te bedenken om mensen te laten weten of een ticketprijs die ze online zien een goede koop is of niet. Een vliegtuigstoel is een massaproduct: de ene stoel is in principe niet te onderscheiden van alle andere op dezelfde vlucht. Toch variëren de stoelprijzen enorm onder invloed van ontelbare factoren waarvan de meeste uitsluitend aan de luchtvaartmaatschappijen zelf bekend zijn.

Etzioni kwam tot de conclusie dat hij de precieze mechanismes achter de prijsverschillen niet hoefde uit te pluizen. Hij hoefde alleen maar te voorspellen hoe waarschijnlijk het was dat de weergegeven prijs in de toekomst zou stijgen of dalen. Dat is mogelijk, zij het niet eenvoudig. Het enige wat je ervoor hoeft te doen, is alle ticketverkopen voor een bepaalde route analyseren en onderzoeken hoe de betaalde prijzen afhangen van het aantal dagen voor vertrek.

Als de gemiddelde prijs van een ticket de neiging had te dalen, zou het verstandig zijn te wachten en het ticket later te kopen. Als de gemiddelde prijs meestal steeg, gaf het systeem de aanbeveling het ticket direct te kopen voor de weergegeven prijs. Met andere woorden, er hoefde alleen maar een veredelde versie te worden uitgevoerd van Etzioni's informele onderzoekje op tien kilometer hoogte. Voor de goede orde: ook dit was weer een moeilijk informaticaprobleem. Maar het was een probleem dat hij kon oplossen. En dus ging hij aan het werk.

Etzioni werkte met een steekproef van 12.000 prijsobservaties  die was verkregen door gedurende een periode van eenenveertig dagen informatie te 'oogsten' van een reiswebsite. Daarvan uitgaande bouwde hij een voorspellingsmodel dat de denkbeeldige passagiers een aardig voordeel opleverde. Het model hield zich niet bezig met het 'waarom', maar uitsluitend met het 'wat'. Het kende geen van de variabelen die een rol spelen bij de prijsbeslissingen van luchtvaartmaatschappijen, zoals het aantal nog onverkochte stoelen, seizoensinvloeden of de vraag of een overnachting in het weekend de prijs misschien op magische wijze drukte. Het baseerde zijn voorspellingen op wat het model wél kende: waarschijnlijkheden die moeizaam bijeen waren gesprokkeld uit gegevens van andere vluchten. 'Kopen of niet kopen, dat is de vraag,' zo redeneerde Etzioni, en hij gaf zijn onderzoeksproject de toepasselijke naam Hamlet.

Uit dit kleinschalige beginproject ontstond een met risicodragend kapitaal gefinancierde onderneming, Farecast. Door te voorspellen of de prijs van een vliegticket waarschijnlijk zou stijgen of dalen, en hoeveel, stelde Farecast consumenten in staat te bepalen wanneer ze op de knop 'Koop nu' moesten klikken. Ze hadden nu de beschikking over informatie waartoe ze tot voor kort nooit toegang hadden gehad. Het bedrijf gaf, als toppunt van transparantie, zelfs aan hoeveel vertrouwen het in zijn eigen voorspellingen had en liet die informatie op het scherm aan de gebruikers zien.

Om goed te kunnen werken moest het systeem over heel veel gegevens beschikken. Etzioni wist toegang te krijgen tot een van de reserveringsdatabases van de luchtvaartbranche om de prestaties van zijn systeem te verbeteren. Op basis van die informatie kon het model voorspellingen doen aan de hand van gegevens over alle stoelen op alle vluchten op het merendeel van de routes in de Amerikaanse burgerluchtvaart over een periode van een jaar. Farecast verwerkte voor het doen van voorspellingen inmiddels bijna 200 miljard vluchtprijsrecords, waarmee het bedrijf consumenten een smak geld bespaarde.

Etzioni maakt met zijn zandkleurige haar, zijn brede grijns en zijn engelachtige voorkomen niet bepaald de indruk iemand te zijn die in staat is de luchtvaartbranche miljoenen dollars aan potentiele inkomsten door de neus te boren. Maar in werkelijkheid heeft hij zich zelfs een nog hoger doel gesteld. In 2008 had hij plannen om dezelfde methode ook toe te passen op andere goederen, zoals hotelkamers, concertkaartjes en tweedehandsauto's: allemaal zaken die worden gekenmerkt door weinig productdifferentiatie, sterke prijsvariaties en een enorme hoeveelheid gegevens. Maar voordat hij die plannen verder had kunnen uitwerken klopte Microsoft bij hem aan, slokte Farecast voor circa 110 miljoen dollar op en integreerde het in de zoekmachine Bing. In 2012 deed het systeem in driekwart van de gevallen correcte voorspellingen en bespaarde het reizigers gemiddeld 50 dollar per ticket.



Farecast is een schoolvoorbeeld van een bedrijf dat zijn geld verdient met big data, en het biedt ons een kijkje in de nabije toekomst. Etzioni zou het bedrijf vijf of tien jaar geleden niet hebben kunnen opzetten. 'Dat zou onmogelijk zijn geweest,' zegt hij. De hoeveelheid rekenkracht en opslagruimte die hij nodig had, was toen nog te duur. Maar hoewel de technologische ontwikkelingen een cruciale factor zijn geweest, veranderde er ook nog iets veel belangrijkers, iets subtiels: de manier waarop tegen het mogelijke gebruik van gegevens werd aangekeken.

Gegevens werden niet meer beschouwd als statisch of triviaal, iets wat geen nut meer had zodra het doel was bereikt waarvoor ze oorspronkelijk waren verzameld, bijvoorbeeld nadat het vliegtuig was geland of – in het geval van Google – een zoekopdracht was afgewerkt. Gegevens veranderden in een ruwe grondstof voor bedrijven, een belangrijk economisch goed dat kon worden gebruikt om een nieuwe vorm van economische waarde te creëren. Sterker nog, met de juiste invalshoek kunnen gegevens op een slimme manier worden hergebruikt en zo uitgroeien tot een rijke bron van innovaties en nieuwe diensten. Ze kunnen geheimen onthullen aan degenen die beschikken over de nederigheid, de bereidheid en de juiste gereedschappen om te luisteren.



## DE GEGEVENS LATEN SPREKEN

De smartphone is in ieders hand, in menige rugzak zit een laptop en in elk bedrijf staat een groot IT-systeem – de verworvenheden van de informatiesamenleving zijn moeilijk over het hoofd te zien. Maar de informatie zelf springt minder in het oog. Een halve eeuw nadat computers een rol gingen spelen in het dagelijkse maatschappelijk verkeer is de hoeveelheid gegevens zo groot geworden dat er een bijzondere nieuwe ontwikkeling op gang is gekomen. Niet alleen wordt de wereld door meer informatie overspoeld dan ooit tevoren; die hoeveelheid groeit ook sneller. Die schaalverandering heeft tot een geheel nieuwe situatie geleid: de kwantitatieve verandering heeft een kwalitatieve verandering veroorzaakt. In wetenschappen als astronomie en genetica, die de explosie in het eerste decennium van de eenentwintigste eeuw als eerste meemaakten, is hiervoor de term 'big data' bedacht. Dit begrip vindt nu zijn weg naar alle andere maatschappelijke terreinen.

Er bestaat geen exacte definitie van big data. Aanvankelijk had men het idee dat de omvang van de informatie zo groot was geworden dat de te onderzoeken hoeveelheid gegevens niet meer in het geheugen paste dat computers voor de verwerking ter beschikking hadden, zodat de dataspecialisten de gereedschappen die ze voor hun analyses gebruikten ingrijpend moesten herzien. Dat heeft geleid tot nieuwe verwerkingstechnieken zoals MapReduce van Google en het open source-equivalent Hadoop, dat afkomstig is van Yahoo. Hiermee konden veel grotere hoeveelheden gegevens worden beheerd dan daarvoor, en – dat was belangrijk – die gegevens hoefden niet meer in nette reeksen of databasetabellen te worden geordend. Er wordt al gewerkt aan andere technieken voor het verwerken van grote hoeveelheden gegevens waarin de rigide hiërarchische structuren en de gelijkvormigheid van oude systemen eveneens geen vereiste meer zijn. Tegelijkertijd groeiden internetbedrijven, die immers een enorme schat aan gegevens konden verzamelen en een dringende financiële noodzaak voelden om  daar iets zinnigs mee te doen, uit tot de grootste gebruikers van de nieuwste verwerkingstechnieken, waarmee ze traditionele bedrijven overvleugelden die soms decennia meer ervaring hadden.

Een manier om op dit moment tegen deze kwestie aan te kijken – de visie die wij ook in dit boek propageren – is de volgende: de term 'big data' verwijst naar dingen die je op een grote schaal kunt doen en die op een kleinere schaal niet mogelijk zijn, en waarmee je nieuwe inzichten verkrijgt of nieuwe vormen van economische waarde creëert op een manier die invloed heeft op onder andere markten, organisaties en de relatie tussen burgers en overheden.

Maar dat is nog maar het begin. Het tijdperk van de big data grijpt in op onze manier van leven en onze interactie met de wereld. Het meest in het oog springende is dat de samenleving een deel van haar obsessie met causaliteit zal moeten afdanken in ruil voor simpele correlaties: niet weten waaróm, maar alleen maar wát. Dit gaat lijnrecht in tegen eeuwenoude gewoontes en gebruiken en raakt de kern van ons begrip van de manier waarop we beslissingen nemen en de werkelijkheid doorgronden.

Big data is het begin van een grote omslag. Net als vele andere nieuwe technologieën zal big data ongetwijfeld het slachtoffer worden van de beruchte hype-cyclus van Silicon Valley: de trend wordt eerst juichend binnengehaald op de covers van tijdschriften en op vakcongressen, en daarna wordt hij verketterd en sneven een heleboel net gestarte big data-bedrijven. Maar zowel het juichend binnenhalen als het verketteren miskent het cruciale belang van de ontwikkeling die gaande is. Net zoals de telescoop ons in staat stelde het heelal te doorgronden en de microscoop ons inzicht bood in de wereld van de ziektekiemen, zo zullen de nieuwe technieken voor het verzamelen en analyseren van enorme hoeveelheden gegevens ons manieren bieden om een wereld te doorzien die we nu nog maar nauwelijks begrijpen. In dit boek treden wij niet zozeer op als big data-zendelingen, maar slechts als boodschappers. En, nogmaals, de echte revolutie schuilt niet in de machines die de berekeningen uitvoeren, maar in de gegevens zelf en de manier waarop we ze gebruiken.



Om een idee te krijgen hoe ver de huidige informatierevolutie al is gevorderd, hoeven we alleen maar naar andere maatschappelijke terreinen te kijken. Ons digitale heelal dijt voortdurend uit. Kijk bijvoorbeeld eens naar de astronomie. Toen de Sloan Digital Sky Survey in 2000 startte, verzamelde de telescoop in New Mexico de eerste paar weken van het project meer gegevens dan in de gehele voorafgaande geschiedenis van de astronomie. In 2010 bevatte het archief van het project maar liefst 140 terabyte aan informatie. Maar een latere telescoop, de Large Synoptic Survey Telescope in Chili, die volgens planning in 2016 in bedrijf moet gaan, zal elke vijf dagen diezelfde hoeveelheid gegevens verzamelen.

Dergelijke astronomische getallen zijn ook dichter bij huis te vinden. Toen wetenschappers in 2003 voor het eerst het menselijk genoom decodeerden, hadden ze tien jaar lang hard gewerkt om de drie miljard basenparen te sequencen. Nu, tien jaar later, kan één enkele installatie dezelfde hoeveelheid DNA in een dag sequencen. Op de Amerikaanse financiële markten worden elke dag ongeveer zeven miljard aandelen verhandeld, waarvan ongeveer tweederde door computeralgoritmes gebaseerd op wiskundige modellen die bergen gegevens verwerken om te proberen winst te maken en de risico's te verkleinen.

Vooral internetbedrijven hebben te maken gehad met een enorme toename in de gegevensstromen. Google verwerkt meer dan 24 petabyte per dag, een hoeveelheid die overeenkomt met duizendmaal de inhoud van al het drukwerk in de Amerikaanse Library of Congress. Op Facebook, dat tien jaar geleden nog niet bestond, worden ieder uur meer dan tien miljoen nieuwe foto's geupload. De leden van Facebook schrijven bijna drie miljard keer per dag een comment of ze klikken op 'Vind ik leuk', waarmee ze een digitaal spoor achterlaten waaruit het bedrijf de voorkeuren van gebruikers kan distilleren. Tegelijkertijd uploaden de 800 miljoen gebruikers per maand van de Google-site YouTube elke  seconde meer dan een uur videomateriaal. Het aantal berichten op Twitter groeit met circa 200 procent per jaar en lag in 2012 al boven de 400 miljoen tweets per dag.

Van de natuurwetenschappen tot de gezondheidszorg, van de bankwereld tot het internet – de branches lopen sterk uiteen, maar samen vertellen ze een vergelijkbaar verhaal: de hoeveelheid gegevens in de wereld groeit snel, in een tempo dat niet alleen onze machines, maar ook ons eigen voorstellingsvermogen te boven dreigt te gaan.

Veel mensen hebben gepoogd de hoeveelheid informatie die ons omringt in één getal uit te drukken en te berekenen hoe snel die hoeveelheid groeit. Ze hebben wisselende resultaten verkregen omdat ze niet allemaal hetzelfde maten. Een van de uitgebreidste onderzoeken is gedaan door Martin Hilbert van de Annenberg School for Communication and Journalism van de universiteit van Zuid-Californië. Hij heeft geprobeerd een getal toe te kennen aan alles wat is geproduceerd, opgeslagen en verzonden. Daaronder vallen niet alleen boeken, schilderijen, mails, foto's, muziek en video (analoog en digitaal), maar ook games, telefoongesprekken en zelfs navigatiesystemen voor auto's en papieren brieven. Hij keek ook naar televisie- en radio-uitzendingen op basis van kijk- en luistercijfers.

Volgens Hilberts schattingen was er in 2007 meer dan 300 exabyte aan opgeslagen gegevens. Om je er een voorstelling van te maken hoeveel dat is, kun je aan een paar richtgetallen denken. Een avondvullende speelfilm in digitale vorm kan worden gecomprimeerd tot een bestand van één gigabyte. Een exabyte is een miljard gigabyte. Om kort te gaan: een heleboel. Een interessant gegeven is dat in 2007 slechts ongeveer 7 procent van de gegevens analoog was (papier, boeken, afgedrukte foto's enzovoort). De rest was digitaal. Maar nog niet zo lang geleden zag die verhouding er heel anders uit. Hoewel de begrippen 'informatierevolutie' en 'het digitale tijdperk' al sinds de jaren zestig bestaan, zijn ze in bepaalde opzichten pas vrij recent werkelijkheid geworden. Nog in het jaar 2000 was maar een kwart van alle opgeslagen informatie ter wereld digitaal. De andere driekwart bestond uit papier, films, vinylplaten, cassettebandjes en dergelijke.



De hoeveelheid digitale informatie was destijds gering – een nederig stemmende gedachte voor diegenen die al een hele tijd op het web surfen en online boeken kopen. (In 1986 had circa 40 procent van de algemeen inzetbare rekenkracht ter wereld de vorm van zakcalculators, die samen meer rekenkracht bezaten dan alle personal computers van dat moment.) Maar omdat digitale gegevens zich zo snel vermenigvuldigen – volgens Hilbert verdubbelt de hoeveelheid telkens in ruim drie jaar – en de hoeveelheid analoge informatie nauwelijks groeit, draaide de verhouding snel om. Voor 2013 wordt geschat dat alle opgeslagen informatie ter wereld samen ongeveer 1200 exabyte beslaat, waarvan minder dan 2 procent nog niet-digitaal is.

Wat deze hoeveelheid gegevens concreet inhoudt, is moeilijk voorstelbaar. Als al die informatie in gedrukte boeken stond, zou de hele VS met een laag ter dikte van tweeënvijftig boeken kunnen worden bedekt. Als ze op cd-roms werd gezet die vervolgens werden opgestapeld, zou je vijf stapels hebben die stuk voor stuk tot de maan reikten. In de derde eeuw voor Christus, toen Ptolemaeus II van Egypte van plan was een exemplaar van alle geschreven werken te verwerven, behelsde de grote bibliotheek van Alexandrië het totaal van alle kennis ter wereld. De digitale zondvloed die de wereld nu overspoelt, komt neer op het verstrekken van 320 maal zoveel informatie als naar schatting in de bibliotheek van Alexandrië was opgeslagen aan iedereen die op dit moment op aarde leeft.

Alles gaat steeds sneller. De hoeveelheid opgeslagen informatie groeit viermaal zo snel als de wereldeconomie, de rekenkracht van computers negenmaal zo snel. Geen wonder dat mensen over informatiestress klagen. Iedereen wordt door de ontwikkelingen murw gebeukt.

Laten we eens een eindje uitzoomen en de huidige informatiezondvloed vergelijken met een eerdere informatierevolutie, die van de uitvinding van de boekdrukkunst rond 1439 door Gutenberg. In de vijftig jaar van 1453 tot 1503 werden er volgens de historica Elizabeth Eisenstein ongeveer acht miljoen boeken gedrukt. Dat wordt beschouwd als meer dan alle kopiisten van Europa sinds de stichting van Constantinopel zo'n 1200 jaar eerder samen hadden geproduceerd. Met andere woorden, het kostte destijds vijftig jaar om de hoeveelheid informatie in Europa ongeveer te laten verdubbelen, tegen drie jaar nu.



Wat zegt die toename? Peter Norvig, een deskundige bij Google op het gebied van de kunstmatige intelligentie, denkt in dit verband graag aan een analogie met afbeeldingen. Om te beginnen denkt hij aan het beroemde paard op de rotstekeningen in Lascaux in Frankrijk, die dateren uit het paleolithicum, ongeveer 17.000 jaar geleden. Daarna denkt hij aan een foto van een paard, of liever nog aan de verfklodders van Pablo Picasso, die een zekere gelijkenis vertonen met de rotstekeningen. Toen Picasso de rotstekeningen in Lascaux voor het eerst zag, grapte hij dat we sinds die tijd eigenlijk niets nieuws hebben uitgevonden.

Picasso's uitspraak was in zekere zin waar, maar op een andere manier ook weer niet. Denk nog even aan die foto van het paard. Het maken van een tekening van een paard duurde lang, en nu kon je veel sneller een afbeelding van een paard maken. Dat is een verandering, maar misschien nog niet de meest cruciale, want het resultaat is nog steeds hetzelfde: een afbeelding van een paard. Maar, vervolgt Norvig, denk vervolgens aan het maken van een afbeelding van een paard die wordt versneld tot vierentwintig beelden per seconde. Nu heeft de kwantitatieve verandering geleid tot een kwalitatieve verandering. Een film is iets fundamenteel anders dan een statische foto. Zo is het met big data ook: als de hoeveelheid verandert, verandert ook het wezen van de gegevens.

Denk ook aan een analogie uit de nanotechnologie, het vakgebied waarin alles kleiner wordt in plaats van groter. Het principe achter de nanotechnologie is dat fysieke eigenschappen kunnen veranderen als je op moleculair niveau werkt. Als je die eigenschappen kent, betekent dat dat je materialen kunt ontwerpen om dingen te doen die vroeger niet mogelijk waren. Op nanoschaal zijn bijvoorbeeld flexibelere metalen en uitrekbaar aardewerk mogelijk. Zo geldt omgekeerd ook dat we, wanneer we de schaal van de gegevens vergroten waarmee we werken, nieuwe dingen kunnen doen die niet mogelijk waren toen we nog met kleinere gegevensverzamelingen werkten.

Soms zijn de beperkingen waar we aan gewend zijn en waarvan we aannemen dat ze voor alles gelden, slechts het gevolg van de schaal waarop we werken. Neem een derde analogie, opnieuw uit de natuurwetenschappen. Voor mensen is verreweg de belangrijkste natuurkracht de zwaartekracht: die wet beheerst alles wat we doen. Maar voor heel kleine insecten is de zwaartekracht grotendeels irrelevant. Voor sommige insecten, zoals schaatsenrijdertjes, is de belangrijkste natuurkracht de oppervlaktespanning die ze in staat stelt over het oppervlak van een poel te lopen zonder erin te vallen.

Ook bij informatie is de schaal van belang, net als in de natuurkunde. Zo heeft Google aangetoond dat het in staat is de verspreiding van de griep vrijwel even goed vast te stellen als officiële instanties op basis van huisartsconsulten. Dat lukt door het doorspitten van honderden miljarden zoektermen, en het resultaat kan nagenoeg realtime worden gepresenteerd, veel sneller dan de officiële instanties het kunnen. Evenzo kan het Farecast-systeem van Etzioni de prijsschommelingen van een vliegticket voorspellen en consumenten daarmee een aanzienlijke economische macht in handen geven. Maar beide systemen kunnen dat alleen goed doen door honderden miljarden gegevenspunten te analyseren.

Uit deze twee voorbeelden blijkt het wetenschappelijk en maatschappelijk belang van big data, en ook de mate waarin big data een bron van economische waarde kan worden. Ze laten twee manieren zien waarop de wereld van de big data bezig is alles grondig door elkaar te schudden, van bedrijven en de natuurwetenschappen tot de gezondheidszorg, de overheid, het onderwijs, de economie, de alfawetenschappen en alle andere aspecten van de samenleving.



Hoewel we pas aan het begin van de big data-revolutie staan, maken we er al dagelijks gebruik van. Spamfilters zijn zo ontworpen dat ze zich automatisch aanpassen aan veranderingen in de soorten spammails; de software kon niet van tevoren worden geprogrammeerd om 'via6ra' en de talloze varianten daarop te blokkeren. Datingsites brengen mensen met elkaar in contact op basis van de correlaties tussen hun vele eigenschappen en die van eerdere succesvolle koppels. De autocorrectiefunctie in smartphones houdt bij wat we typen en voegt op basis daarvan nieuwe woorden toe aan de spellinglijst. Maar deze toepassingen zijn nog maar het begin. Big data zal vele aspecten van de wereld waarin we leven veranderen, variërend van auto's die zelf detecteren wanneer ze moeten uitwijken of remmen tot de Watson-computer van IBM die beter in het tv-spelletje *Jeopardy!* is dan mensen.

In de kern draait alles bij big data om voorspellingen. Hoewel het vakgebied wordt ingedeeld bij een deelgebied van de informatica dat 'kunstmatige intelligentie' of, specifieker, 'machineleren' wordt genoemd, is die indeling misleidend. Bij big data gaat het er niet om een computer te 'leren' om als een mens te 'denken'. Big data-toepassingen laten wiskundige methodes los op enorme hoeveelheden gegevens om daaruit waarschijnlijkheden te berekenen: de waarschijnlijkheid dat een mailtje spam is, dat met 'dzez' het woord 'deze' wordt bedoeld, dat het traject en de snelheid van iemand die tussen twee stoplichten oversteekt betekenen dat hij op tijd aan de overkant zal zijn – de zichzelf besturende auto hoeft maar ietsje vaart te minderen. De clou is dat die systemen goed werken omdat er een heleboel gegevens in worden gestopt waarop ze hun voorspellingen kunnen baseren. Bovendien zijn de systemen zo ontworpen dat ze hun eigen prestaties mettertijd verbeteren door bij te houden welke signalen en patronen het best aangehouden kunnen worden naarmate er meer gegevens worden ingevoerd.

In de toekomst – en sneller dan we misschien denken – zullen vele aspecten van onze wereld die nu nog uitsluitend door menselijke oordelen worden bepaald, worden aangevuld met of vervangen door computersystemen. Dat geldt niet alleen voor autorijden of het vinden van een partner, maar zelfs voor nog complexere taken. Amazon kan ons immers het ideale boek aanbevelen, Google kan de meest relevante website bovenaan zetten, Facebook kent onze voorkeuren en LinkedIn raadt wie we allemaal kennen. Dezelfde technologie zal worden toegepast bij het diagnosticeren van ziektes, het aanbevelen van behandelingen, misschien zelfs het herkennen van 'misdadigers' voordat er iemand daadwerkelijk een misdaad pleegt. Net zoals het internet de wereld ingrijpend heeft veranderd door computers uit te breiden met communicatie, zal ook big data ons leven ingrijpend veranderen door er een kwantitatieve dimensie aan toe te voegen die het nooit eerder heeft gehad.



## MEER, ROMMELIG, GOED GENOEG

Big data wordt een bron van nieuwe economische waarde en innovatie. Maar er staat nog meer op het spel. De opkomst van big data gaat gepaard met drie verschuivingen in de manier waarop we informatie analyseren, en die verschuivingen zullen de manier veranderen waarop we onze samenleving begrijpen en organiseren.

De eerste verschuiving wordt in hoofdstuk 2 beschreven. In de nieuwe wereld kunnen we veel meer gegevens analyseren. In sommige gevallen kunnen we zelfs álle gegevens verwerken die in verband staan met een bepaald verschijnsel. Sinds de negentiende eeuw maakt onze samenleving gebruik van steekproeven als er sprake is van grote aantallen. Maar de noodzaak om steekproeven te nemen is een artefact uit een periode van informatieschaarste, een gevolg van de natuurlijke beperkingen op interactie met informatie in een analoog tijdperk. Voordat we werden omringd door krachtige digitale technologieën, herkenden we steekproeven niet als een kunstmatig opgelegde beperking – we beschouwden ze meestal als vanzelfsprekend. Als we álle gegevens gebruiken, zien we details die aan ons zicht werden onttrokken toen we ons nog tot kleinere hoeveelheden moesten beperken. Big data biedt ons met name een helder zicht op de kleinste eenheden: subcategorieën en deelmarkten waar je met steekproeven geen zinnige uitspraken over kunt doen.



Als we veel grotere hoeveelheden gegevens beschouwen, kunnen we ook onze eis dat alles exact moet zijn wat minder streng maken. Dat is de tweede verschuiving, waarover hoofdstuk 3 gaat. Het is een compromis: als er minder fouten door steekproeven zijn, kunnen we meer meetfouten tolereren. Als ons vermogen tot meten beperkt is, tellen we alleen de belangrijkste dingen. In die situatie is het terecht dat we ons best doen om het exacte aantal vast te stellen. Het heeft geen zin vee te verkopen als de koper niet weet of een kudde uit tachtig of uit honderd dieren bestaat. Tot voor kort gingen al onze digitale hulpmiddelen uit van exactheid: we namen aan dat databasetoepassingen precies die records terugmeldden die perfect pasten bij onze zoekopdracht, zoals spreadsheets getallen in een kolom weergeven.

Die manier van denken was een gevolg van een 'small data'-

omgeving: omdat er zo weinig dingen te meten waren, moesten we de hoeveelheid van wat we met veel moeite wél kwantificeerden, zo precies mogelijk bepalen. In sommige opzichten ligt dat voor de hand: een kleine winkel telt het bedrag in de kassa aan het eind van de avond misschien tot op de cent nauwkeurig, maar we zouden hetzelfde niet willen – en ook niet kúnnen – doen met het bruto binnenlands product van een land. Naarmate de verkoopcijfers toenemen, neemt ook het aantal onnauwkeurigheden toe.

Voor exactheid zijn zorgvuldig geprepareerde gegevens nodig. Dat werkt misschien bij kleine hoeveelheden, en natuurlijk is het in sommige situaties nog steeds vereist: je hebt óf genoeg geld op de bank om een cheque uit te schrijven, óf niet. Maar in een wereld van big data kunnen we in ruil voor het gebruik van veel omvangrijkere gegevensverzamelingen de eis tot exactheid iets minder streng hanteren.

Big data-gegevens zijn vaak rommelig, variëren in kwaliteit en  bevinden zich verspreid over talloze servers overal ter wereld. Bij big data nemen we vaak genoegen met een algemene tendens in plaats van dat we een verschijnsel tot op de centimeter, de cent of het molecuul doorgronden. We laten de eis tot exactheid niet helemaal vallen; we doen slechts afstand van onze onvoorwaardelijke trouw eraan. Wat we aan precisie op microniveau kwijtraken, winnen we aan inzicht op macroniveau.

Deze twee verschuivingen leiden tot een derde verandering, waarop we in hoofdstuk 4 ingaan: een breuk met onze eeuwenlange zoektocht naar causaliteit. Wij zijn als mensen geconditioneerd om naar oorzaken te zoeken, hoewel de speurtocht naar causaliteit vaak moeilijk is en ons in verkeerde richtingen kan leiden. In een big data-wereld hoeven we daarentegen niet op causaliteit gefixeerd te zijn, maar kunnen we patronen en correlaties in de gegevens ontdekken waaruit we nieuwe en zeer waardevolle inzichten kunnen verwerven. Die correlaties vertellen ons misschien niet precies waaróm iets gebeurt, maar maken ons er wel op attent dát het gebeurt.

En in veel situaties is dat goed genoeg. Als uit miljoenen elektronische medische dossiers blijkt dat bij kankerpatiënten die een bepaalde combinatie van aspirine en sinaasappelsap gebruiken de ziekte in remissie gaat, is de exacte oorzaak voor die verbetering van hun gezondheid wellicht minder belangrijk dan het feit dat ze in leven zijn gebleven. Ook in het geval dat we geld kunnen besparen door het beste tijdstip te kennen om een vliegticket te kopen zonder dat we de methode achter de hopeloos ondoorzichtige vliegprijzen doorgronden, is dat goed genoeg. Big data houdt zich bezig met het wát, niet met het waaróm. We hoeven de oorzaak van een verschijnsel niet altijd te kennen; in plaats daarvan kunnen we de gegevens voor zichzelf laten spreken.

Vóór de tijd van de big data bleven onze onderzoeken meestal beperkt tot het testen van een klein aantal hypotheses die we nauwkeurig definieerden voordat we met het verzamelen van gegevens begonnen. Als we de gegevens laten spreken, kunnen we verbanden leggen waarvan we het bestaan niet eens vermoedden.  Daarom analyseren sommige hedgefondsen Twitter om de fluctuaties van de aandelenmarkt te voorspellen. Amazon en Netflix baseren hun aanbevelingen van verwante producten op een onvoorstelbaar groot aantal interacties met gebruikers op hun sites. Twitter, LinkedIn en Facebook brengen stuk voor stuk de 'sociale grafiek' van relaties tussen gebruikers in kaart om hun voorkeuren te leren kennen.

Uiteraard analyseren mensen al sinds millennia gegevens. Het schrift is in het oude Mesopotamië ontwikkeld omdat bureaucraten behoefte hadden aan een efficiënt middel om informatie op te slaan en bij te houden. Al sinds de tijd waarin de Bijbel speelt, houden regeringen volkstellingen om enorme hoeveelheden gegevens over hun burgers te verzamelen, en evenzo verzamelen verzekeringsexperts al tweehonderd jaar grote gegevensverzamelingen over de risico's die ze graag willen begrijpen – of althans vermijden.

Maar in het analoge tijdperk was het verzamelen en analyseren van zulke gegevens enorm kostbaar en tijdrovend. Bij nieuwe vraagstellingen moesten de gegevens vaak opnieuw worden verzameld en moest de analyse helemaal van voren af aan worden uitgevoerd.

De grote stap naar een efficiënter beheer van gegevens werd gezet met de komst van de digitalisering: het voor computers leesbaar maken van analoge informatie, waarmee ook de opslag en verwerking makkelijker en goedkoper werden. Deze vooruitgang betekende een enorme verbetering van de efficiëntie. Waar het verzamelen en analyseren van informatie vroeger jaren duurde, kon dat nu plotseling binnen een paar dagen of nog sneller. Maar verder veranderde er weinig. De mensen die de gegevens analyseerden, hielden maar al te vaak verbeten vast aan het analoge dogma: dat gegevensverzamelingen één enkel doel dienden en dat dat de enige waarde ervan was. De gevolgde procedures hielden



dat vooroordeel in stand. Hoe belangrijk digitalisering ook was als noodzakelijke voorwaarde voor de verschuiving richting big data, het bestaan van computers op zichzelf leidde nog niet tot het ontstaan van big data.

Er is geen goede term om te beschrijven wat er op dit moment gaande is, maar er is wel een begrip waarmee we meer grip op de veranderingen krijgen: *dataficatie*, een concept dat we in hoofdstuk 5 introduceren. Het verwijst naar het verzamelen van informatie over zo ongeveer alles ter wereld – waaronder zaken die we vroeger helemaal niet als informatie beschouwden, zoals iemands locatie, de trillingen van een motor of de spanningen waaraan een brug blootstaat – en het omzetten van die informatie in een vorm waarin ze kwantificeerbaar is. Daarmee zijn we in staat informatie op nieuwe manieren te gebruiken, bijvoorbeeld voor een voorspellende analyse: we kunnen nu signaleren dat een motor de kans loopt defect te raken op grond van de warmte of de trillingen die hij produceert. Zodoende kunnen we de impliciete, verborgen waarde van de informatie aan het licht brengen.

Er is een jacht op allerlei schatten geopend, voortgestuwd door de inzichten die uit gegevens kunnen worden gedistilleerd en de verborgen waarde die kan worden gemobiliseerd door een verschuiving van causaliteit naar correlatie. We schreven 'schatten', want het gaat beslist niet om één schat. Elke gegevensverzameling heeft waarschijnlijk wel een intrinsieke, verborgen, nog niet ontgonnen waarde, en er is een wedloop van start gegaan om al die verborgen schatten te ontdekken en te bemachtigen.

Big data verandert het functioneren van bedrijven, markten en de samenleving als geheel, zoals we in hoofdstuk 6 en 7 beschrijven. In de twintigste eeuw verschoof de economische waarde van de fysieke infrastructuur, zoals grond en fabrieken, naar onstoffelijke zaken zoals merken en intellectueel eigendom. Daar zijn nu ook gegevens bij gekomen, die zijn uitgegroeid tot een belangrijk bedrijfsgoed, een cruciale economische factor en de basis voor nieuwe bedrijfsmodellen. Het is de olie van de informatie-economie. Nu komen gegevens nog niet voor op bedrijfsbalansen, maar  in de nabije toekomst zal dat waarschijnlijk wel gebeuren.

Hoewel sommige verwerkingstechnieken voor grote hoeveelheden gegevens al langere tijd bestaan, hadden in het verleden alleen spionagediensten, onderzoekslaboratoria en de grootste bedrijven ter wereld er de beschikking over. Walmart en Capital One hebben immers een pioniersrol vervuld wat betreft het gebruik van big data in de detailhandel en het bankwezen, en daarmee hebben ze hun branches voorgoed veranderd. Inmiddels zijn veel van deze hulpmiddelen gedemocratiseerd (maar de gegevens zelf niet).

De uitwerking die dit op individuele personen heeft, is misschien wel de allergrootste schok. Specifieke expertise op een bepaald gebied doet minder ter zake in een wereld waar waarschijnlijkheden en correlaties alomtegenwoordig zijn. In de film *Moneyball* werden honkbalscouts overtroefd door statistici en moest het kennersinstinct het afleggen tegen geavanceerde analysetechnieken. Specialisten op bepaalde vakgebieden zullen niet verdwijnen, maar ze zullen wel moeten opboksen tegen de bevindingen van de big data-analyse. Dat zal onvermijdelijk leiden tot een bijstelling van de traditionele ideeën over management, beslissingsprocessen, personeelsbeleid en onderwijs.

De meeste van onze instellingen zijn opgericht vanuit de vooronderstelling dat beslissingen van mensen gebaseerd zijn op informatie die klein van omvang, exact en causaal van aard is. Maar de situatie verandert als de gegevens groot van omvang zijn, snel verwerkt kunnen worden en er welbewust onnauwkeurigheden in worden toegelaten. Bovendien zullen beslissingen vanwege de enorme omvang van de gegevens vaak niet door mensen worden genomen, maar door machines. In hoofdstuk 8 kijken we naar de duistere kant van big data.

De samenleving heeft millennia ervaring met het doorgronden en sturen van menselijk gedrag. Maar hoe stuur je een algoritme bij? Al in het begin van het computertijdperk erkenden beleidsmakers dat de nieuwe technologie kon worden gebruikt voor het ondermijnen van de privacy. Sindsdien heeft de samenleving een systeem van wetten ingesteld om persoonlijke informatie te beschermen. Maar in het tijdperk van de big data vormen die wetten een grotendeels onbruikbare Maginotlinie. Mensen delen online vrijwillig informatie – dat is een essentiële eigenschap van onlinediensten, geen kwetsbaar punt dat beschermd moet worden.



Ondertussen verschuift het gevaar voor ons als burgers van het terrein van de privacy naar dat van de kansberekening: algoritmes voorspellen de kans dat iemand een hartaanval zal krijgen (en dus een hogere verzekeringspremie moet betalen), zijn hypotheek niet meer zal kunnen aflossen (zodat hij geen lening kan krijgen) of een misdaad zal plegen (en wellicht preventief gearresteerd wordt). Dat leidt tot een ethische discussie over de rol van de vrije wil tegenover de dictatuur van de gegevens. Moet de wil van het individu voorrang krijgen boven die van de big data, ook al vertelt de statistiek een ander verhaal? Net zoals de drukpers de weg bereidde voor wetten die de vrijheid van meningsuiting garandeerden – wetten die daarvoor niet bestonden omdat er zo weinig geschreven teksten waren die beschermd moesten worden – zo zal het tijdperk van de big data vragen om nieuwe regels om de onschendbaarheid van personen veilig te stellen.

De manier waarop wij gegevens beheren en manipuleren, zal in vele opzichten moeten veranderen. We zijn op weg naar een wereld waarin voortdurend door gegevens aangestuurde beslissingen worden genomen en waarin we de redenen achter onze beslissingen misschien niet meer zullen kunnen uitleggen. Wat betekent het als een arts een medische ingreep niet kan motiveren zonder de patiënt te vragen een black box te gehoorzamen, wat een medicus in feite moet doen als hij zich op een met behulp van big data verkregen diagnose beroept? Zullen we het principe van de 'waarschijnlijke oorzaak' uit het rechtssysteem moeten vervangen door 'probabilistische oorzaak' – en zo ja, wat voor gevolgen heeft dat voor de menselijke vrijheid en waardigheid?

Er zijn nieuwe principes nodig voor het tijdperk van de big data, die we formuleren in hoofdstuk 9. Ze bouwen voort op de waarden die voor de wereld van de small data zijn ontwikkeld en vastgelegd. Het is echter geen kwestie van het simpelweg actualiseren van oude regels voor nieuwe omstandigheden; we moeten de noodzaak erkennen om geheel nieuwe principes in te voeren.



De samenleving zal op talloze gebieden profiteren van de big data-revolutie, die een rol zal spelen bij het oplossen van urgente wereldwijde problemen zoals de klimaatverandering, het uitroeien van ziektes en de noodzaak om goed bestuur en economische ontwikkeling te bevorderen. Maar het tijdperk van de big data dwingt ons ook ons beter voor te bereiden op de manieren waarop het inzetten van de nieuwe technologie onze instellingen en onszelf zal veranderen.

Big data betekent een belangrijke stap in het streven van de mens om de wereld te kwantificeren en te doorgronden. Allerlei dingen die vroeger nooit konden worden gemeten, opgeslagen, geanalyseerd en gedeeld, worden nu gedataficeerd. Het werken met grote hoeveelheden gegevens in plaats van met kleine brokjes en het voorrang geven aan meer gegevens met minder precisie opent de deur naar nieuwe manieren van begrijpen. De samenleving zal op steeds meer gebieden haar eeuwenoude voorkeur voor causaliteit moeten opgeven en moeten profiteren van de voordelen van correlaties.

Het ideaal altijd causale mechanismes te kunnen blootleggen is een zelfgenoegzame illusie; big data prikt die door. We bevinden ons opnieuw in een historische impasse waarin ‘God dood is’. Dat wil zeggen: de zekerheden waarin we vroeger geloofden, staan wederom op losse schroeven. Maar ditmaal worden ze ironisch genoeg vervangen door betere getuigenissen. Wat voor rol is er nog weggelegd voor intuïtie, geloof, onzekerheid, handelen in strijd met aanwijzingen die in een andere richting wijzen en leren door ervaring? Hoe kunnen we in een wereld die langzaam opschuift

van causaliteit naar correlaties pragmatisch gezien verder komen zonder de fundamenten te ondermijnen van onze samenleving, van menselijkheid en vooruitgang op basis van gezond verstand? In dit boek willen we uitleggen waar we nu staan en hoe we zover zijn gekomen, en een dringend noodzakelijke leidraad bieden bij de voordelen én de gevaren die ons wachten.

# 2

# Meer

 Bij big data draait alles om het waarnemen en doorgronden van de relaties binnen en tussen stukjes informatie die we tot voor kort nog niet echt goed begrepen. Jeff Jonas, big data-expert bij IBM, zegt dat je 'de gegevens moet laten spreken'. In zekere zin klinkt dat misschien als een open deur. Mensen raadplegen al heel lang gegevens om meer over de wereld te leren, hetzij in de informele betekenis van de talloze waarnemingen die we elke dag doen, hetzij, met name de laatste paar eeuwen, in de formele betekenis van gekwantificeerde eenheden die met krachtige algoritmes kunnen worden gemanipuleerd.

Het digitale tijdperk mag het dan makkelijker hebben gemaakt om gegevens te verwerken en in een handomdraai berekeningen te maken met miljoenen getallen, maar als we het over sprekende gegevens hebben, bedoelen we iets meer dan dat – en iets anders. Zoals we in hoofdstuk 1 al zagen, draait het bij big data om drie essentiële verschuivingen in onze manier van denken die verband met elkaar houden en elkaar daarom versterken. De eerste verschuiving is de mogelijkheid om enorme hoeveelheden gegevens over een onderwerp te analyseren in plaats van noodgedwongen uitsluitend met kleinere verzamelingen te werken. De tweede verschuiving is de bereidheid de rommeligheid van gegevens uit de werkelijkheid te accepteren in plaats van de voorkeur te geven aan exactheid. De derde verschuiving is een toenemend respect voor correlaties in plaats van een voortgaande zoektocht naar een ongrijpbare causaliteit. In dit hoofdstuk kijken we naar de eerste verschuiving: het gebruiken van vrijwel alle gegevens in plaats van slechts een klein deel daarvan.

De uitdaging om enorme hoeveelheden gegevens op een correcte manier te verwerken dateert niet van vandaag of gisteren. Gedurende het grootste deel van de geschiedenis hebben we maar weinig gegevens verzameld, omdat onze middelen om ze te verzamelen, te organiseren, op te slaan en te analyseren gebrekkig waren. We reduceerden de informatie waarop we vertrouwden tot het uiterste minimum, zodat we de gegevens makkelijker konden onderzoeken. Dat was een vorm van onbewuste zelfcensuur: we vatten de moeilijke interactie met de gegevens op als een onaangename realiteit in plaats van die te erkennen voor wat ze was: een kunstmatige beperking die ons werd opgelegd door de toenmalige technologie. Inmiddels is de technologische omgeving 179 graden gedraaid. Er is nog steeds een beperking op de hoeveelheid gegevens die we kunnen behappen, en die beperking zal er ook altijd zijn, maar ze is wel veel kleiner dan vroeger en zal mettertijd steeds kleiner worden.



In bepaalde opzichten hebben we onze nieuwe vrijheid om grotere hoeveelheden gegevens te verzamelen en te gebruiken nog niet volledig tot ons laten doordringen. Het grootste deel van onze ervaring en de manier waarop onze instellingen zijn georganiseerd, zijn gebaseerd op de vooronderstelling dat de beschikbaarheid van informatie beperkt is. We gingen ervan uit dat we maar een klein beetje informatie konden verzamelen en daarom deden we dat meestal ook. Het werd een selffulfilling prophecy. We hebben zelfs ingenieuze technieken ontwikkeld om zo weinig mogelijk gegevens te gebruiken. Een van de doelstellingen van de statistiek is tenslotte om de meest verstrekkende bevinding te bevestigen met behulp van de kleinste hoeveelheid gegevens. Feitelijk hebben we onze gewoonte om de hoeveelheid informatie die we gebruiken zoveel mogelijk te beperken in onze normen, processen en motivatiestructuren geïntegreerd. Om een idee te krijgen wat de verschuiving richting big data betekent, beginnen we het verhaal met een terugblik op het verleden.

Pas sinds kort zijn private ondernemingen, en tegenwoordig zelfs individuele burgers, in staat op zeer grote schaal informatie te verzamelen en te ordenen. In het verleden was dat voorbehouden aan machtiger instellingen zoals de kerk en de staat, wat in veel landen op hetzelfde neerkwam. De oudste bewaarde berekeningen dateren van circa 8000 voor Christus, toen Soemerische kooplieden kleine kleitabletten gebruikten om gegevens over handelsgoederen vast te leggen. Berekeningen op een grotere schaal waren echter de taak van de staat. Millennia lang hebben regeringen geprobeerd greep op hun bevolking te houden door informatie te verzamelen.



Neem bijvoorbeeld de volkstelling. De oude Egyptenaren zouden al volkstellingen hebben uitgevoerd, evenals de Chinezen. Ze worden in het Oude Testament genoemd, en in het Nieuwe Testament lezen we dat er een volkstelling werd gehouden op bevel van keizer Augustus – 'dat de gehele wereld beschreven zou worden' (Lucas 2:1) – waarop Jozef en Maria naar Betlehem trokken, waar Jezus werd geboren. Het Domesday Book uit 1086, een van de hoogst gewaardeerde schatten van Groot-Brittannië, is een uniek, uitvoerig overzicht van de Engelsen, hun land en hun bezittingen destijds. Gevolmachtigden van de koning verspreidden zich over het hele land en verzamelden informatie voor in het boek, dat later Domesday Book, letterlijk 'Boek van de Dag des Oordeels', werd genoemd omdat de onderneming deed denken aan het Laatste Oordeel uit de Bijbel, waarbij de levens van alle mensen worden blootgelegd.

Het houden van volkstellingen is zowel kostbaar als tijdrovend; koning William I, die opdracht gaf tot het vervaardigen van het Domesday Book, maakte de voltooiing ervan niet meer mee. Maar het enige alternatief voor deze zware taak was afzien van het verzamelen van de informatie. En zelfs na al die tijd en al die kosten was de informatie toch slechts bij benadering juist, aangezien de volkstellers onmogelijk iedereen accuraat konden tellen. Het Engelse woord voor volkstelling, *census*, is zelfs afgeleid van het Latijnse *censere*, dat 'schatten' betekent.

Meer dan driehonderd jaar geleden kreeg John Graunt, een Britse fourniturenhandelaar, een vernieuwend idee. Graunt wilde weten hoeveel mensen er ten tijde van de pest in Londen woonden. In plaats van iedereen afzonderlijk te tellen ontwierp hij een benadering – die we tegenwoordig 'statistisch' zouden noemen – die hem in staat stelde de omvang van de bevolking te *deduceren*. Zijn benadering was ruw, maar introduceerde het idee om uitgaande van een kleine steekproef nuttige kennis over de gehele bevolking te verwerven. Maar de manier waarop je dat doet, is wel belangrijk. Graunt extrapoleerde gewoon vanuit zijn steekproef.



Zijn systeem werd hogelijk geprezen, hoewel later duidelijk werd dat zijn getallen alleen redelijk goed klopten omdat hij geluk had gehad. Generaties lang bleef de steekproefmethode uiterst gebrekkig. Daardoor werd voor volkstellingen en vergelijkbare 'big data-achtige' ondernemingen nog steeds de krachtpatserige methode gebruikt waarbij gewoon álles werd geteld.

Omdat volkstellingen zo complex, kostbaar en tijdrovend waren, werden ze slechts zelden gehouden. De oude Romeinen, die zich lange tijd beroemden op een bevolking die in de honderdduizenden zielen liep, hielden elke vijf jaar een volkstelling. De Amerikaanse grondwet bepaalde dat er elke tien jaar een moest worden gehouden, aangezien het groeiende land al miljoenen inwoners telde. Maar eind negentiende eeuw bleek zelfs die frequentie problematisch. De hoeveelheid gegevens was zo groot geworden dat het U.S. Census Bureau het niet meer bij kon houden.

Voor de volkstelling van 1880 was maar liefst acht jaar nodig. De informatie was al verouderd voordat ze beschikbaar kwam. Nog erger was dat de ambtenaren schatten dat de verwerking van de gegevens van de volkstelling van 1890 dertien jaar zou duren – een absurde omstandigheid, en bovendien een schending van de grondwet. Maar omdat de hoogte van de belastingbijdragen per staat en het aantal vertegenwoordigers in het Congres van de bevolkingsgrootte afhingen, was het niet alleen belangrijk om een correcte telling uit te voeren, maar ook om dat binnen de toebemeten tijd te doen.

Het probleem waarvoor het Census Bureau stond, is vergelijkbaar met de worsteling van wetenschappers en zakenmensen toen aan het begin van het nieuwe millennium duidelijk werd dat ze omkwamen in de gegevens: de hoeveelheid informatie die werd verzameld, ging de capaciteit van de hulpmiddelen die de informatie moesten verwerken verre te boven, en er was behoefte aan nieuwe technieken. In de jaren tachtig van de negentiende eeuw was de situatie zo hachelijk dat het Census Bureau een contract afsloot met Herman Hollerith, een Amerikaanse uitvinder, om zijn idee voor ponskaarten en tabulatiemachines te gebruiken voor de volkstelling van 1890.



Met grote inspanning slaagde hij erin de voor de verwerking benodigde tijd terug te brengen van acht jaar tot minder dan één jaar. Dat was een verbijsterende prestatie, die het begin vormde van de geautomatiseerde gegevensverwerking (en de basis legde voor het bedrijf dat later IBM zou worden). Maar als methode voor het verwerven en analyseren van grote hoeveelheden gegevens was de gevolgde werkwijze nog altijd erg duur. Iedereen in de Verenigde Staten moest immers een formulier invullen en de informatie moest vervolgens worden overgebracht op een ponskaart, die werd gebruikt voor de verwerking. Met dergelijke kostbare methodes was het moeilijk voorstelbaar dat er ooit volkstellingen met een frequentie van meer dan eens in de tien jaar zouden worden gehouden, wat wel wenselijk was voor een land dat zo razendsnel groeide.

Dat was het grote dilemma: moest men alle gegevens gebruiken of een klein deel ervan? Het verzamelen van alle gegevens over datgene wat je wilt meten, is ongetwijfeld de verstandigste werkwijze. Alleen is dat niet altijd praktisch als de omvang heel groot is. Maar hoe moet je steekproeven kiezen? Sommige mensen betoogden dat je welbewust een steekproef moest samenstellen die representatief was voor het geheel en dat dat de geschiktste aanpak was. Maar in 1934 toonde Jerzy Neyman, een Pools statisticus, overtuigend aan dat zo'n benadering tot zeer grote fouten leidt. De juiste manier om dat te vermijden is door de mensen die deel uitmaken van je steekproef aselect (willekeurig) uit te kiezen.

Statistici hebben bewezen dat de precisie van de steekproefmethode het sterkst toeneemt door aselect te kiezen en niet door de omvang van de steekproef te vergroten. Hoe verbazingwekkend het ook klinkt, een aselect gekozen steekproef van 1100 individuele antwoorden op een binaire vraag (ja of nee, met globaal gelijke kansen) is opvallend representatief voor de gehele bevolking. In negentien van de twintig gevallen is de foutmarge kleiner dan 3 procent, en het doet er niet toe of de totale bevolkingsomvang 100.000 bedraagt of 100 miljoen. De uitleg waarom dat zo is, is wiskundig nogal ingewikkeld, maar in het kort komt het erop neer dat we, naarmate de getallen steeds groter worden, al vrij snel nauwelijks meer nieuwe informatie krijgen uit elk volgend antwoord.



Dat een aselecte keuze meer gewicht in de schaal legt dan het vergroten van de steekproef, was een onthutsend inzicht. Het plaveide de weg naar een nieuwe benadering van het verzamelen van informatie. Gegevens op basis van aselecte steekproeven konden tegen lage kosten worden verzameld en desondanks met een grote nauwkeurigheid worden geëxtrapoleerd naar het grotere geheel. Als gevolg daarvan konden regeringen in plaats van eens in de tien jaar elk jaar kleinschalige volkstellingen houden op basis van aselecte steekproeven. En zo gebeurde het ook. Het Amerikaanse Census Bureau voert bijvoorbeeld ieder jaar meer dan tweehonderd economische en demografische onderzoeken uit op basis van steekproeven, en daarnaast eens in de tien jaar een volkstelling waarbij wordt geprobeerd iedereen te tellen. De steekproefmethode bood een oplossing voor het probleem van de te grote hoeveelheid informatie, omdat het verzamelen en analyseren van gegevens in die tijd een heel moeizame bezigheid was.

De toepassingen van deze nieuwe methode reikten al snel verder dan de publieke sector en volkstellingen. De aselecte-steekproefmethode reduceert big data-problemen in feite tot beter behapbare verwerkingsproblemen. In het bedrijfsleven werd ze gebruikt om de fabricagekwaliteit te garanderen, wat het aanbrengen van verbeteringen veel makkelijker en minder kostbaar maakte. Voor een uitgebreide kwaliteitscontrole was het tot dan toe nodig alle producten te bekijken die van de lopende band kwamen, maar nu volstond een aselecte steekproef van tests op een bepaalde categorie producten. Dankzij de nieuwe methode konden nu ook consumentenonderzoeken in de detailhandel en snelle kiezersonderzoeken in de politiek worden uitgevoerd. Daardoor transformeerde een groot deel van wat vroeger de humaniora werd genoemd tot echte wetenschappen: de alfawetenschappen.



De aselecte-steekproefmethode was een enorm succes en vormt de ruggengraat van moderne grootschalige metingen. Maar ze is slechts een versnellingstruc, een minder goed alternatief voor het verzamelen en analyseren van de volledige gegevens. De methode kent een aantal structurele tekortkomingen. De nauwkeurigheid ervan hangt af van de aselectheid bij het verzamelen van de steekproefgegevens, maar het garanderen van die aselectheid is lastig. Als er sprake is van systematische vertekening in de manier waarop de gegevens zijn verzameld, kunnen de geëxtrapoleerde resultaten er volkomen naast zitten.

Er zijn aanwijzingen voor zulke problemen bij kiezersonderzoeken via vaste telefoons. De statisticus Nate Silver heeft erop gewezen dat de steekproef systematisch mensen benadeelt die alleen mobiele telefoons gebruiken (en die jonger en linkser zijn). Dat heeft geresulteerd in onjuiste verkiezingsprognoses. Bij de presidentsverkiezingen van 2008, toen het tussen Barack Obama en John McCain ging, vonden de grootste peilingsorganisaties, Gallup, Pew en ABC/Washington Post, verschillen van tussen de één en de drie procentpunten als ze een onderzoek uitvoerden en daarbij al of niet corrigeerden voor mensen met mobiele telefoons – een forse marge gezien het feit dat het een nek-aan-nekrace was.

Het meest verontrustende is dat er bij de aselecte-steekproefmethode niet makkelijk kan worden gedifferentieerd naar subcategorieën, want hoe kleiner de subgroepen waarin je de gegevens verdeelt, hoe groter de kans op onjuiste prognoses. Het valt makkelijk in te zien waarom. Stel, je enquêteert een aselecte steekproef van duizend mensen over de kandidaat op wie ze bij de volgende verkiezingen van plan zijn te stemmen. Is je steekproef voldoende aselect, dan is de kans groot dat de voorkeuren van de gehele bevolking binnen een marge van 3 procent van die van de mensen in de steekproef liggen. Maar wat moet je doen als plus of min 3 procent niet nauwkeurig genoeg is? En hoe zit het als je de groep in subgroepen wilt verdelen op basis van geslacht, woonplaats of inkomen? En als je die subgroepen wilt combineren om een bepaald deel van de bevolking onder de loep te nemen?



In een steekproef van in totaal duizend mensen zal een subgroep als 'rijke vrouwelijke kiezers in het noordoosten van de VS' veel kleiner zijn dan honderd. Het voorspellen van het verwachte stemgedrag van álle rijke vrouwelijke kiezers in het noordoosten van de VS op grond van slechts enkele tientallen onderzoeksgegevens zal onnauwkeurig zijn, zelfs bij een nagenoeg perfect aselecte steekproef. En kleine vertekeningen in de grote steekproef leiden tot grotere fouten op het niveau van de subgroepen.

Daarom verliezen uit steekproeven verkregen gegevens al snel hun bruikbaarheid als je dieper wilt graven om in te zoomen op een intrigerende subcategorie. Wat op macroniveau werkt, mislukt op microniveau. De steekproefmethode is als een analoge fotoafdruk: die ziet er van een afstand goed uit, maar als je hem dichter bij je ogen houdt en op een bepaald detail inzoomt, wordt hij wazig.

Voor de steekproefmethode is bovendien een zorgvuldige planning en uitvoering vereist. Je kunt steekproefgegevens doorgaans geen nieuwe vragen 'voorleggen', tenzij daar van tevoren al rekening mee is gehouden. Dus hoewel een steekproef als versnellingstruc handig is, is de keerzijde dat het ook inderdaad niet meer is dan een truc. De gegevensverzameling is niet volledig, maar een steekproef, en mist daardoor een zekere rekbaarheid of plooibaarheid die het mogelijk maakt dezelfde gegevens nogmaals op een nieuwe manier te analyseren, geheel los van het doel waarvoor ze oorspronkelijk zijn verzameld.

Zie bijvoorbeeld het geval van de DNA-analyse. De kosten van het sequencen van het genoom van één persoon naderden in 2012 de duizend dollar, waarmee het bijna een massatechniek is geworden die op grote schaal kan worden toegepast. Als gevolg daarvan ontstaat een nieuwe branche van sequencingbedrijfjes. Sinds 2007 analyseert het jonge Silicon Valley-bedrijf 23andMe voor slechts een paar honderd dollar het DNA van particulieren. Met de gebruikte techniek kunnen details van genetische codes worden gedetecteerd die mensen vatbaarder maken voor bepaalde ziektes, zoals borstkanker of hartproblemen. En door het verzamelen van de DNA- en gezondheidsgegevens van alle klanten hoopt 23andMe nieuwe dingen te leren die op andere manieren niet zouden kunnen worden opgemerkt.

Er is echter wel een maar. Het bedrijf sequencet maar een klein deel van de genetische code: de plekken waarvan bekend is dat ze markers zijn die wijzen op bepaalde genetische fouten. Daarnaast zijn er miljarden andere DNA-basenparen die niet worden gesequenced. Dat betekent dat 23andMe alleen vragen kan beantwoorden over de markers die het bekijkt. Als er nieuwe markers worden ontdekt, moet iemands DNA (of om precies te zijn: het relevante deel daarvan) opnieuw worden gesequenced. Het werken met een deelverzameling in plaats van het totaal is een compromis: het bedrijf kan zo sneller en goedkoper vinden wat het zoekt, maar het kan geen vragen beantwoorden waarmee niet a priori rekening is gehouden.

Steve Jobs, de legendarische Apple-directeur, volgde een totaal andere werkwijze bij zijn gevecht tegen kanker. Hij liet als een van de eersten ter wereld zijn volledige DNA sequencen, en ook dat van zijn tumor. Daarvoor betaalde hij een bedrag van zes cijfers – vele honderden malen meer dan de prijs die 23andMe rekent. In ruil daarvoor kreeg hij geen steekproef, geen setje markers, maar een gegevensbestand met zijn complete genetische code.

Bij het kiezen van de medicatie voor een gemiddelde kankerpatiënt moeten de artsen maar hopen dat het DNA van de patiënt voldoende lijkt op dat van de patiënten die aan de tests van de medicijnen deelnamen. Steve Jobs' team van artsen kon daarentegen therapieën kiezen op basis van de effectiviteit ervan bij iemand met zijn specifieke genetische configuratie. Als een behandeling niet meer werkte doordat de tumor muteerde en een ontsnappingsroute om het medicijn heen vond, konden de artsen op een ander medicijn overschakelen – 'het springen van het ene waterlelieblad op het andere', zoals Jobs het noemde. 'Ik ben dus straks een van de eersten die een kanker als deze de baas is, of ik ben een van de laatsten die eraan overlijdt,' grapte hij. Zijn voorspelling kwam helaas niet uit, maar de gevolgde methode – werken met alle gegevens in plaats van een deel – leverde hem wel een paar extra levensjaren op.



## VAN EEN DEEL NAAR ALLES

De steekproefmethode is een uitvloeisel van beperkingen op informatieverwerking die in een ander tijdperk golden, waarin mensen de wereld maten maar niet over de middelen beschikten om te analyseren wat ze verzamelden. Dientengevolge is het ook een rudiment uit die periode. De tekortkomingen op het gebied van tellen en verwerken bestaan niet meer in dezelfde mate. Sensoren, de gps'en in mobiele telefoons, webklikken en Twitter verzamelen passief gegevens; computers kunnen die grote hoeveelheden gegevens steeds makkelijker behappen.

De steekproefmethode is niet meer erg zinvol als we grote hoeveelheden gegevens in stelling kunnen brengen. De technische hulpmiddelen voor het verwerken van gegevens zijn al ingrijpend veranderd, maar onze methodes en denkwijzen doen er langer over om zich aan te passen.

Toch heeft het werken met steekproeven een prijs die al lange tijd wordt erkend maar tot voor kort terzijde werd geschoven: het verlies aan details. In sommige gevallen is er geen keus en moet je wel met steekproeven werken. Maar op vele gebieden vindt er een verschuiving plaats van het verzamelen van een klein deel van de gegevens naar het verzamelen van zoveel mogelijk en indien mogelijk alles: *N = alles*.



Zoals we hebben gezien, betekent N = alles dat we dieper kunnen doordringen in de gegevens; met steekproeven is dat veel minder goed mogelijk. Bedenk bovendien dat we in het steekproefvoorbeeld hiervoor alleen een foutmarge van 3 procent haalden als we naar de gehele bevolking extrapoleerden. In sommige situaties is zo'n foutmarge acceptabel. Maar we verliezen er wel de details mee, de fijne resolutie, de mogelijkheid om op bepaalde subgroepen in te zoomen. Een normaalverdeling geeft, zoals de naam al zegt, de normale situatie weer. Vaak vind je de werkelijk interessante dingen in het leven juist op plekken die door steekproeven onvoldoende worden weergegeven.

Daarom werkt het Google-grieponderzoek niet met kleine aselecte steekproeven, maar gebruikt het bedrijf miljarden Amerikaanse internetzoekopdrachten. Door al die gegevens te bekijken in plaats van alleen een kleine steekproef kan deze analyse de verspreiding van de griep zelfs op het niveau van een bepaalde stad voorspellen en niet alleen op deelstaat- of landelijk niveau. Oren Etzioni van Farecast gebruikte aanvankelijk 12.000 gegevenspunten, een steekproef, en dat leverde goede resultaten op. Maar hoe meer gegevens Etzioni toevoegde, hoe hoger de kwaliteit van de voorspellingen werd. Uiteindelijk werkte Farecast met het grootste deel van de binnenlandse vluchtgegevens voor een heel jaar op de meeste routes. 'Het zijn tijdgerelateerde gegevens – je verzamelt ze continu en hoe meer je er hebt, hoe meer inzicht je in de patronen krijgt,' aldus Etzioni.

We doen er dus vaak goed aan af te zien van de verkorte route van de aselecte-steekproefmethode en te streven naar een uitgebreidere gegevensverzameling. We hebben dan wel veel rekenkracht, opslagruimte en geavanceerde hulpmiddelen nodig om alle gegevens te kunnen analyseren. Ook moeten we beschikken over makkelijke en goedkope manieren om de gegevens te verzamelen. In het verleden waren die aspecten stuk voor stuk kostbaar en problematisch. Maar nu zijn de kosten en de complexiteit van alle puzzelstukjes enorm afgenomen. Wat vroeger alleen voor de grootste bedrijven mogelijk was, ligt nu binnen het bereik van de meeste.



Als je alle gegevens bekijkt, is het mogelijk verbanden en details op te sporen die anders ten onder gaan in de enorme zee van informatie. Zo zoekt men bij het opsporen van creditcardfraude naar abnormale patronen, en de beste manier om die te vinden is álle gegevens doorploegen en niet slechts een deel. De uitschieters zijn de interessantste informatie, en die zijn alleen aanwijsbaar door een vergelijking met de grote massa normale transacties. Het is een typisch big data-probleem. En aangezien creditcardtransacties ter plekke worden bekrachtigd, moet de analyse gewoonlijk ook realtime plaatsvinden.

Xoom is een bedrijf dat gespecialiseerd is in internationale financiële transacties en gebruikmaakt van de diensten van grote namen op het gebied van de big data. Het analyseert alle gegevens die verband houden met de transacties die het afhandelt. Het systeem sloeg in 2011 alarm toen het een iets hoger aantal Discover Card-transacties vanuit New Jersey signaleerde dan gemiddeld. 'Het systeem zag een patroon waar helemaal geen patroon had moeten zijn,' licht John Kunze, de directeur van Xoom, toe.

Elke transactie zag er op zichzelf beschouwd legitiem uit. Maar de transacties bleken afkomstig van een groep criminelen. De enige manier om het abnormale patroon te detecteren was door alle gegevens te onderzoeken – met de steekproefmethode had men het misschien gemist.

Het gebruiken van alle gegevens hoeft niet altijd een omvangrijke klus te zijn. Big data is niet per se synoniem met véél gegevens, hoewel dat in de praktijk vaak wel zo is. Het Google-grieponderzoek baseerde zijn voorspellingen op honderden miljoenen berekeningen met wiskundige modellen die gebruikmaakten van miljarden gegevenspunten. De volledige basenvolgorde van een menselijk genoom beslaat drie miljard basenparen. Maar alleen het aantal gegevenspunten, de omvang van de gegevensverzameling, maakt deze gevallen nog niet tot voorbeelden van big data. Datgene wat het Google-grieponderzoek en de artsen van Steve Jobs tot big data-gebruikers maakt, is het feit dat ze niet ter versnelling gebruikmaakten van aselecte steekproeven, maar een zo groot mogelijk deel van de complete gegevensverzameling bekeken.



De ontdekking van gemanipuleerde wedstrijduitslagen bij sumoworstelen, de nationale sport van Japan, illustreert mooi waarom 'N = alles' niet noodzakelijkerwijs hetzelfde is als 'veel'. De beoefenaars van de keizerlijke sport werden er allang van beticht wedstrijden te manipuleren, wat altijd heftig werd ontkend. Steven Levitt, een econoom van de universiteit van Chicago, zocht in de gegevens van meer dan tien jaar sumowedstrijden – álle gegevens – naar onregelmatigheden. Hij en een collega beschreven het nut van het onderzoeken van zoveel gegevens in een schitterend onderzoeksartikel in *The American Economic Review* en namen het ook op in hun boek *Freakonomics*.

Ze analyseerden gegevens van meer dan elf jaar sumotoernooien, meer dan 64.000 worstelwedstrijden, op jacht naar abnormale patronen. En ze stuitten op een goudmijn. Er werden inderdaad wedstrijden gemanipuleerd, maar andere wedstrijden dan de meeste mensen vermoedden. Uit de gegevens bleek dat er bij de kampioenschappen soms wel en soms niet met de uitslagen werd geknoeid, maar dat er iets vreemds aan de hand was met de wedstrijden aan het eind van toernooien, die weinig aandacht kregen. Er lijkt dan weinig op het spel te staan, aangezien de worstelaars geen kans meer maken op het veroveren van de titel.

Maar een eigenaardigheid van de sumosport is dat worstelaars meer dan de helft van de vijftien wedstrijden van een toernooi moeten winnen om hun ranglijstpositie en hun inkomen te behouden. Soms leidt dat tot ongelijkwaardige belangen wanneer een worstelaar die op 7-7 staat een tegenstander treft die een resultaat van 8-6 of beter heeft behaald. De uitslag van de wedstrijd is voor de eerste worstelaar heel belangrijk, maar doet er voor de tweede nauwelijks toe. Uit de gegevensanalyse bleek dat in zulke gevallen de kans zeer groot is dat de worstelaar die per se moet winnen dat ook werkelijk doet.

Vechten degenen die moeten winnen misschien vastberadener? 
Dat zou kunnen. Maar de gegevens deden vermoeden dat er ook nog iets anders aan de hand is. De worstelaars voor wie meer op het spel staat, winnen ongeveer 25 procent vaker dan normaal. Zo'n grote afwijking valt moeilijk geheel aan adrenaline toe te schrijven. Toen de gegevens nog gedetailleerder werden bekeken, bleek dat er de eerstvolgende keer dat dezelfde twee worstelaars tegenover elkaar stonden een veel grotere kans was dat de verliezer van de vorige ontmoeting won dan wanneer ze in latere toernooien opnieuw tegen elkaar uitkwamen. De eerste overwinning lijkt dus een 'geschenk' van de ene deelnemer aan de andere te zijn, want in het hechte sumowereldje help je elkaar waar je kunt – wie goed doet, goed ontmoet.

Deze informatie was er altijd al. Ze was openlijk zichtbaar. Maar bij aselecte steekproeven van de toernooigegevens was ze misschien niet aan het licht gekomen. Ook al hoef je alleen maar gebruik te maken van simpele statistische methodes, als je niet weet waar je naar op zoek bent, heb je geen idee hoe groot je steekproef zou moeten zijn. Levitt en zijn collega kwamen de manipulatie op het spoor door een veel grotere verzameling gegevens te gebruiken – ze streefden ernaar het totaal van alle wedstrijden te onderzoeken. Een big data-onderzoek heeft wel wat van een vistochtje: het is van tevoren niet alleen onbekend óf je iets zult vangen, maar zelfs wát je zult vangen.

De gegevensverzameling hoeft niet vele terabytes te omvatten. In het geval van de sumowedstrijden bevatte de hele gegevensverzameling minder bits dan een gemiddelde digitale foto anno nu. Maar het was een big data-analyse, want er werd meer bekeken dan bij een aselecte steekproef. Als we het over big data hebben, bedoelen we 'veel gegevens' niet altijd in absolute zin, maar meer relatief gesproken: 'veel' ten opzichte van de verzameling van alle gegevens.

Lange tijd was de aselecte-steekproefmethode een bruikbare versnellingstruc. Hiermee konden vóór het digitale tijdperk grote hoeveelheden gegevens worden geanalyseerd. Maar net als bij het converteren van een digitale afbeelding of een liedje naar een kleiner bestand gaat er informatie verloren als je steekproeven neemt. Met de volledige (of vrijwel volledige) gegevensverzameling heb je veel meer vrijheid om de gegevens vanuit verschillende invalshoeken te onderzoeken of bepaalde aspecten ervan nauwkeuriger te bekijken.



Een goede analogie is misschien die met de Lytro-camera, die niet zoals conventionele camera's één enkel lichtvlak vastlegt, maar alle stralen uit het hele lichtveld, in totaal zo'n 11 miljoen. Je kunt als fotograaf later beslissen welk onderdeel van een afbeelding je er in het digitale bestand uit wilt lichten. Het is niet nodig van tevoren al scherp te stellen, want doordat alle informatie wordt vastgelegd, kan dat ook nog achteraf. Alle stralen uit het hele lichtveld worden opgeslagen, dus we zitten dichter bij alle gegevens. Als gevolg daarvan is de informatie beter 'herbruikbaar' dan die op gewone foto's, waarbij je moet beslissen waar je op scherp wilt stellen voordat je de sluiterknop indrukt.

Aangezien bij big data alle (of zoveel mogelijk) informatie wordt meegenomen, kun je ook op details inzoomen of nieuwe analyses uitvoeren zonder dat de gegevens te grofmazig worden. Je kunt nieuwe hypotheses testen op vele verschillende niveaus van gedetailleerdheid. Dankzij deze eigenschap is het mogelijk gemanipuleerde wedstrijduitslagen bij sumoworstelen op het spoor te komen, de verspreidingssnelheid van griep per regio te volgen en kanker te bestrijden door in te grijpen in een specifiek gedeelte van het DNA van de patiënt. De gegevens worden zo doorzichtig als glas.

Overigens is het niet altijd nodig om alle gegevens te bekijken in plaats van de gegevens die een steekproef heeft opgeleverd. We leven nog steeds in een wereld waarin de middelen beperkt zijn. Maar in steeds meer gevallen heeft het wel degelijk zin om met alle beschikbare gegevens te werken en is dat tegenwoordig ook haalbaar waar het dat vroeger niet was.

Een terrein dat ingrijpend is veranderd door N = alles is dat van de alfawetenschappen. Dit vakgebied is zijn monopolie op het interpreteren van empirische maatschappelijke gegevens kwijtgeraakt nu big data-analyses de plaats innemen van de zeer gespecialiseerde enquêtedeskundigen uit het verleden. De alfawetenschappen baseerden zich voor een groot deel op onderzoeken en enquêtes die werkten met de steekproefmethode. Maar wanneer de gegevens passief worden verzameld terwijl de mensen doen wat ze normaliter toch al doen, verdwijnen de oude vertekeningen die de steekproefmethode en enquêtes aankleven. We kunnen nu informatie verzamelen die vroeger buiten ons bereik lag, of het nu gaat om verbanden die worden onthuld door onderzoek van met een mobiele telefoon gevoerde gesprekken of van gevoelens die via tweets worden gedeeld. En nog belangrijker: de noodzaak tot het nemen van steekproeven verdwijnt.

Albert-László Barabási, een van 's werelds meest vooraanstaande autoriteiten op het gebied van de netwerktheorie, wilde interacties tussen mensen op het niveau van de hele bevolking bestuderen. Daartoe onderzochten hij en zijn collega's anonieme logbestanden van telefoongesprekken via een mobieletelefoonbedrijf dat ongeveer een vijfde van de bevolking van een niet nader genoemd Europees land bediende – álle logbestanden uit een periode van vier maanden. Het was het eerste netwerkonderzoek op het niveau van een hele samenleving, op basis van een gegevensverzameling die streefde naar N = alles. Door op zo'n grote schaal te werken en de gespreksgegevens van miljoenen mensen in de loop van een bepaalde tijd te bekijken verkregen de onderzoekers geheel nieuwe inzichten, die waarschijnlijk op geen enkele manier hadden kunnen worden onthuld.

Het team deed een opmerkelijke ontdekking: als je mensen met veel contacten binnen hun kennissenkring uit het netwerk verwijdert, verzwakt het overblijvende sociale netwerk wel, maar valt het niet uit elkaar. Maar als je mensen met contacten buiten hun directe kennissenkring uit het netwerk haalt, desintegreert de sociale structuur abrupt, alsof het hele bouwwerk is ingestort. Dat was een belangrijk, maar nogal onverwacht resultaat. Wie had kunnen bedenken dat mensen met een heleboel goede vrienden veel minder van belang zijn voor de stabiliteit van de netwerkstructuur dan degenen die banden met verder verwijderde mensen hebben? Dat doet vermoeden dat er voordelen verbonden zijn aan diversiteit binnen een groep en binnen de samenleving als geheel.



We zijn geneigd statistische steekproeven als een soort oerdegelijk fundament te beschouwen, net zoiets als meetkundige principes of de wet van de zwaartekracht. Maar het concept is minder dan een eeuw oud en is ontwikkeld om een specifiek probleem op te lossen dat zich op een bepaald moment als gevolg van specifieke technologische beperkingen voordeed. Die beperkingen bestaan niet meer in dezelfde mate. Vasthouden aan de aselectesteekproefmethode in het tijdperk van de big data is net zoiets als met paard-en-wagen blijven rijden in het tijdperk van de auto. De steekproefmethode is in bepaalde omstandigheden nog steeds bruikbaar, maar hoeft in de toekomst niet meer de meest gebruikte methode voor de analyse van grote gegevensverzamelingen te zijn en zál dat ook niet zijn. Steeds vaker zullen we kunnen werken met alle gegevens in plaats van met slechts een deel ervan.

# 3

# Rommeligheid

52 Het gebruiken van alle beschikbare gegevens is in een steeds toenemend aantal contexten haalbaar. Maar het heeft ook een keerzijde. Het vergroten van de hoeveelheid gegevens zet de deur open voor onnauwkeurigheden. Weliswaar waren gegevensverzamelingen vroeger ook al vatbaar voor foutieve cijfers en beschadigde bits, maar die werden altijd als oneffenheden gezien die moesten worden weggewerkt, voor een deel omdat dat ook kón. Maar we waren nooit bereid ze als onvermijdelijk te zien en ermee te leren leven. Dat laatste nu is een van de essentiële perceptieverschuivingen bij de overgang van small data naar big data.

In een wereld met small data was het reduceren van het aantal fouten en het garanderen van een hoge gegevenskwaliteit een natuurlijke en belangrijke impuls. Omdat we toch maar weinig informatie verzamelden, zorgden we ervoor dat de cijfers die we wel opsloegen zo nauwkeurig mogelijk waren. Hele generaties wetenschappers verbeterden hun instrumenten voortdurend om steeds nauwkeuriger metingen te kunnen doen, of het nu om de positie van hemellichamen ging of om de afmetingen van voorwerpen onder een microscoop. In een wereld van steekproeven was de preoccupatie met exactheid nog meer van belang. Als je slechts een beperkt aantal gegevenspunten analyseert, kunnen fouten worden uitvergroot, waardoor de nauwkeurigheid van de eindresultaten afneemt.

Gedurende een groot deel van de geschiedenis bereikte de mensheid haar beste prestaties door de wereld te veroveren door die te meten. De zoektocht naar exactheid begon medio dertiende eeuw in Europa, toen astronomen en geleerden zich gingen bezighouden met het steeds exacter kwantificeren van tijd en ruimte – 'het meten van de werkelijkheid', om met de historicus Alfred Crosby te spreken.

De impliciete aanname was dat je een verschijnsel kon doorgronden als je het kon meten. Later werden metingen gekoppeld aan de wetenschappelijke methode van waarnemen en verklaren: het vermogen om reproduceerbare resultaten te kwantificeren, vast te leggen en te presenteren. 'Meten is weten,' verklaarde Kelvin. Dat werd de basis van elk gezag. 'Kennis is macht,' zo leerde Francis Bacon ons. In het verlengde daarvan ontwikkelden wiskundigen, en ook de mensen die we later verzekeringsexperts en accountants zouden noemen, methodes die het mogelijk maakten gegevens op een nauwkeurige manier te verzamelen, vast te leggen en te beheren.



In de negentiende eeuw was in Frankrijk – destijds het wetenschappelijke centrum van de wereld – een systeem van exact gedefinieerde eenheden voor het meten van onder andere ruimte en tijd ontwikkeld, en andere landen waren begonnen dezelfde standaard in te voeren. Men ging zelfs zover in internationale verdragen algemeen geaccepteerde prototypen van alle eenheden vast te leggen die als officiële meetstandaard fungeerden. Het was het hoogtepunt van het tijdperk van het meten. Slechts een halve eeuw later, in de jaren twintig van de twintigste eeuw, beroofden de ontdekkingen van de kwantummechanica ons voorgoed van de illusie dat we ooit alles uitgebreid en perfect zouden kunnen meten. Desondanks leefde de droom van het foutloos meten buiten de relatief kleine kring van natuurkundigen voort onder wetenschappers en technici. In de zakenwereld kreeg die droom zelfs nog meer aanhangers toen de exacte wetenschappen wiskunde en statistiek invloed kregen op alle gebieden van het handelsverkeer.

In veel nieuwe situaties waarmee we tegenwoordig te maken krijgen, kan het toestaan van onnauwkeurigheid – rommeligheid – echter juist een positief punt zijn in plaats van een tekortkoming. Het is een compromis. In ruil voor een versoepeling van de normen voor toelaatbare fouten krijgen we de beschikking over veel meer gegevens. Er geldt niet alleen dat 'meer' de voorkeur verdient boven 'weinig', maar soms zelfs dat 'meer' de voorkeur verdient boven 'beter'.

In de praktijk krijgen we te kampen met verschillende soorten rommeligheid. De term kan verwijzen naar het simpele feit dat de kans op fouten toeneemt naarmate je meer gegevenspunten toevoegt. Door het verhogen van de spanningsmetingen bij een brug met een factor duizend neemt de kans dat er een paar foutieve metingen bij zijn enorm toe. Maar de rommeligheid kan ook toenemen doordat je verschillende soorten informatie uit verschillende bronnen met elkaar combineert die niet altijd goed bij elkaar passen. Als je bijvoorbeeld stemherkenningssoftware gebruikt voor het registreren van klachten die bij een callcenter binnenkomen en die gegevens vergelijkt met de tijd die de medewerkers nodig hebben om de telefoontjes af te handelen, krijg je misschien een onvolledig, maar toch nuttig beeld van de situatie. Rommeligheid kan ook verwijzen naar de inconsequente manier van opslag, waardoor de gegevens eerst 'gereinigd' moeten worden voor ze worden verwerkt. De big data-expert DJ Patil wijst erop dat er talloze manieren zijn om het bedrijf IBM aan te duiden, van I.B.M. tot T.J. Watson Labs tot International Business Machines. En rommeligheid kan ontstaan als we de gegevens ophalen of verwerken, want daarbij zetten we ze om in iets anders, bijvoorbeeld wanneer we een analyse van gevoelens uitvoeren op Twitter-berichten om de recettes van Hollywoodfilms te voorspellen. Rommeligheid is zelf ook rommelig.

Stel dat we de temperatuur in een wijngaard willen meten. Als we maar één temperatuursensor hebben voor het hele stuk grond, moeten we zorgen dat die te allen tijde correct werkt; rommeligheid is niet toegestaan. Hebben we daarentegen voor elk van de honderden wijnstokken een eigen sensor, dan kunnen we goedkopere, minder geavanceerde sensoren gebruiken – zolang ze maar geen systematische vertekening in de gegevens veroorzaken. Er is een grote kans dat een paar sensoren onjuiste gegevens leveren, zodat een minder exacte, 'rommeliger' gegevensverzameling ontstaat dan bij één enkele exacte sensor. Een willekeurig gekozen meting kan onjuist zijn, maar het geheel van alle metingen geeft een uitgebreider, breder beeld. Aangezien de gegevensverzameling uit meer gegevenspunten bestaat, is ze veel waardevoller, wat de rommeligheid compenseert.



Stel vervolgens dat we de uitleesfrequentie van de sensormetingen verhogen. Als we één meting per minuut vastleggen, kunnen we er vrij zeker van zijn dat de volgorde waarin de gegevens binnenkomen perfect chronologisch is. Maar als we de frequentie verhogen tot tien of honderd metingen per seconde, wordt de correctheid van de volgorde onzekerder. Een gegevensrecord kan tijdens het transport door het netwerk vertraging oplopen en ná een later verzonden record binnenkomen, of zelfs in de gegevensstroom verloren gaan. De informatie zal dus minder nauwkeurig zijn, maar het grote volume maakt het de moeite waard om wat aan exactheid in te leveren.

In het eerste voorbeeld offerden we de nauwkeurigheid van alle gegevenspunten op voor een breder beeld, en in ruil daarvoor kregen we gedetailleerdheid die we anders niet hadden gehad. In het tweede geval gaven we de nauwkeurigheid op voor een hoge frequentie, en in ruil daarvoor zagen we fluctuaties die we anders zouden hebben gemist. Hoewel het mogelijk is deze fouten te voorkomen als we er maar genoeg geld tegenaan gooien – aan de beurs van New York vinden tenslotte 30.000 handelstransacties per seconde plaats, en daar is de correcte volgorde van groot belang – is het in veel gevallen vruchtbaarder om fouten toe te staan dan een heleboel moeite te doen om ze te voorkomen.

We kunnen bijvoorbeeld een zekere rommeligheid accepteren in ruil voor grootschaligheid. Zoals Forrester, een technologisch consultancybedrijf, het formuleert: 'Soms kan twee plus twee 3,9 zijn en is dat goed genoeg.' Natuurlijk mogen de gegevens niet helemaal onjuist zijn, maar we zijn bereid iets aan nauwkeurigheid op te offeren in ruil voor kennis over de algemene trend. Big data werkt met cijfers die minder precies zijn en meer een waarschijnlijkheid uitdrukken. Aan die verandering zullen veel mensen erg moeten wennen en ze kent ook haar geheel eigen problemen, waar we later in dit boek op zullen ingaan. Voor nu volstaat het vast te stellen dat we vaak genoegen zullen moeten nemen met rommeligheid als we de schaal vergroten.



Er is een vergelijkbare verschuiving zichtbaar wat betreft het belang van meer gegevens in vergelijking met andere verbeteringen op computergebied. Iedereen weet hoe sterk de rekenkracht in de loop der jaren is toegenomen, zoals voorspeld door de wet van Moore, die zegt dat het aantal transistoren op een chip ruwweg elke twee jaar verdubbelt. Door die doorlopende verbetering zijn computers sneller geworden en is de omvang van computergeheugens gigantisch toegenomen. Minder mensen weten dat ook de prestaties van de algoritmes die veel van onze systemen aansturen zijn verbeterd, op veel gebieden zelfs meer dan de verbetering van de processoren volgens de wet van Moore, zoals blijkt uit gegevens van de Amerikaanse presidentiële adviesraad voor wetenschap en technologie. Maar veel van de voordelen die big data de samenleving oplevert, zijn niet zozeer het gevolg van snellere chips of betere algoritmes als wel van de omstandigheid dat er meer gegevens beschikbaar zijn.

Zo zijn schaakalgoritmes de afgelopen decennia nauwelijks veranderd, omdat de regels van het schaakspel volledig bekend en zeer beperkt zijn. Dat schaakprogramma's nu zoveel beter spelen dan vroeger, komt voor een deel doordat ze het eindspel beter spelen. En dat komt simpelweg doordat er meer gegevens in zijn gestopt. Alle eindspelen met zes stukken of minder op het bord zijn volledig geanalyseerd en alle mogelijke zetten (N = alles) staan nu in een gigantische tabel die in ongecomprimeerde vorm meer dan een terabyte in beslag neemt. Daarmee kunnen schaakcomputers in de cruciale eindspelfase van partijen foutloos spelen. Geen mens zal ooit beter kunnen spelen dan het systeem.

De mate waarin het werken met meer gegevens de voorkeur verdient boven betere algoritmes is overtuigend aangetoond op het gebied van de verwerking van natuurlijke taal: de manier waarop computers leren woorden te herkennen zoals wij die dagelijks in gesproken taal gebruiken. Rond 2000 waren Michele Banko en Eric Brill, twee onderzoekers bij Microsoft, op zoek naar een methode om de grammaticacontrole die een onderdeel is van de tekstverwerker Word te verbeteren. Ze vroegen zich af waar ze hun tijd het best in konden steken: in het verbeteren van bestaande algoritmes, het bedenken van nieuwe technieken of het toevoegen van meer geavanceerde functies. Voordat ze een van deze drie benaderingen kozen, besloten ze te kijken wat er gebeurde als ze veel meer gegevens in de bestaande methodes stopten. De meeste computer-leeralgoritmes werkten met tekstcorpora van een miljoen woorden of minder. Banko en Brill kozen vier veelgebruikte algoritmes en stopten daar een hoeveelheid gegevens in die drie ordes van grootte hoger lag: eerst 10 miljoen woorden, vervolgens 100 miljoen woorden en ten slotte een miljard woorden.

De resultaten waren verbijsterend. Naarmate er meer gegevens werden toegevoegd, namen de prestaties van alle vier algoritmes exponentieel toe. Opmerkelijk genoeg deed een simpel algoritme dat met een half miljoen woorden het slechtst presteerde het met een corpus van een miljard woorden beter dan de rest. De nauwkeurigheidsscore steeg van 75 procent tot meer dan 95 procent. Omgekeerd presteerde het algoritme dat met weinig gegevens het best werkte juist het slechtst met grotere hoeveelheden gegevens, hoewel de score ervan wel steeg, net als die van de andere algoritmes: van een nauwkeurigheid van circa 86 procent tot meer dan 94 procent. 'Deze resultaten doen vermoeden dat we misschien minder tijd en geld moeten steken in de ontwikkeling van algoritmes en meer in de ontwikkeling van onze corpora,' schreven Banko en Brill in een van hun onderzoeksartikelen over dit onderwerp.

Meer verdient dus de voorkeur boven minder. En soms verdient meer zelfs de voorkeur boven slimmer. Hoe zit het dan met rommeligheid? Een paar jaar nadat Banko en Brill al die gegevens in hun grammaticacontrole propten, dachten onderzoekers bij het concurrerende Google in dezelfde richting – maar op een nog grotere schaal. Zij testten algoritmes niet met een miljard woorden, maar in één keer met een biljoen. Bij Google deed men dat niet om een grammaticacontrole te ontwikkelen, maar om een nog complexer probleem te kraken: machinevertaling.



Al sinds het begin van het computertijdperk in de jaren veertig van de vorige eeuw, toen de apparaten nog met vacuümbuizen werkten en hele kamers in beslag namen, hebben computerpioniers gedroomd van automatisch vertalen. De kwestie werd dringender tijdens de Koude Oorlog, toen de VS enorme hoeveelheden geschreven en gesproken Russisch verzamelde maar de menskracht ontbeerde om al het materiaal snel te vertalen.

Aanvankelijk kozen de informatici voor een combinatie van grammaticale regels en een tweetalig woordenboek. Een IBM-computer vertaalde in 1954 zestig Russische zinnetjes in het Engels met behulp van 250 woordparen in het vocabulaire van de computer en zes grammaticaregels. De resultaten waren zeer veelbelovend. Via ponskaarten werd het zinnetje: 'My peredajom mysli posredstvom retsji' in de IBM 701-machine ingevoerd, en de uitvoer was: 'Wij brengen gedachten over door middel van de spraak'. De zestig zinnen werden 'vlot vertaald', aldus een voor deze gelegenheid opgesteld IBM-persbericht. Het hoofd van het onderzoeksprogramma, Leon Dostert van de universiteit van Georgetown, voorspelde dat machinevertalingen 'over vijf, hooguit tien jaar een feit' zouden zijn.

Maar het aanvankelijke succes bleek zeer misleidend. In 1966 moest een commissie van coryfeeën op het gebied van machinevertalen toegeven dat de onderneming was mislukt. Het probleem was lastiger dan ze hadden beseft. Wie computers wil leren vertalen, moet ze niet alleen de regels leren, maar ook de uitzonderingen. Vertalen is niet simpelweg een kwestie van onthouden en reproduceren; je moet uit vele alternatieven dat ene juiste woord kiezen. Is *bonjour* wel 'goedemorgen'? Of toch eerder 'dag', 'hallo' of 'hoi'? Het antwoord is: dat hangt er maar net van af...

Eind jaren tachtig kregen de onderzoekers bij IBM een vernieuwend idee. Ze probeerden niet meer expliciete taalkundige regels en een woordenboek in de computer op te slaan, maar besloten de computer met behulp van kansrekening te laten bepalen welk woord of welke uitdrukking in de ene taal de meest geschikte vertaling is van een woord of uitdrukking in een andere. In de jaren negentig gebruikte het Candide-project van IBM tien jaar officiële verslagen van Canadese parlementsvergaderingen die in het Frans en Engels waren gepubliceerd – al met al drie miljoen zinsparen. Omdat het om officiële documenten ging, moesten de vertalingen aan zeer hoge kwaliteitsnormen voldoen. En de hoeveelheid gegevens was naar de toenmalige maatstaven gigantisch. De statistische machinevertaling, zoals deze techniek is gaan heten, vat de uitdaging om een tekst te vertalen heel slim op als een groot wiskundig probleem. En dat leek te werken. Computervertalingen werden opeens een stuk beter. Maar na het succes van die grote conceptuele sprong voorwaarts wist IBM nog slechts met veel moeite kleine verbeteringen aan te brengen, ondanks de grote bedragen die in het project werden gestopt. Uiteindelijk trok IBM de stekker eruit.

Maar minder dan tien jaar later, in 2006, besloot Google het vertaalprobleem aan te pakken als onderdeel van de bedrijfsmissie om 'alle informatie ter wereld te ordenen en voor iedereen beschikbaar en bruikbaar te maken'. Google werkte niet met uitstekend vertaalde pagina's tekst in twee talen, maar benutte een grotere, maar ook veel rommeliger gegevensverzameling: het hele wereldwijde internet en meer. Het systeem zoog voor het trainen van de computer alle vertalingen in zich op die het maar kon vinden. Er werd van alles in gestopt: bedrijfswebsites in meerdere talen, identieke vertalingen van officiële documenten en rapporten van intergouvernementele instanties zoals de Verenigde Naties en de Europese Unie. Er werden zelfs vertalingen van hele boeken uit het boekenscanproject van Google gebruikt. Waar Candide met drie miljoen zorgvuldig vertaalde zinnen had gewerkt, bracht het Google-systeem volgens het hoofd van Google Translate, Franz Josef Och, een van de meest vooraanstaande autoriteiten op dit vakgebied, miljarden pagina's met vertalingen van zeer uiteenlopende kwaliteit in stelling. Het Google-corpus van een biljoen woorden bevatte 95 miljard Engelse zinnen, zij het dat de kwaliteit twijfelachtig was.



Ondanks de rommeligheid van de invoer werkt de vertaaldienst van Google het best. De vertalingen zijn nog steeds verre van volmaakt, maar nauwkeuriger dan die van andere systemen. En het systeem is oneindig veel rijker. Medio 2012 bestreek de gegevensverzameling meer dan zestig talen. Het accepteerde in veertien talen zelfs gesproken invoer voor simultaanvertaling. En omdat het taal simpelweg opvat als rommelige gegevens op grond waarvan kansen kunnen worden berekend, kan het zelfs, om het systeem verder te ontwikkelen, vertalen tussen taalparen waarvoor heel weinig directe vertalingen bestaan, zoals Hindi en Catalaans. In die gevallen wordt Engels als brugtaal gebruikt. En het systeem is veel flexibeler dan andere benaderingen, want het kan nieuwe woorden toevoegen en verouderde woorden verwijderen.

De reden dat het vertaalsysteem van Google goed werkt, is niet dat het een slimmer algoritme gebruikt. Het werkt goed omdat de makers ervan, net als Banko en Brill bij Microsoft, er meer gegevens in hebben gestopt – en niet alleen van hoge kwaliteit. Google had de beschikking over een gegevensverzameling die *tienduizen-*

*den malen* zo groot was als Candide van IBM, omdat het bedrijf rommeligheid accepteerde. Het corpus van een biljoen woorden dat Google in 2006 inzette, was samengesteld uit het drijf- en wrakhout van internet – 'gegevens in het wild' zogezegd. Dat was het 'trainingscorpus' waaruit het systeem de kans kon berekenen dat bijvoorbeeld een bepaald Engels woord op een ander woord volgt. Het was volstrekt onvergelijkbaar met het oercorpus van het vakgebied, het beroemde Brown-corpus uit de jaren zestig, dat bestond uit een miljoen Engelse woorden. Het gebruik van een grotere gegevensverzameling bewerkstelligde grote sprongen voorwaarts bij de verwerking van natuurlijke taal, waarop weer systemen voor taken als stemherkenning en computervertaling gebaseerd zijn. 'Simpele modellen met veel gegevens doen het beter dan complexere modellen met minder gegevens,' schreven de kunstmatige-intelligentiegoeroe Peter Norvig en een aantal Google-collega's in een artikel getiteld 'The Unreasonable Effectiveness of Data'.

Norvig en zijn medeauteurs legden uit dat rommeligheid het cruciale begrip was: 'In bepaalde opzichten betekent dit corpus een stap terug in vergelijking met het Brown-corpus: het is afkomstig van ongefilterde webpagina's en bevat daarom onvolledige zinnen, spelfouten, grammaticale fouten en allerlei andere soorten fouten. Het is niet geannoteerd met zorgvuldig met de hand aangebrachte zinsdeeltags. Maar het feit dat het een miljoen maal zo groot is als het Brown-corpus weegt tegen die nadelen op.'



## MEER VERDIENT DE VOORKEUR BOVEN BETER

Rommeligheid is voor analisten die de conventionele steekproefmethode gewend zijn moeilijk te accepteren, want zij hebben zich hun hele leven geconcentreerd op het voorkomen en wegwerken van rommeligheid. Ze doen erg hun best om foutmarges te verkleinen bij het verzamelen van steekproeven en om de steekproeven op mogelijke vertekeningen te controleren alvorens ze hun resultaten bekendmaken. Ze gebruiken allerlei strategieën om het aantal fouten te reduceren en vergewissen zich ervan dat steekproeven volgens een exact protocol en door speciaal opgeleide deskundigen worden verzameld. De uitvoering van zulke strategieën is zelfs voor beperkte aantallen gegevenspunten kostbaar, en voor big data zijn ze totaal ongeschikt. Niet alleen zouden ze daar veel te veel kosten, maar exact vastgelegde standaardprocedures voor het verzamelen van gegevens kunnen op een dergelijke grote schaal nauwelijks consequent worden gehanteerd. Zelfs het uitsluiten van menselijke interacties zou het probleem niet oplossen.

Nu we naar een wereld vol big data toe gaan, zullen we onze oude ideeën over de pluspunten van exactheid moeten aanpassen. Wie de conventionele opvattingen over metingen aan de digitale onlinewereld van de eenentwintigste eeuw wil opleggen, mist een belangrijk punt. Zoals al eerder opgemerkt, is de preoccupatie met exactheid een artefact uit het informatie-arme analoge tijdperk. Toen gegevens schaars waren, was elk gegevenspunt van belang,

en daarom werd er gezorgd dat geen enkel punt ertoe kon leiden dat de analyse een vertekend beeld opleverde.

Tegenwoordig leven we niet meer in een informatie-arme wereld. Nu we te maken hebben met steeds omvangrijkere gegevensverzamelingen, die niet slechts een kleine fractie van een verschijnsel beschrijven maar een groot deel ervan of alles, hoeven we ons veel minder zorgen te maken dat individuele gegevenspunten bij analyse tot een vertekend beeld leiden. We proberen niet tegen steeds hogere kosten elk flintertje onnauwkeurigheid uit te roeien, maar houden bij onze berekeningen rekening met rommeligheid in de gegevens.

Zie bijvoorbeeld de sensoren die steeds meer oprukken in onze fabrieken. In de Cherry Point-raffinaderij van BP in Blaine in de staat Washington zijn overal in de fabriek draadloze sensoren geïnstalleerd, die een onzichtbaar netwerk vormen dat in realtime enorme hoeveelheden gegevens produceert. De omgeving, waar hoge temperaturen heersen en veel elektrische apparatuur staat, beïnvloedt de metingen soms, wat tot rommelige gegevens leidt. Maar de enorme hoeveelheid informatie die alle bedrade en draadloze sensoren samen genereren compenseert die haperingen. Alleen al het verhogen van de meetfrequentie en het aantal meetpunten kan een groot voordeel opleveren. Door de belasting van buizen niet met bepaalde intervallen te meten maar permanent kwam BP erachter dat sommige soorten ruwe olie het materiaal meer aantasten dan andere – een eigenschap die het bedrijf niet kon detecteren, en waar het dus ook niets tegen kon doen, toen de gegevensverzameling nog kleiner was.

Als de hoeveelheid gegevens nog veel groter is en bovendien van een nieuw type, is in sommige gevallen niet zozeer exactheid het doel als wel het vaststellen van de algemene trend. Door de verschuiving naar een veel grotere schaal veranderen niet alleen de verwachtingen die we omtrent precisie hebben, maar ook de praktische haalbaarheid van exactheid. Het lijkt op het eerste gezicht onlogisch, maar als we gegevens opvatten als onvolmaakt en onnauwkeurig, kunnen we uitstekende voorspellingen doen en de wereld op die manier beter doorgronden.



Opgemerkt moet worden dat rommeligheid niet onverbrekelijk verbonden is met big data. Ze is veeleer een gevolg van de onvolmaaktheid van de hulpmiddelen die wij gebruiken om informatie te meten, vast te leggen en te analyseren. Als onze technologie op de een of andere manier perfect zou worden, zou het probleem van de onnauwkeurigheid verdwijnen. Maar zolang die technologie onvolmaakt is, is rommeligheid een praktische realiteit waarmee we moeten omgaan en die waarschijnlijk nog lange tijd zal blijven. Inspanningen om de nauwkeurigheid te vergroten zijn vaak economisch niet haalbaar, omdat de voordelen van het beschikken over veel grotere hoeveelheden gegevens aantrekkelijker zijn. Net zoals statistici in een vroeger tijdperk hun verlangen naar grotere steekproeven onderdrukten ten gunste van meer aselectheid, kunnen wij in ruil voor meer gegevens wel met een beetje onnauwkeurigheid leven.

Het Billion Prices Project biedt hiervan een intrigerende illustratie. Iedere maand publiceert het Amerikaanse bureau voor arbeidsmarktstatistiek de consumentenprijsindex (CPI), die gebruikt wordt om het inflatiecijfer te berekenen. Dat cijfer is voor beleggers en bedrijven onmisbaar. De Amerikaanse centrale bank houdt er rekening mee bij beslissingen over het verhogen of verlagen van de rente. Bedrijven baseren salarisverhogingen op de inflatie. De federale overheid gebruikt het cijfer voor de indexering van uitkeringen en de rente op bepaalde obligaties.

Voor de bepaling van dit cijfer bellen, faxen en bezoeken honderden medewerkers van het bureau voor arbeidsmarktstatistiek winkels en kantoren in negentig steden overal in de VS en rapporteren zo'n 80.000 prijzen van tomaten, taxiritjes en alles daartussenin. Die procedure kost circa 250 miljoen dollar per jaar. Voor dat bedrag krijgen we gegevens die netjes, correct en geordend zijn. Maar tegen de tijd dat de cijfers worden gepubliceerd, zijn ze al een paar weken oud. Zoals de financiële crisis van 2008 heeft aangetoond, kan een paar weken een vreselijk lange vertraging zijn. Beslissers willen een snellere toegang tot inflatiecijfers om er beter op te kunnen reageren, maar die kunnen ze met de conventionele methodes, die zich richten op steekproeven en de exacte juistheid van de prijzen, niet krijgen.

Als reactie daarop hebben twee economen aan het Massachusetts Institute of Technology, Alberto Cavallo en Roberto Rigobon, een big data-alternatief ontwikkeld door veel rommeliger te werk te gaan. Met behulp van software die zelfstandig het web afzocht verzamelden ze een half miljoen prijzen van producten die in de VS dagelijks verkocht worden. De informatie is rommelig en niet alle verzamelde gegevenspunten zijn goed met elkaar te vergelijken. Maar door de aldus verzamelde massale gegevens met een slimme analyse te combineren waren ze in staat een plotselinge prijsdeflatie te detecteren onmiddellijk nadat Lehman Brothers in september 2008 failliet was gegaan, terwijl degenen die de officiële CPI-gegevens gebruikten tot november moesten wachten om diezelfde trend te zien.

Uit het MIT-project is een commercieel bedrijf ontstaan, PriceStats, dat door banken en anderen wordt gebruikt bij het nemen van economische beslissingen. Het verzamelt en analyseert dagelijks gegevens over miljoenen producten uit honderden winkels in meer dan zeventig landen. De cijfers moeten natuurlijk zorgvuldig worden geïnterpreteerd, maar ze zijn beter dan de officiële statistieken in staat inflatietrends aan te geven. Omdat er meer prijzen in verwerkt zijn en de cijfers realtime beschikbaar zijn, bieden ze beslissers een aanzienlijk voordeel. (De methode fungeert tevens als betrouwbare externe controle op de nationale statistische instituten. *The Economist* vertrouwt bijvoorbeeld niet op de methode waarmee Argentinië zijn inflatie berekent en maakt in plaats daarvan gebruik van de PriceStats-cijfers.)

## ROMMELIGHEID IN ACTIE

Op veel technologische en maatschappelijke gebieden wordt steeds vaker de voorkeur gegeven aan meer en rommelig boven minder en exact. Denk bijvoorbeeld aan het ordenen en in categorieën onderverdelen van gegevens. Eeuwenlang hebben mensen taxonomieën en indexen ontwikkeld voor het vastleggen en weer opvragen van materiaal. Die hiërarchische systemen waren altijd onvolmaakt, iets waar iedereen die zich de vroegere kaartenbakken in bibliotheken nog herinnert van kan meepraten, maar in een small data-wereld werkten ze redelijk goed. Maar zodra je op een schaal gaat werken die enkele ordes groter is, lopen die systemen, die ervan uitgaan dat alles precies op zijn juiste plek staat, in het honderd. Zo stonden er in 2011 meer dan zes miljard foto's van meer dan 75 miljoen gebruikers op de fotosite Flickr. Het zou zinloos zijn geweest om te proberen al die foto's van labels te voorzien volgens van tevoren afgesproken categorieën. Zou er dan echt een categorie 'Katten die op Hitler lijken' zijn geweest?

In plaats daarvan worden nette taxonomieën vervangen door mechanismes die rommeliger zijn, maar ook vele malen flexibeler en beter passend bij een wereld die voortdurend verandert en zich ontwikkelt. Als we foto's naar Flickr uploaden, geven we ze 'tags' mee. Dat houdt in dat we er een willekeurig aantal tekstlabels aan toekennen die we gebruiken om het materiaal te ordenen en te doorzoeken. Tags worden ad hoc bedacht en toegekend: er zijn geen gestandaardiseerde, van tevoren vastgelegde categorieën, er is geen bestaande taxonomie waaraan we ons moeten conformeren. Iedereen kan gewoon nieuwe tags toevoegen door ze te typen. Het werken met tags is uitgegroeid tot de de facto-standaard voor de classificatie van materiaal op het internet, die wordt gebruikt in social media als Twitter, blogs enzovoort. Dat maakt de onmetelijke hoeveelheid gegevens op het web beter behapbaar, met name voor zaken als afbeeldingen, video's en muziek, die niet uit tekst bestaan en dus niet met gewone zoekopdrachten te vinden zijn.

Uiteraard kunnen sommige tags verkeerd gespeld zijn en ontstaat daardoor onnauwkeurigheid – niet in de gegevens zelf, maar



in de manier waarop ze georganiseerd zijn. Dat is een doorn in het oog van de traditionele denker die exactheid gewend is. Maar in ruil voor rommeligheid in de manier waarop onze fotocollecties georganiseerd zijn, krijgen we een veel rijkere verzameling labels terug, en daarmee indirect een diepere, bredere toegang tot onze foto's. We kunnen zoektags met elkaar combineren om foto's te filteren op een manier die vroeger niet mogelijk was. De onnauwkeurigheid die inherent is aan het tag-systeem correspondeert met de natuurlijke rommeligheid van de wereld. Ze is een tegengif tegen exactere systemen die proberen de chaotische realiteit een valse steriliteit op te leggen door te doen alsof alles op aarde in nette rijen en kolommen past. Maar er is meer tussen hemel en aarde dan waarvan die wijsheid droomt.

Veel van de populairste websites tonen openlijk hun bewondering voor onnauwkeurigheid en hun afkeer van pretentieuze exactheid. Als je een Twitter-pictogram of een 'Vind ik leuk'-knop van Facebook op een webpagina ziet, is daarbij te zien hoeveel andere mensen erop hebben geklikt. Zijn de aantallen gering, dan staat er een exact getal, bijvoorbeeld ‘63’. Maar als ze groter worden, is het weergegeven aantal een benadering, bijvoorbeeld ‘4K’. Dat is niet omdat het systeem het werkelijke totaal niet kent, maar omdat het exacte aantal minder van belang is wanneer de schaalgrootte toeneemt. Bovendien kunnen de aantallen zo snel veranderen dat een exact cijfer al verouderd is op het moment dat het verschijnt. Evenzo geeft Gmail, de maildienst van Google, de tijd van recente berichten exact weer, bijvoorbeeld ‘11 minuten geleden’, maar die van oudere berichten nonchalanter, bijvoorbeeld ‘2 uur geleden’; Facebook en een aantal anderen doen het net zo.

De bedrijfstak die zich bezighoudt met het bieden van zakelijke informatie en analyses aan klanten was lange tijd gebaseerd op de belofte van ‘één versie van de waarheid’ – de populaire slogan van de verkopers van dat soort software in het eerste decennium van de eenentwintigste eeuw. Leidinggevenden gebruikten die term zonder enige ironie. Sommigen doen dat nog steeds. Ze bedoelen dat iedereen die het IT-systeem van een bedrijf raadpleegt, toegang heeft tot dezelfde gegevens; dat de afdeling marketing en het verkoopteam niet al voor het begin van de vergadering ruzie hoeven te krijgen over de correcte klant- of verkoopcijfers. Hun belangen liggen waarschijnlijk meer op één lijn als de feiten met elkaar kloppen, is de gedachte.

Maar er wordt inmiddels heel anders tegen het idee van ‘één versie van de waarheid’ aan gekeken. Het besef begint door te dringen dat het misschien niet alleen onmogelijk is dat er maar één versie van de waarheid bestaat, maar dat het najagen van dat idee de aandacht van belangrijker zaken afleidt. Om de voordelen van het werken met grote hoeveelheden gegevens ten volle te benutten moeten we rommeligheid accepteren als normaal, niet als iets wat we moeten proberen weg te werken.

We zien het ethos der onnauwkeurigheid zelfs doordringen op een van de gebieden die het minst gediend waren van onnauwkeurigheid: het databaseontwerp. Traditioneel dienden databasesystemen altijd zeer gestructureerd en exact te zijn. De gegevens werden niet gewoon opgeslagen, ze werden in 'records' verdeeld die op hun beurt weer 'velden' bevatten. Elk veld bevatte informatie van een bepaald type en een bepaalde lengte. Als een numeriek veld bijvoorbeeld zeven cijfers lang was, kon een aantal van tien miljoen of meer er niet in opgeslagen worden. Als je 'onbekend' wilde invullen in een veld bestemd voor telefoonnummers, kon dat niet. De structuur van de database had moeten worden gewijzigd om de genoemde invoer wel te kunnen opslaan. We hebben op onze computers en smartphones soms nog steeds met dat soort beperkingen te kampen als de software weigert iets te accepteren wat we invoeren.

Ook indexen waren destijds van tevoren vastgelegd, hetgeen beperkingen oplegde aan datgene waar je naar kon zoeken. Als je een nieuwe index toevoegde, moest die helemaal opnieuw worden opgebouwd, en dat kostte tijd. De conventionele, zogeheten 'relationele' databases zijn ontworpen voor een wereld waarin gegevens schaars zijn en dus met zorg kunnen en zullen worden behandeld. Het is een wereld waarin de vragen die je met behulp van de gegevens wilt beantwoorden van tevoren duidelijk moeten zijn, zodat de database zodanig ontworpen is dat hij die – en uitsluitend die – vragen op een efficiënte manier kan beantwoorden.



Maar die visie op opslag en analyse staat steeds meer haaks op de werkelijkheid. We kennen nu grote hoeveelheden gegevens van wisselend type en wisselende kwaliteit. Die passen slechts zelden in netjes gedefinieerde categorieën die van tevoren bekend zijn. En de vragen die we willen stellen, komen vaak pas op als we de beschikbare gegevens verzamelen en ermee werken.

Die realiteit heeft geleid tot nieuwe databaseontwerpen die breken met de principes van vroeger – met records en van tevoren vastgelegde velden die rigide gedefinieerde informatiehiërarchieën weerspiegelen. De meest gebruikte taal voor het raadplegen van databases was lange tijd SQL (Structured Query Language, gestructureerde opvraagtaal; de afkorting wordt uitgesproken als *sequel*). Uit de naam alleen al blijkt de rigiditeit. Maar de laatste jaren hebben een grote verschuiving te zien gegeven richting NOSQL (*no sequel*), een taal waarvoor geen van tevoren vastgelegde recordstructuur vereist is. Deze taal accepteert gegevens van variabele typen en groottes en maakt die doorzoekbaar. In ruil voor het toestaan van structurele rommeligheid vragen deze databaseontwerpen meer verwerkings- en opslagfaciliteiten. Maar dat is een compromis dat we ons goed kunnen veroorloven, gezien de snel dalende prijzen van chips voor gegevensopslag en -verwerking.

Pat Helland, een van de meest vooraanstaande autoriteiten op het gebied van databaseontwerp, beschrijft die fundamentele verschuiving in een artikel getiteld 'If You Have Too Much Data, Then "Good Enough" Is Good Enough'. Hij beschrijft een aantal van de basisprincipes van het traditionele ontwerp die zijn uitgehold door rommelige gegevens met variabele herkomst en exactheid, en schetst vervolgens de consequentie daarvan: 'We kunnen niet meer doen alsof we in een netjes geordende wereld leven.' Het werken met big data betekent onvermijdelijk een zeker verlies aan informatie – dat hoort erbij. Maar dat wordt gecompenseerd doordat we snel resultaat krijgen. 'Het geeft niet dat de informatie van wat mindere kwaliteit is – het bedrijfsleven heeft behoefte aan snelle antwoorden,' besluit Helland.



Het traditionele databaseontwerp belooft consequent juiste antwoorden, ongeacht het tijdstip van opvragen. Als je bijvoorbeeld het saldo van je rekening opvraagt, ga je ervan uit dat je het exacte bedrag te zien krijgt. En als je het saldo een paar seconden later nog eens opvraagt, wil je dat het systeem hetzelfde resultaat produceert, ervan uitgaande dat er niets is veranderd. Maar naarmate de hoeveelheid verzamelde gegevens groeit en het aantal gebruikers toeneemt, wordt het steeds moeilijker aan die eis te voldoen.

Grote gegevensverzamelingen bevinden zich nooit op één bepaalde plaats; ze zijn gewoonlijk verspreid over verschillende harde schijven en computers. Om betrouwbaarheid en snelheid te garanderen kan een record op twee of meer verschillende plaatsen opgeslagen zijn. Als je die record op één plek wijzigt, zijn de gegevens op de andere plekken niet meer up-to-date totdat je die ook bijwerkt. Traditionele systemen zouden je laten wachten tot alle exemplaren zijn bijgewerkt, maar dat is niet zo handig als gegevens over allerlei plekken verdeeld zijn en de server tienduizenden informatieverzoeken per seconde krijgt. Het accepteren van rommeligheid is dan een mogelijke oplossing.

De verschuiving wordt fraai geïllustreerd door de populariteit van Hadoop, een open source-concurrent van het MapReduce-systeem van Google die erg goed is in het verwerken van grote hoeveelheden gegevens. Hadoop doet dat door de gegevens in kleinere porties te verdelen en die aan andere machines te delegeren. Er is rekening gehouden met hardwarestoringen en daarom zit er redundantie in het systeem ingebouwd. Het systeem gaat ervan uit dat de gegevens niet netjes en geordend zijn – sterker nog, het gaat ervan uit dat er te veel gegevens zijn om ze voorafgaand aan de verwerking te kunnen ordenen. De meeste gegevensanalyses beginnen met een bewerking die wordt aangeduid als ETL (Extract, Transfer, Load): de gegevens worden naar de plaats getransporteerd waar ze verwerkt zullen worden. Hadoop pakt het anders aan: het gaat ervan uit dat de hoeveelheid gegevens zo verbijsterend groot is dat transport uitgesloten is en dat de gegevens moeten worden geanalyseerd op de plaats waar ze zich bevinden.

De uitvoer van Hadoop is niet zo exact als die van relationele databases: je kunt er beter geen ruimteschepen mee lanceren of details van bankrekeningen mee controleren. Maar het systeem doet zijn werk veel sneller dan de concurrenten en is geschikt voor een heleboel minder kritische taken, waarbij er geen behoefte bestaat aan een zeer exact resultaat; denk aan taken als het onderverdelen van een lijst met klanten om aan een deel van hen een speciale reclamemailing te versturen. Met behulp van Hadoop was het creditcardbedrijf Visa in staat de verwerkingstijd van testrecords voor een periode van twee jaar, oftewel circa 73 miljard transacties, terug te brengen van een maand tot slechts dertien minuten. Zulke versnellingen in de verwerking kunnen een enorm verschil maken voor bedrijven.

De ervaringen met ZestFinance, een bedrijf dat is opgericht door Douglas Merrill, de voormalige chef IT van Google, illustreren dat. Met behulp van geavanceerde technologie helpt het bedrijf leningverstrekkers bij de beslissing of ze mensen aan wier kredietwaardigheid wordt getwijfeld al of niet relatief kleine kortetermijnleningen moeten aanbieden. Gewoonlijk kijkt men bij beoordelingen van de kredietwaardigheid alleen naar een klein aantal sterke signalen, zoals eerdere betalingsachterstanden. ZestFinance analyseert daarentegen een enorm aantal 'zwakkere' variabelen. In 2012 kon het zich beroemen op een percentage wanbetalers dat een derde lager lag dan het gemiddelde in de branche. Maar de enige manier om het systeem te laten werken is door rommeligheid structureel te accepteren.

'Een van de interessante dingen is dat er niemand is bij wie alle velden zijn ingevuld,' zegt Merrill. 'Er ontbreken altijd een heleboel gegevens.' De tabel met de informatie die ZestFinance verzamelt is een gatenkaas: een database die wemelt van de ontbrekende cellen. Daarom vult het bedrijf de ontbrekende gegevens zelf in. Zo staat bij ongeveer 10 procent van de klanten van ZestFinance vermeld dat ze dood zijn – maar dat blijkt geen beletsel voor de betalingen. 'De meeste mensen gaan ervan uit dat er na de grote zombie-apocalyps geen schulden meer zullen worden afgelost,' zegt Merrill met een knipoog. 'Maar als je onze gegevens bekijkt, lijkt het erop dat ook zombies gewoon hun termijnen betalen.'

In ruil voor het leven met rommeligheid krijgen we enorm waardevolle informatie terug die op die schaal onmogelijk met de traditionele methodes en hulpmiddelen te achterhalen zou zijn. Volgens sommige schattingen is maar 5 procent van alle digitale gegevens 'gestructureerd' – dat wil zeggen, opgeslagen in een vorm die goed in een traditionele database zou passen. Als we geen rommeligheid accepteerden, zou dus die 95 procent ongestructureerde gegevens, zoals webpagina's en video's, verborgen blijven. Door onnauwkeurigheden toe te laten openen we de poort naar een nog onverkend heelal vol nieuwe inzichten.

Onze samenleving heeft twee impliciete compromissen gesloten die zozeer verweven zijn geraakt met al ons handelen dat we ze niet meer als compromissen zien, maar als de natuurlijke orde der dingen. Ten eerste gaan we ervan uit dat we niet veel meer gegevens kunnen gebruiken dan we nu doen, en daarom laten we dat na. Maar die beperking wordt steeds minder relevant, en er valt veel te winnen door problemen te benaderen met N = alles (of bijna alles).

Het tweede compromis heeft te maken met de kwaliteit van informatie. In het tijdperk van de small data was het verstandig om de voorkeur te geven aan exactheid, want toen verzamelden we maar weinig informatie, en de nauwkeurigheid daarvan moest dus zo groot mogelijk zijn. In veel gevallen is dat misschien nog steeds van belang. Maar voor veel andere zaken is een grote nauwkeurigheid minder belangrijk dan een snel inzicht in de algehele contouren of de veranderingen in de loop van de tijd.



Het feit dat we steeds vaker alle beschikbare informatie gebruiken in plaats van kleinere porties en dat we soms de voorkeur geven aan slordigheid boven exactheid, zal een diepgaande invloed hebben op onze interacties met de wereld. Nu big data-technieken steeds meer deel gaan uitmaken van het dagelijks leven, gaan wij als samenleving misschien proberen de wereld vanuit een veel breder, veelomvattender perspectief te doorgronden, een soort N = alles van de geest. En misschien zullen we vaagheid en dubbelzinnigheid gaan tolereren op gebieden waar we eerder duidelijkheid en zekerheid eisten, ook al was dat dan een valse duidelijkheid en een onvolmaakte zekerheid. We kunnen dat accepteren als we in ruil daarvoor een completer beeld van de werkelijkheid krijgen – het equivalent van een impressionistisch schilderij: van dichtbij bezien zijn de verfstreken rommelig, maar als je een stap achteruit doet, zie je een schitterend beeld.

Met behulp van big data en de bijbehorende nadruk op omvangrijke gegevensverzamelingen en rommeligheid komen we dichter bij de werkelijkheid dan vroeger met small data en exactheid. De aantrekkingskracht van 'weinig' en 'zeker' is begrijpelijk. Ons begrip van de wereld was dan misschien onvolledig en soms zelfs verkeerd toen we nog beperkt waren in wat we konden analyseren, maar het had iets geruststellend zekers en stabiels. Bovendien waren we beperkt in de hoeveelheid gegevens die we konden verzamelen en onderzoeken, en daarom kwamen we ook niet in de verleiding om alles te willen, alles vanuit alle mogelijke invalshoeken te bekijken. En binnen de strikte beperkingen van de small data konden we ons beroemen op onze exactheid, ook al misten we het grotere overzicht door alle details tot *n* cijfers achter de komma te meten.

Uiteindelijk kan big data ons dwingen te veranderen, ons meer op ons gemak te voelen bij wanorde en onzekerheid. De exacte structuren die ons houvast bieden – dat de ronde pin in het ronde gat past, dat er maar één antwoord op een vraag is – zijn plooibaarder dan we misschien willen toegeven, maar als we dat toegeven of zelfs volledig accepteren, brengt dat ons wel dichter bij de werkelijkheid.



Hoe radicaal de verandering van instelling ook is die deze verschuivingen bewerkstelligen, ze leiden tot een derde verschuiving die het in zich heeft af te rekenen met een nog fundamentelere conventie waarop onze samenleving stoelt: de wens om de achterliggende oorzaken van alles wat we zien te doorgronden. Maar zoals we in het volgende hoofdstuk zullen zien, volstaat het misschien vaak wel om verbanden tussen gegevens te achterhalen en aan de hand daarvan te handelen.

# 4

# Correlaties

In 1997 onderbrak Greg Linden, destijds vierentwintig jaar oud, zijn promotieonderzoek op het gebied van de kunstmatige intelligentie aan de universiteit van Washington om bij een plaatselijk internetbedrijfje te gaan werken dat online boeken verkocht. Het was nog maar twee jaar actief, maar deed al goede zaken. 'Ik was gecharmeerd van het idee om boeken en kennis te verkopen, en ik wilde mensen helpen het volgende stukje kennis te vinden dat hen zou aanspreken,' blikt hij terug. Het bedrijfje heette Amazon.com, en het nam Linden in dienst als programmeur om te zorgen dat de site soepel draaide.

Bij Amazon werkten niet uitsluitend technische mensen. Er stonden destijds ook een stuk of tien boekcritici en redacteuren op de loonlijst om recensies te schrijven en nieuwe titels aan te bevelen. Bijna iedereen kent het verhaal van Amazon, maar veel mensen weten niet meer dat de site oorspronkelijk geheel door mensen werd beheerd. De redacteuren en critici beoordeelden en kozen de titels die op de webpagina's van Amazon onder de aandacht werden gebracht. Zij waren verantwoordelijk voor wat 'de stem van

Amazon' werd genoemd, datgene wat als het grote pluspunt van het bedrijf en de reden van het concurrentievoordeel ervan werd beschouwd. In een artikel in *The Wall Street Journal* uit die tijd werden de Amazon-medewerkers de belangrijkste boekcritici van Amerika genoemd, omdat ze zo'n directe invloed op de verkoopcijfers hadden.

Toen kreeg Jeff Bezos, de oprichter en algemeen directeur van Amazon, een zeer interessant idee: zou het mogelijk zijn klanten bepaalde boeken aan te bevelen afhankelijk van hun persoonlijke voorkeuren? Amazon had vanaf het eerste begin hele ritsen gegevens over al zijn klanten opgeslagen: wat ze kochten, welke boeken ze wel bekeken maar niet kochten en hoe lang ze ernaar keken. En welke boeken ze tegelijk met andere kochten.

De hoeveelheid gegevens was zo gigantisch dat Amazon ze aanvankelijk op de conventionele manier verwerkte: door steekproeven te nemen en te analyseren om overeenkomsten tussen klanten te vinden. De aanbevelingen die daaruit voortvloeiden, waren simplistisch. Als je een boek over Polen kocht, werd je gebombardeerd met Oost-Europees materiaal. Kocht je een boek over baby's, dan kreeg je een vracht aanbiedingen van andere babyboeken over je heen. 'Het waren meestal kleine variaties op je vorige aankoop, en dat telkens weer,' aldus James Marcus, die van 1996 tot 2001 als boekrecensent bij Amazon werkte, in het autobiografische *Amazonia*. 'Je had het gevoel dat je met de dorpsgek was wezen winkelen.'

Greg Linden zag een oplossing. Hij zag in dat het aanbevelingssysteem niet per se mensen met andere mensen hoefde te vergelijken, een taak die technisch lastig was. Het hoefde alleen maar verbanden op te sporen tussen de producten zelf. In 1998 vroegen Linden en zijn collega's patent aan op het collaboratief filteren van artikelen, zoals deze techniek wordt genoemd. Die wijziging in de benadering maakte een enorm verschil.

Omdat de berekeningen al van tevoren konden worden gedaan, werkten de aanbevelingen razendsnel. De methode was bovendien flexibel en kon verschillende productcategorieën met elkaar verbinden. Dus toen Amazon zijn assortiment met andere artikelen dan boeken uitbreidde, kon het bedrijf ook films en broodroosters aanbevelen. En de aanbevelingen waren veel beter dan eerst, omdat het systeem alle gegevens gebruikte. 'Destijds deed de grap de ronde dat als het systeem van Amazon perfect werkte, je maar één aanbeveling zou moeten krijgen – namelijk het eerstvolgende boek dat je zult kopen,' herinnert Linden zich.

Nu moest het bedrijf beslissen wat er op de site moest verschijnen: door een machine geproduceerde persoonlijke aanbevelingen en bestsellerlijsten, of recensies van de redacteuren die Amazon in dienst had. Wat had voorrang: de muisklikken of de boekfrikken? Het was een gevecht tussen dwergen en reuzen.

Toen Amazon een test uitvoerde waarbij de verkoopcijfers als gevolg van beoordelingen door mensen werden vergeleken met die op grond van door de computer gegenereerde gegevens, lagen de resultaten dramatisch ver uit elkaar. De automatisch geprodu-



ceerde gegevens genereerden vele malen meer verkochte artikelen. De computer wist dan misschien niet waarom een klant die Ernest Hemingway had gelezen mogelijk ook geïnteresseerd was in F. Scott Fitzgerald, maar dat deed er kennelijk niet toe. De kassa rinkelde. Uiteindelijk werd de redacteuren precies verteld hoeveel procent omzet Amazon liet liggen als het bedrijf gebruik bleef maken van door hen geschreven recensies, waarna de hele afdeling werd opgeheven. 'Het deed mij veel verdriet dat de redacteuren het tegen de computer aflegden,' herinnert Linden zich. 'Maar de cijfers spraken duidelijke taal en de redactie kostte veel geld.'

Tegenwoordig zou een derde van alle inkomsten van Amazon direct voortvloeien uit de aanbevelings- en personalisatiesystemen. Met behulp van die systemen heeft Amazon menige concurrent het faillissement in gejaagd, niet alleen grote boeken- en muziekwinkels, maar ook kleine boekhandels die meenden dat hun persoonlijke contact met de klanten hen zou beschermen tegen de veranderende tijden. Het werk van Linden betekende een revolutie in de hele onlinehandel en zijn methode is door vrijwel iedereen overgenomen. Bij Netflix, een onlinefilmverhuurbedrijf, komt driekwart van de nieuwe bestellingen binnen via aanbevelingen. In het voetspoor van Amazon kunnen tegenwoordig duizenden websites producten, content, vrienden en groepen aanbevelen zonder te weten waaróm mensen er waarschijnlijk in geïnteresseerd zijn.

Weten waarom iets zo is, is misschien prettig, maar voor het stimuleren van de verkoop is het niet nodig. Weten wát, daarmee beweeg je gebruikers tot klikken. Door dit inzicht zouden heel veel bedrijfstakken ingrijpend kunnen veranderen, en niet alleen onlinewinkels. Verkopers in alle branches hebben lange tijd te horen gekregen dat ze moeten begrijpen wat hun klanten drijft, dat ze de redenen achter hun beslissingen moeten doorgronden. Vakkundigheid en jaren ervaring stonden altijd in hoog aanzien. De big databenadering laat zien dat je het probleem ook pragmatischer kunt aanpakken. De innovatieve aanbevelingssystemen van Amazon kwamen waardevolle correlaties op het spoor zonder de onderliggende oorzaken te kennen. Weten waaróm hoeft niet, weten wát is goed genoeg.



## VOORSPELLINGEN EN VOORKEUREN

Correlaties hebben in een small data-wereld al nut, maar komen pas ten volle tot hun recht in de context van big data. Via correlaties verwerven we inzichten makkelijker, sneller en duidelijker dan vroeger.

Feitelijk is een correlatie niets anders dan een kwantificatie van de statistische relatie tussen twee gegevens. Een sterke correlatie houdt in dat er, wanneer een van de twee waarden verandert, een grote kans is dat de andere waarde ook verandert. We zagen zulke sterke correlaties al bij het Google-grieponderzoek: hoe meer mensen op een bepaalde geografische locatie met Google naar bepaalde termen zoeken, hoe meer mensen op die locatie griep hebben. Omgekeerd houdt een zwakke correlatie in dat er, wanneer een van de twee waarden verandert, weinig met de andere gebeurt. We zouden bijvoorbeeld correlaties kunnen berekenen tussen de haarlengte van mensen en hun geluksgevoel, en ontdekken dat de haarlengte geen goede indicator is voor het meten van het geluksgevoel van mensen.

Correlaties stellen ons in staat een verschijnsel te analyseren, niet door de interne mechanismes ervan te verhelderen, maar door er een nuttige afgeleide indicator voor aan te wijzen. Natuurlijk zijn zelfs sterke correlaties nooit perfect. Het is heel goed mogelijk dat twee dingen zich puur toevallig op een vergelijkbare manier gedragen. Soms worden we 'voor de gek gehouden door schijnpatronen', om de empirist Nassim Nicholas Taleb te citeren. Met correlaties heb je nooit zekerheid, alleen waarschijnlijkheid. Maar als een correlatie sterk is, is de waarschijnlijkheid dat er een verband bestaat groot. Dat kunnen veel Amazon-klanten met een boekenplank vol door het bedrijf aanbevolen boeken bevestigen.



Correlaties stellen ons in staat een goed bruikbare afgeleide indicator voor een bepaald verschijnsel aan te wijzen en helpen ons zo greep te krijgen op het heden en de toekomst te voorspellen: als *A* vaak samen met *B* optreedt, moeten we op het voorkomen van *B* letten om te voorspellen dat *A* zal optreden. Door *B* als afgeleide indicator te gebruiken, kunnen we greep krijgen op wat er waarschijnlijk met *A* aan de hand is, ook al kunnen we *A* niet direct meten of observeren. En, minstens zo belangrijk, we kunnen beter voorspellen wat er in de toekomst met *A* zou kunnen gebeuren. Natuurlijk kunnen correlaties de toekomst niet met zekerheid voorspellen; ze kunnen er alleen statistische uitspraken over doen. Maar zelfs dat is al zeer waardevol.

Zie bijvoorbeeld het geval van Walmart. Walmart is de grootste detailhandelketen ter wereld, met meer dan twee miljoen werknemers en een jaarlijkse omzet van circa 450 miljard dollar – een bedrag dat groter is dan het bnp van viervijfde van alle landen op de wereld. Voordat het web zo'n gulle leverancier van gegevens werd, bezat het bedrijf misschien wel de grootste gegevensverzameling van het hele Amerikaanse bedrijfsleven. In de jaren negentig veroorzaakte het een revolutie in de detailhandel door alle producten digitaal te registreren in een systeem dat Retail Link heette. Daarmee kunnen de toeleveranciers van de keten de verkoopcijfers, het volume en de magazijnvoorraden in de gaten houden. Met deze nieuwe transparantie kon het bedrijf de leveranciers dwingen zelf hun voorraden te beheren. In veel gevallen wordt Walmart pas 'eigenaar' van een product als het verkocht wordt, waarmee het bedrijf het voorraadrisico verkleint en de kosten reduceert. Walmart gebruikte de digitale gegevens om de facto 's werelds grootste tweedehandswinkel te worden.

Wat zou je met al die historische gegevens kunnen doen als je ze op de juiste manier analyseerde? De detaillist werkte samen met experts op het gebied van complexe berekeningen van Teradata, voorheen de eerbiedwaardige National Cash Register Company, om interessante correlaties op te sporen. In 2004 onderzocht Walmart in zijn eigen gigantische databases met transactiegegevens welke artikelen klanten hadden gekocht, wat die kostten, wat ze nog meer in hun winkelmandje hadden, hoe laat het was en zelfs wat voor weer. Zo merkte het bedrijf op dat voorafgaand aan een storm niet alleen de verkoop van zaklantaarns steeg maar ook die van Pop-Tarts, een zoete Amerikaanse ontbijtsnack. Daarom zette Walmart voortaan als er storm was voorspeld dozen met Pop-Tarts naast de direct stormgerelateerde artikelen voor in de winkels om het de klanten die snel even wat kwamen kopen makkelijker te maken – en de verkoopcijfers stegen spectaculair.



In het verleden had iemand van de hoofddirectie van tevoren de ingeving moeten krijgen om de juiste gegevens te verzamelen en het idee te testen. Maar als je beschikt over heel veel gegevens en betere hulpmiddelen, zijn de correlaties sneller en goedkoper op te sporen. (Daarbij wel de kanttekening dat we op onze hoede moeten zijn: als het aantal gegevenspunten met een paar ordes van grootte stijgt, duiken er ook meer schijncorrelaties op – verschijnselen die verband met elkaar lijken te houden hoewel dat niet zo is. Daar moeten we extra goed op bedacht zijn, zoals we nu pas beginnen te beseffen.)

Lang voor het tijdperk van de big data is correlatieanalyse al nuttig gebleken. Het wiskundige begrip 'correlatie' is in 1888 geïntroduceerd door Francis Galton, een neef van Charles Darwin, nadat hem een verband was opgevallen tussen de lichaamslengte van mannen en de lengte van hun onderarm. De achterliggende wiskunde is relatief simpel en robuust en dat blijkt een van de essentiële eigenschappen ervan te zijn, wat ertoe heeft bijgedragen dat dit een van de meest gebruikte statistische maatstaven is geworden. Maar vóór het big data-tijdperk was het nut ervan beperkt. Omdat gegevens schaars waren en het verzamelen ervan kostbaar was, kozen statistici vaak een afgeleide indicator, verzamelden ze de relevante gegevens en voerden ze een correlatieanalyse uit om erachter te komen hoe goed die indicator was. Maar hoe selecteer je de juiste afgeleide indicator?



Als richtlijn gebruikten de deskundigen hypotheses die waren opgesteld op grond van theorieën – abstracte ideeën over hoe dingen werken. Op grond van zulke hypotheses verzamelden ze gegevens, waarna ze een correlatieanalyse uitvoerden om te controleren of de afgeleide indicatoren geschikt waren. Was dat niet het geval, dan probeerden de onderzoekers het vaak nog een keer voor het geval de gegevens niet goed waren verzameld, en pas na een hele tijd gaven ze toe dat de hypothese waarmee ze waren begonnen, of zelfs de theorie waarop die gebaseerd was, tekortkomingen had en bijgesteld moest worden. Kennis werd met vallen en opstaan vergaard via deze op hypotheses gebaseerde methode. En dat schoot niet erg hard op, want onze persoonlijke en collectieve vooringenomenheid vertroebelde de hypotheses die we ontwikkelden, de manier waarop we ze toepasten en daarmee ook de afgeleide indicatoren die we kozen. Het was een moeizaam proces, maar aanvaardbaar in een small data-wereld.

In het tijdperk van de big data is het niet meer efficiënt om beslissingen over de te onderzoeken variabelen uitsluitend op grond van hypotheses te nemen. De gegevensverzamelingen zijn veel te groot en waarschijnlijk is het onderzoeksgebied ook veel te complex. Gelukkig bestaan veel van de beperkingen die ons destijds tot de op hypotheses gebaseerde benadering dwongen niet meer in dezelfde mate. We beschikken nu over zoveel gegevens en zoveel rekenkracht dat we niet meer moeizaam één of een beperkt aantal afgeleide indicatoren hoeven te kiezen om die een voor een te onderzoeken. Met geavanceerde wiskundige technieken kunnen we nu de optimale afgeleide indicator bepalen – wat bijvoorbeeld bij het Google-grieponderzoek gebeurde door het doorploegen van bijna een half miljard wiskundige modellen.

We hebben tegenwoordig geen onafhankelijk geteste hypothese over een verschijnsel meer nodig om meer greep op onze wereld te krijgen. We hoeven dus geen vermoedens te formuleren over zoektermen die mensen intikken als zich ergens griep verspreidt. We hoeven niet te begrijpen hoe luchtvaartmaatschappijen de prijzen van hun tickets bepalen. We hoeven ons niet te verdiepen in de culinaire voorkeuren van Walmart-klanten. In plaats daarvan kunnen we een correlatieanalyse op onze gegevens loslaten en daaruit afleiden welke zoektermen de beste afgeleide indicatoren voor griep zijn; of de prijs van een ticket waarschijnlijk zal stijgen; of wat angstige gezinnen tijdens een storm het liefst in hun mond stoppen. In plaats van een op hypotheses gebaseerde benadering kiezen we er een die stoelt op big data. De resultaten zijn dan waarschijnlijk minder vertekend en nauwkeuriger, en het is vrijwel zeker dat we ze ook veel sneller krijgen.



Voorspellingen op basis van correlaties spelen een cruciale rol bij big data. Correlatieanalyses worden tegenwoordig zo vaak gebruikt dat we soms niet eens meer waarnemen hoe ver ze in de samenleving zijn doorgedrongen. En het aantal toepassingen zal alleen maar stijgen.

Zo worden gegevens over kredietwaardigheid gebruikt om individueel gedrag te voorspellen. De Fair Isaac Corporation, tegenwoordig bekend als FICO, bedacht de kredietwaardigheidsscore eind jaren vijftig. In 2011 introduceerde FICO de 'medicijnentrouwscore'. Om te bepalen hoe waarschijnlijk het is dat mensen hun medicijnen innemen analyseert FICO een enorm aantal variabelen – waaronder ook schijnbaar irrelevante, zoals de tijd dat mensen al op hetzelfde adres wonen, hun huwelijkse staat, het aantal jaren dat ze al hetzelfde werk hebben en hun autobezit. De score is bedoeld om de medische sector te helpen geld te besparen door precies te vertellen welke patiënten eraan herinnerd moeten worden dat ze hun medicatie moeten innemen. Er bestaat geen enkel causaal verband tussen het bezit van een auto en het op het juiste tijdstip innemen van antibiotica; dat verband is puur correlatief. Maar op grond van dit soort bevindingen durfde de directeur van FICO in 2011 trots te verklaren: 'Wij weten wat u morgen gaat doen.'

Ook andere digitale bedrijven doen steeds meer met correlatieanalyse, getuige de artikelenserie onder de kop 'What Do They Know' in *The Wall Street Journal*. Experian heeft een product dat Income Insight heet en het inkomensniveau van mensen schat, voor een deel op basis van hun kredietverleden. Het bedrijf ontwikkelde de score door zijn gigantische database met kredietverledens te analyseren tegen de achtergrond van anonieme belastinggegevens van de Amerikaanse fiscus. Het zou een bedrijf ongeveer 10 dollar per persoon kosten om iemands inkomen via belastinggegevens op te vragen, terwijl Experian zijn schattingen voor minder dan een dollar verkoopt. In dit soort gevallen is het gebruik van de afgeleide indicator dus veel voordeliger dan het doorlopen van de hele omslachtige procedure om de echte gegevens te verkrijgen. Een ander kredietbureau, Equifax, verkoopt een 'Ability to Pay Index' en een 'Discretionary Spending Index' en belooft daarmee iemands financiële armslag te voorspellen.

En de toepassingen van correlaties reiken nog verder. Aviva, een grote verzekeraar, heeft onderzoek gedaan naar het idee om voor bepaalde aanvragers kredietwaardigheidsrapporten en consumenten- en marktgegevens als afgeleide indicatoren voor de analyse van bloed- en urinemonsters te gebruiken. De bedoeling is de mensen aan te wijzen die misschien een hogere kans hebben op ziektes als hoge bloeddruk, suikerziekte of depressie. De methode werkt met leefstijlgegevens die honderden variabelen omvatten, zoals hobby's, de websites die mensen bezoeken en de tijd die ze aan tv-kijken besteden, en daarnaast ook met schattingen van het inkomen.

Het voorspellingsmodel van Aviva, dat is ontwikkeld door Deloitte Consulting, is zeer bruikbaar gebleken voor het opsporen van gezondheidsrisico's. Andere verzekeraars zoals Prudential en AIG hebben vergelijkbare initiatieven onderzocht. Het voordeel is dat mensen nu verzekeringen kunnen aanvragen zonder dat ze bloed- en urinemonsters hoeven af te staan, wat niemand leuk vindt en waar de verzekeraars voor moeten betalen. De labtests kosten ongeveer 125 dollar per persoon, terwijl de kosten van de zuiver op gegevens gebaseerde methode circa vijf dollar bedragen.

Sommigen vinden deze methode wellicht griezelig, omdat er verbanden worden gelegd tussen gedragingen die schijnbaar los van elkaar staan. Het is alsof bedrijven een cyberverklikker inhuren die elke muisklik registreert. Mensen zouden kopschuw kunnen worden: straks durven ze geen websites over extreme sporten meer te bezoeken of durven ze niet meer naar sitcoms over ongezond levende mensen te kijken, omdat ze bang zijn dat hun verzekeringspremie daardoor omhooggaat. En het zou inderdaad verschrikkelijk zijn als mensen zich niet meer vrij zouden voelen om de informatie te raadplegen die hen interesseert. Aan de andere kant is het voordeel dat meer mensen zich verzekeren als dat makkelijker en minder duur wordt, wat goed is voor de samenleving, en natuurlijk ook voor de verzekeraars.



Maar het vlaggenschip, of misschien wel de zondebok, van de big data-correlaties is de Amerikaanse discountketen Target, die al jaren vertrouwt op voorspellingen die gebaseerd zijn op big data-correlaties. In een geruchtmakende reportage liet Charles Duhigg, een economiecorrespondent van *The New York Times*, zien hoe Target weet wanneer een vrouw zwanger is zonder dat de aanstaande moeder dat met zoveel woorden vertelt. Het komt erop neer dat Target alle gegevens opslurpt die het bedrijf te pakken kan krijgen en de correlaties verder het vuile werk laat doen.

Het is voor detaillisten belangrijk om te weten of een klant misschien zwanger is, want de zwangerschap is voor elk stel een cruciaal moment, waarop hun koopgedrag radicaal kan veranderen. Ze gaan bijvoorbeeld naar nieuwe winkels en ontwikkelen een nieuwe merkentrouw. De marketingafdeling van Target vroeg de gegevensanalisten te kijken of er een manier was om het al of niet zwanger-zijn van klanten uit hun aankooppatronen af te leiden.

Het analistenteam onderzocht het aankoopgedrag van vrouwen die hadden ingetekend op het geboortegeschenkenregister van de keten. Ze merkten op dat die vrouwen rond de derde maand van de zwangerschap heel veel geurloze lotion kochten en dat ze een paar weken later een voorkeur kregen voor voedingssupplementen als magnesium, calcium en zink. Het team wees uiteindelijk een stuk



of vijfentwintig producten aan die, gebruikt als afgeleide indicatoren, het bedrijf in staat stelden een 'zwangerschapsvoorspelling' te berekenen voor iedere klant die met een creditcard betaalde, een klantenkaart bezat of kortingsbonnen instuurde. Op grond van de correlaties kon het bedrijf zelfs behoorlijk nauwkeurig de datum van de bevalling schatten, zodat het in ieder stadium van de zwangerschap gericht kortingsbonnen kon sturen. Een onthutsend staaltje van 'Targeting'.

In zijn boek *The Power of Habit* (*Macht der gewoonte*) vertelt Duhigg van een incident dat daarna plaatsvond. Op een keer beende een kwade man een Target-filiaal in Minnesota binnen en vroeg de bedrijfsleider te spreken. 'Mijn dochter kreeg dit toegestuurd!' riep hij. 'Ze zit nog op school, en u stuurt haar bonnen voor babykleertjes en wiegjes? Probeert u haar soms aan te moedigen om zwanger te worden?' Maar toen de bedrijfsleider de man een paar dagen later opbelde om zijn excuses aan te bieden, sloeg die een verzoenende toon aan. 'Ik heb een goed gesprek met mijn dochter gehad,' zei hij. 'Er blijken hier in huis bepaalde dingen te zijn gebeurd waarvan ik niet op de hoogte was. Ze is in augustus uitgerekend. Ik wil u graag mijn excuses aanbieden.'

Het vinden van afgeleide indicatoren in maatschappelijke contexten is nog maar één toepassingsgebied van big data-technieken. Een even krachtig type correlaties is die met nieuwe soorten gegevens voor het oplossen van alledaagse problemen.

Een van die toepassingen is een techniek die voorspellingsanalyse wordt genoemd en die door steeds meer bedrijven wordt ingezet om gebeurtenissen te voorzien voordat ze plaatsvinden. De term kan verwijzen naar een algoritme dat een hit kan herkennen, in de muziekindustrie veel gebruikt door platenmaatschappijen die willen weten in welke artiest ze het best kunnen investeren. De techniek wordt ook gebruikt om grote mechanische fouten of constructiefouten te voorkomen: met sensoren op machines, motoren of infrastructurele werken als bruggen is het mogelijk de gegevenspatronen te controleren die ze afgeven, zoals warmte, trillingen, spanning en geluid, en veranderingen te signaleren die erop kunnen wijzen dat er een probleem aan het ontstaan is.



Het idee dat hieraan ten grondslag ligt, is dat dingen die kapotgaan dat meestal niet abrupt doen, maar geleidelijk in de loop van de tijd. Met behulp van sensorgegevens, correlatieanalyse en vergelijkbare methodes zijn karakteristieke patronen aan te wijzen, verschijnselen die gewoonlijk optreden voordat iets kapotgaat: het snorren van een motor, overmatige warmteafgifte door een machine en dergelijke. Vanaf dat moment hoef je alleen maar op dat patroon te letten om te weten wanneer er iets mis is. Als het systeem de abnormaliteit in een vroeg stadium signaleert, kan het een waarschuwing versturen dat er een nieuw onderdeel moet worden geïnstalleerd of een reparatie moet worden uitgevoerd voordat er daadwerkelijk iets kapotgaat. Het doel is het vinden en vervolgens observeren van een goede afgeleide indicator waarmee toekomstige gebeurtenissen kunnen worden voorspeld.

Het expeditiebedrijf UPS gebruikt al sinds het einde van het eerste decennium van de eenentwintigste eeuw voorspellingsanalyses om zijn vloot van 60.000 auto's in de Verenigde Staten te controleren en te weten wanneer er preventief onderhoud moet plaatsvinden. Pech onderweg kan tot chaos leiden en bezorg- en afhaalafspraken vertragen. Uit voorzorg verving UPS bepaalde onderdelen daarom vroeger om de twee of drie jaar. Maar dat was inefficiënt, want sommige van die onderdelen waren nog goed. Sinds het bedrijf is overgestapt op voorspellingsanalyses heeft het al miljoenen dollars bespaard door afzonderlijke onderdelen door te meten en in de gaten te houden en ze alleen te vervangen indien nodig. In één geval bracht de analyse zelfs aan het licht dat een hele groep nieuwe auto's een gebrekkig werkend onderdeel bevatte dat veel ellende had kunnen veroorzaken als het niet in de testfase was gedetecteerd.

Evenzo worden er sensoren op bruggen en gebouwen aangebracht om die te controleren op tekenen van slijtage en beschadiging. Ze worden ook gebruikt in grote chemische fabrieken en raffinaderijen, waar een kapotte machine de hele productie tot stilstand kan brengen. De kosten van het verzamelen en analyseren van de gegevens die aangeven wanneer er preventieve actie nodig is, zijn lager dan die van een productiestop. Merk op dat voorspellingsanalyses niet altijd de oorzaak van een probleem aanwijzen; ze geven alleen aan dát er een probleem is. Ze wijzen je erop dat een motor oververhit is, maar kunnen je niet altijd vertellen of die oververhitting het gevolg is van een versleten ventilatorriem of een slecht vastzittende sluitdop. De correlaties laten het wát zien, niet het waaróm, maar zoals we hebben gezien is dat vaak al goed genoeg.

Eenzelfde soort methodologie wordt in de gezondheidszorg toegepast om storingen van de menselijke machine te voorkomen. Als een ziekenhuis een heel woud van slangen, draden en instrumenten aan een patiënt bevestigt, wordt daardoor een grote stroom gegevens gegenereerd. Alleen al een elektrocardiogram geeft duizend uitlezingen per seconde. En toch wordt op dit moment opmerkelijk genoeg maar een fractie van die gegevens gebruikt of bewaard.

Het meeste wordt gewoon weggegooid, al kunnen daar belangrijke aanwijzingen bij zitten over de toestand van de patiënt en diens reactie op behandelingen. En als de gegevens werden bewaard en vergeleken met die van andere patiënten, zouden ze bijzondere inzichten kunnen opleveren over welke behandelingen meestal wel werken en welke niet.

Het weggooien van gegevens was misschien te verdedigen in een tijd dat het verzamelen, opslaan en analyseren duur en omslachtig was, maar dat is tegenwoordig niet meer zo. Carolyn McGregor en een team onderzoekers van het Institute of Technology van de universiteit van Ontario en IBM werken op dit moment samen met een aantal ziekenhuizen aan software die artsen moet helpen om betere diagnoses te stellen bij de zorg voor te vroeg geboren baby's. De software registreert en verwerkt realtime patiëntengegevens in zestien verschillende gegevensstromen, zoals hartslag, ademhalingsfrequentie, temperatuur, bloeddruk en zuurstofgehalte van het bloed, alles met elkaar zo'n 1260 gegevenspunten per seconde. 

Het systeem kan minieme veranderingen in de toestand van de te vroeg geboren baby's signaleren die al vierentwintig uur voor de eerste zichtbare symptomen kunnen wijzen op een beginnende infectie. 'Je kunt het met het blote oog niet zien, maar een computer ziet het wel,' legt McGregor uit. Het systeem werkt niet met causaliteit, maar met correlaties. Het vertelt je wát, niet waaróm. Maar daarmee bereikt het zijn doel. Na de vroegtijdige waarschuwing kunnen artsen de infectie eerder en met lichtere medicijnen behandelen, of ze worden er eerder op gewezen dat een behandeling niet lijkt aan te slaan. Dat verbetert de patiëntuitslagen. Het moet al raar lopen als deze techniek in de toekomst niet voor veel meer patiënten en aandoeningen zal worden ingezet. Het algoritme zelf neemt geen beslissingen, maar de machines doen waar ze het best in zijn: de menselijke verzorgers helpen bij datgene waar zij het best in zijn.

Opmerkelijk genoeg kwamen bij de big data-analyse van McGregor ook correlaties aan het licht die in sommige opzichten regelrecht ingaan tegen de klassieke inzichten van artsen. Ze ontdekte bijvoorbeeld dat er vlak voor een ernstige infectie vaak zeer regelmatige waarden van de vitale lichaamsfuncties worden gemeten. Dat is vreemd, omdat je juist zou verwachten dat een grote infectie wordt voorafgegaan door een achteruitgang van de vitale lichaamsfuncties. Misschien hebben hele generaties artsen hun werkdag wel besloten met een blik op het klembord naast de wieg, gezien dat de vitale lichaamsfuncties van de baby stabiel waren en geconcludeerd dat ze met een gerust hart naar huis konden gaan – waarna er midden in de nacht een paniekerig telefoontje van de verpleegkundigenpost kwam met de mededeling dat er iets verschrikkelijk mis was gegaan en dat hun instinct hen had misleid.

De gegevens van McGregor doen vermoeden dat de stabiliteit van de te vroeg geborenen niet zozeer een teken van verbetering is als wel een stilte voor de storm – alsof het babylichaam zijn minuscule organen opdraagt de luiken te schalmen omdat er een ruwe zee aankomt. Zeker kunnen we dat niet weten: de gegevens wijzen op een correlatie, niet op een causaliteit. Maar we weten wel dat dit verborgen verband alleen kon worden ontdekt met statistische methodes in combinatie met een enorme hoeveelheid gegevens. Voor wie er nog aan mocht twijfelen: big data redt levens.



## ILLUSIES EN NIEUWE INZICHTEN

Omdat er in een small data-wereld meestal zo weinig gegevens beschikbaar waren, begonnen causale onderzoeken en correlatieanalyses allebei met een hypothese, die vervolgens werd getest om te worden gefalsificeerd of geverifieerd. Maar aangezien er voor beide methodes a priori een hypothese vereist was, waren ze in gelijke mate kwetsbaar voor vooroordelen en onjuiste intuïties. Bovendien waren de noodzakelijke gegevens vaak niet beschikbaar. Tegenwoordig, nu er zoveel gegevens zijn en nog veel meer op komst, zijn dat geen grote belemmeringen meer.

Er is nog een verschil, dat op dit moment steeds meer aan belang wint. Vóór het big data-tijdperk beperkten de meeste correlatieanalyses met grote gegevensverzamelingen zich tot het zoeken naar lineaire relaties, ten dele vanwege de destijds ontoereikende rekenkracht. Maar in werkelijkheid zijn veel relaties uiteraard vele malen ingewikkelder. Met geavanceerdere analysemethodes kunnen we ook niet-lineaire relaties tussen gegevens opsporen.

Zo hebben economen en politicologen vele jaren lang geloofd dat er een directe relatie bestond tussen geluk en inkomen: als je iemands inkomen verhoogt, zal hij gemiddeld genomen gelukkiger worden. Maar als je de gegevens in kaart brengt, blijkt dat de dynamiek die hier een rol speelt veel complexer is. Voor inkomens beneden een bepaalde grens geldt dat iedere stijging van het inkomen leidt tot een duidelijke stijging van het geluk, maar boven die grens dragen inkomensstijgingen nauwelijks nog bij aan iemands geluk. Als we hier een grafiek van tekenden, zou de lijn een kromme zijn en geen rechte lijn, zoals door de lineaire analyse verondersteld.



Dit inzicht was van belang voor beleidsmakers. Als er wel sprake was van een lineaire relatie, zou het zinvol zijn alle inkomens te verhogen om het algehele geluk van de bevolking te vergroten. Maar toen het niet-lineaire verband werd gevonden, veranderde het advies, dat zich nu richtte op inkomensverbetering voor de armen, omdat uit de gegevens bleek dat dat meer rendement zou opleveren.

En het wordt nog ingewikkelder, zoals in gevallen waarin de correlatierelatie meer facetten kent. Onderzoekers van Harvard en het MIT hebben bijvoorbeeld de verschillen bij inentingen tegen mazelen onder de bevolking onderzocht: sommige groepen worden wel ingeënt, andere niet. Op het eerste gezicht lijkt de ongelijkheid verband te houden met het bedrag dat mensen aan gezondheidszorg uitgeven. Maar bij nauwkeuriger bestudering blijkt dat de correlatie geen rechte lijn is, maar een kromme met een eigenaardige vorm. Naarmate mensen meer geld uitgeven aan gezondheidszorg neemt de inentingsongelijkheid af (zoals te verwachten), maar als ze nog meer gaan uitgeven, neemt die ongelijkheid verrassend genoeg weer toe – een aantal zeer rijken lijkt terug te schrikken voor een mazelenprik. Voor beleidsmakers op het gebied van de gezondheidszorg is dit belangrijke informatie, maar bij een simpelere lineaire correlatieanalyse was dit over het hoofd gezien.

Deskundigen zijn nog maar sinds kort bezig met de ontwikkeling van de noodzakelijke hulpmiddelen voor het vinden en vergelijken van niet-lineaire correlaties. Tegelijkertijd worden de bestaande correlatieanalysetechnieken ondersteund en uitgebreid door een snel groeiende verzameling nieuwe benaderingen en softwaretoepassingen die vanuit vele verschillende invalshoeken niet-causale relaties in gegevens aan het licht kunnen brengen – een beetje zoals de kubisten de afbeelding van een vrouwengezicht vanuit meerdere standpunten tegelijk probeerden weer te geven. Een van de opwindendste nieuwe methodes is te vinden op het nog jonge gebied van de netwerkanalyse. Dit vakgebied maakt het mogelijk knooppunten en verbindingen – wie zijn je vrienden op Facebook?; welke rechterlijke uitspraken verwijzen naar welke precedenten?; wie belt wie mobiel? – in kaart te brengen, te meten en door te rekenen voor uiteenlopende doeleinden. Met al deze hulpmiddelen samen zijn niet-causale, empirische vragen te beantwoorden.



Op den duur zullen die nieuwe soorten analyses in het tijdperk van de big data tot een golf van nieuwe inzichten en nuttige voorspellingen leiden. We zullen verbanden zien die we nooit eerder zagen. We zullen complexe technische en maatschappelijke dynamieken doorgronden die we ondanks al onze inspanningen eerder nooit konden ontraadselen. Maar het belangrijkste is dat deze niet-causale analyses ons begrip van de wereld zullen vergroten door allereerst naar het wát te vragen en niet naar het waaróm.

Op het eerste gezicht gaat dat misschien tegen de intuïtie in. Wij mensen proberen tenslotte greep op de wereld te krijgen door causale verbanden te leggen; we willen graag geloven dat elk gevolg een oorzaak heeft als we maar goed genoeg zoeken. Moet dat niet ons hoogste streven zijn: het leren kennen van de redenen die aan de wereld ten grondslag liggen?

Er is overigens al eeuwenlang een filosofisch debat gaande over de vraag of causaliteit eigenlijk wel bestaat. Als alles door iets anders wordt veroorzaakt, dicteert de logica dat we niet vrij zijn om te beslissen wat we willen. De menselijke wil zou dan dus niet bestaan, omdat iedere beslissing die we nemen en elke gedachte die we denken werd veroorzaakt door iets anders, dat op zijn beurt weer het gevolg van een andere oorzaak was, enzovoort. Het complete traject van ons leven zou volledig bepaald zijn door oorzaken die tot gevolgen leiden. Daarom kibbelen filosofen al heel lang over de rol van causaliteit in onze wereld en hebben ze die tegenover de vrije wil geplaatst. Maar die abstracte discussie willen we hier niet verder uitdiepen.

Als we zeggen dat mensen de wereld waarnemen via causaliteiten, doelen we veeleer op twee fundamentele manieren waarop mensen de wereld verklaren en begrijpen: door snelle, illusionaire causaliteit en via trage, methodische causale experimenten. Door big data zal de rol van beide veranderen.



Allereerst is er ons intuïtieve verlangen om causale verbanden te zien. We zijn zelfs geneigd oorzaken te zien waar die er helemaal niet zijn. Dat heeft niets te maken met cultuur, opvoeding of opleidingsniveau. Uit onderzoek blijkt dat de menselijke waarneming waarschijnlijk gewoon zo werkt. Als we twee gebeurtenissen zien die vlak na elkaar komen, heeft onze geest sterk de neiging ze in een causaal verband met elkaar te zien.

Neem de volgende drie zinnen: 'Freds ouders kwamen laat. Het cateringbedrijf zou er al gauw zijn. Fred was kwaad.' Als we dit lezen, voelen we meteen intuïtief aan waarom Fred kwaad was: niet omdat het cateringbedrijf er al gauw zou zijn, maar omdat zijn ouders zo laat waren. Maar feitelijk kunnen we dat niet concluderen uit de informatie die we hebben gekregen. Toch maakt onze geest onwillekeurig een volgens ons samenhangend, causaal verhaal van de feiten die we aangereikt krijgen.

Daniel Kahneman, hoogleraar psychologie aan Princeton en winnaar van de Nobelprijs voor de Economie in 2002, gebruikt dit voorbeeld om duidelijk te maken dat we waarschijnlijk twee manieren van denken hebben. De ene is snel en kost weinig moeite; bij deze manier trekken we binnen een paar seconden een conclusie. De andere is traag en moeilijk; in die denkmodus overdenken we een bepaalde kwestie door en door.

Bij de snelle manier van denken zijn we sterk geneigd causale verbanden te zien, ook waar die er helemaal niet zijn. We zijn dan bevooroordeeld om onze bestaande kennis en overtuigingen bevestigd te zien. In de oertijd hielp deze manier van denken ons om in een gevaarlijke omgeving te overleven, waarin we vaak snel en op grond van beperkte informatie moesten beslissen. Maar op deze manier vinden we vaak niet de ware oorzaak van een gevolg.

Helaas is ons brein heel vaak te lui om traag en methodisch te denken, zo betoogt Kahneman. We laten ons helemaal sturen door de snelle manier van denken. Als gevolg daarvan zien we vaak denkbeeldige causale verbanden, waardoor we de wereld fundamenteel verkeerd begrijpen.



Ouders vertellen hun kinderen vaak dat ze griep hebben gekregen omdat ze bij koud weer geen muts of handschoenen hebben gedragen. Toch is er geen direct causaal verband tussen je warm inpakken en griep krijgen. Als we naar een restaurant gaan en later ziek worden, geven we intuïtief de schuld aan het eten dat we daar hebben gehad (en mijden we dat restaurant voortaan zelfs misschien), ook al heeft het eten misschien niets te maken met onze ziekte. We kunnen op talloze manieren een virus hebben opgelopen, bijvoorbeeld door een besmet iemand de hand te schudden. De snel denkende kant van ons brein is geprogrammeerd om snel een willekeurig voor de hand liggend causaal verband te leggen. Op die manier drijft de snelle denkmodus ons vaak tot verkeerde beslissingen.

Anders dan de meeste mensen denken verdiept die intuïtie voor causale verbanden ons begrip van de wereld niet. In veel gevallen is ze weinig meer dan een cognitieve versnelling die ons de illusie van inzicht geeft maar ons in werkelijkheid in het ongewisse laat over de wereld om ons heen. Net zoals de steekproefmethode een versnelling was die we gebruikten omdat we niet alle gegevens konden verwerken, zo is de waarneming van causaliteit een versnelling die ons brein gebruikt om te voorkomen dat het hard en traag moet nadenken.

In een wereld van small data kostte het veel tijd om aan te tonen hoe verkeerd causale intuïties waren. Dat zal gaan veranderen. In de toekomst zullen big data-correlaties standaard worden gebruikt om te bewijzen dat onze causale intuïties onjuist zijn door aan te tonen dat er vaak weinig of geen statistisch verband bestaat tussen het gevolg en de veronderstelde oorzaak. Onze snelle denkmodus staat een uitgebreide en langdurige confrontatie met de realiteit te wachten.

Misschien zullen we door die harde les dieper (en trager) gaan nadenken als we de wereld proberen te begrijpen. Maar zelfs ons trage denken – de tweede manier waarop we causaliteiten op het spoor komen – zal een andere rol gaan spelen door big data-correlaties.



In ons dagelijks leven denken we zo vaak in causale termen dat we misschien geloven dat causaliteit makkelijk aantoonbaar is. De waarheid is een stuk minder geruststellend. Anders dan bij correlaties, waar de wiskunde relatief simpel is, bestaat er geen voor de hand liggende wiskundige manier om causaliteit te 'bewijzen'. Causale relaties zijn zelfs niet eenvoudig uit te drukken in standaardvergelijkingen. Daardoor is het zelfs wanneer we traag en diep nadenken moeilijk om op een overtuigende manier causale relaties te vinden. Aangezien onze geest gewend is aan een informatiearme wereld, zijn we sterk geneigd op grond van een beperkt aantal gegevens te redeneren, hoewel er maar al te vaak te veel factoren in het spel zijn om een gevolg simpelweg tot één bepaalde oorzaak te kunnen herleiden.

Neem het geval van het vaccin tegen hondsdolheid. Op 6 juli

1885 werd de Franse scheikundige Louis Pasteur voorgesteld aan de negenjarige Joseph Meister, die was toegetakeld door een dolle hond. Pasteur had de vaccinatie uitgevonden en aan een experimenteel vaccin tegen hondsdolheid gewerkt. Meisters ouders smeekten Pasteur het vaccin te gebruiken voor de behandeling van hun zoon. Dat deed hij, en Joseph Meister bleef in leven. In de kranten werd Pasteur gevierd als de man die de jongen voor een wisse, pijnlijke dood had behoed.

Maar was dat ook zo? In de praktijk krijgt van alle mensen die door een dolle hond worden gebeten gemiddeld maar één op de zeven de ziekte daadwerkelijk. Zelfs als we ervan uitgaan dat het experimentele vaccin van Pasteur werkte, zou dat maar in één op de zeven gevallen van belang zijn geweest. Er was sowieso een kans van circa 85 procent geweest dat de jongen het zou hebben overleefd.

In dit voorbeeld werd de toediening van het vaccin gezien als de oorzaak van de genezing van Joseph Meister. Maar er is hier sprake van twee causale verbanden: het eerste is dat tussen het vaccin en het hondsdolheidsvirus, en het tweede tussen een beet van een dolle hond en het krijgen van de ziekte. Zelfs als het eerste verband bestaat, geldt het tweede maar in een minderheid van de gevallen.



Wetenschappers hebben de uitdaging van het aantonen van causaliteit opgelost met experimenten waarin de veronderstelde oorzaak zorgvuldig kan worden toegepast of uitgeschakeld. Als de gevolgen kloppen met het al of niet toepassen van de oorzaak, doet dat een causaal verband vermoeden. Hoe zorgvuldiger de omstandigheden worden gecontroleerd, hoe groter de waarschijnlijkheid dat het waargenomen causale verband klopt.

Kortom, causale verbanden kunnen zelden of nooit worden bewezen, maar alleen met een hoge graad van waarschijnlijkheid aannemelijk worden gemaakt, net als correlaties. Maar anders dan correlaties zijn experimenten om causale verbanden aan te tonen vaak moeilijk uitvoerbaar, of werpen ze uitdagende ethische vragen op. Hoe zouden we een causaal experiment moeten uitvoeren om de oorzaak op te sporen van het feit dat bepaalde zoektermen goede voorspellers van griep zijn? En zouden we tientallen, misschien zelfs honderden patiënten een pijnlijke dood moeten laten sterven als lid van een 'controlegroep' die geen hondsdolheidsprik had gekregen, terwijl we wel vaccins voor ze hadden? En zelfs waar experimenten wel uitvoerbaar zijn, blijven ze vaak kostbaar en tijdrovend.

In vergelijking daarmee zijn niet-causale analyses zoals correlaties vaak snel en goedkoop. Anders dan bij causale verbanden beschikken we over de wiskundige en statistische methodes om relaties te analyseren, en over de noodzakelijke digitale gereedschappen om de kracht ervan overtuigend aan te tonen.

Bovendien zijn correlaties niet alleen op zichzelf waardevol; ze wijzen ook de richting aan voor causale onderzoeken. Door ons te vertellen welke twee dingen mogelijk verband met elkaar houden, stellen ze ons in staat verder onderzoek te doen om te kijken of er sprake is van een causaal verband, en zo ja waarom. Dit goedkope en snelle filtermechanisme verlaagt de kosten van causale analyse via speciaal gecontroleerde experimenten. Via correlaties kunnen we een glimp van de belangrijke variabelen opvangen, en die kunnen we vervolgens gebruiken bij experimenten om causaliteit te onderzoeken.



Maar we moeten voorzichtig zijn. Correlaties zijn een krachtig hulpmiddel, maar niet alleen omdat ze inzichten bieden, maar ook omdat de inzichten die ze bieden relatief helder zijn. Vaak worden die inzichten vertroebeld als we opnieuw causaliteit introduceren. Zo organiseerde Kaggle, een bedrijf dat datamining-wedstrijden voor het bedrijfsleven op touw zet waaraan iedereen mag meedoen, in 2012 een wedstrijd met als inzet de kwaliteit van tweedehandsauto's. Een tweedehandsautohandelaar leverde gegevens aan de deelnemende statistici om een algoritme te bouwen voor een voorspelling welke van de auto's die op een veiling te koop waren waarschijnlijk problemen zouden krijgen. Uit een correlatieanalyse bleek dat auto's die oranje waren gespoten veel minder vaak mankementen hadden – ongeveer de helft van het gemiddelde bij andere auto's.

Terwijl we dit lezen, beginnen we er al over na te denken waarom dat zo zou kunnen zijn: zijn mensen met oranje auto's vaak autofanaten en onderhouden ze hun auto's daarom beter? Komt het misschien doordat auto's met een afwijkende kleur ook op een zorgvuldiger manier zijn gemaakt, dat er ook in andere opzichten meer aandacht aan is besteed? Of vallen oranje auto's op de weg meer op en krijgen ze daardoor minder vaak ongelukken, zodat ze in een betere staat verkeren als ze worden doorverkocht?

We zitten al snel verstrikt in een web van onderling tegenstrijdige hypotheses over causale verbanden. Maar door onze pogingen om op deze manier helderheid in de zaak te brengen, wordt alles alleen maar ondoorzichtiger. Correlaties bestaan; we kunnen dat wiskundig aantonen. Datzelfde is niet op een simpele manier mogelijk voor causale verbanden. We zouden er daarom goed aan doen ons te onthouden van pogingen om de logica achter de correlaties te achterhalen: het waaróm in plaats van het wát. Anders zouden we nog op het idee komen om autobezitters aan te raden hun karretjes oranje te spuiten, zodat ze minder mankementen zullen vertonen – een absurd idee uiteraard.

Dit alles overwegende is het heel begrijpelijk dat correlatieanalyse en vergelijkbare niet-causale methodes gebaseerd op harde gegevens de voorkeur verdienen boven de meeste intuïtief aangevoelde causale verbanden die het gevolg zijn van 'snel denken'. Maar in steeds meer situaties zijn zulke analyses óók nuttiger en efficiënter dan het trage causale denken dat wordt belichaamd door zorgvuldig gecontroleerde (en dus kostbare en tijdrovende) experimenten.

De laatste jaren proberen wetenschappers de kosten van experimenten voor het achterhalen van oorzaken te reduceren, bijvoorbeeld door het slim combineren van relevante onderzoeken in 'quasi-experimenten'. Dat maakt sommige causale onderzoeken misschien inderdaad makkelijker, maar het efficiëntievoordeel van niet-causale methodes is moeilijk te overtreffen. Bovendien ondersteunt de big data zelf causale experimenten door de experts in de richting van waarschijnlijke oorzaken te leiden die ze zouden kunnen onderzoeken. In veel gevallen zal de diepgaander zoektocht naar causaliteit pas beginnen nadat de big data zijn werk heeft gedaan, als we specifiek willen onderzoeken waaróm en niet alleen geïnteresseerd zijn in het wát.

Causaliteit laat zich niet helemaal terzijde schuiven, maar wordt wel van haar voetstuk gestoten als primaire bron van betekenis. Big data biedt een enorm aantal niet-causale analyses, die vaak in de plaats komen van causale onderzoeken. Het raadsel van de ontploffende putdeksels in Manhattan illustreert dat mooi.

## MENS CONTRA PUTDEKSEL



Elk jaar beginnen een paar honderd putten in New York te smeulen doordat hun ingewanden in brand vliegen. Soms vinden er ontploffingen plaats waarbij de gietijzeren putdeksels, die bijna 150 kilo wegen, een meter of tien de lucht in vliegen en daarna weer ter aarde storten. Dat is natuurlijk niet de bedoeling.

Con Edison, het bedrijf dat de stad van elektriciteit voorziet, voert elk jaar regelmatig inspecties en onderhoud van de putten uit. In het verleden ging het daarbij feitelijk op goed geluk te werk in de hoop dat een put die op het programma stond om te worden gecontroleerd er een was die op het punt stond te ontploffen. Het was nauwelijks beter dan met een dobbelsteen gooien. In 2007 nam Con Edison een aantal statistici van de Columbia-universiteit in de arm in de hoop dat zij met behulp van de historische netwerkgegevens, zoals eerder opgetreden problemen en verbindingen tussen onderdelen van de infrastructuur, zouden kunnen voorspellen welke putten waarschijnlijk problemen zouden gaan opleveren, zodat het bedrijf wist waar het zijn middelen het best kon inzetten.

Dat is een complex big data-probleem. Er ligt in New York ruim 150.000 kilometer kabel, genoeg om de aarde drieënhalf maal te omspannen. Alleen al in Manhattan zijn er maar liefst zo'n 51.000 putten en schakelkasten. Een deel van deze infrastructuur dateert nog uit de tijd van Thomas Edison, de naamgenoot van het bedrijf. Eén op de twintig kabels is vóór 1930 aangelegd. Alles is weliswaar vanaf de jaren tachtig van de negentiende eeuw nauwkeurig bijgehouden, maar in een ratjetoe aan vormen – en nooit met het oog op een latere gegevensanalyse. De gegevens waren afkomstig van de boekhoudafdeling of uit verslagen die monteurs hadden gemaakt van noodreparaties. De gegevens waren niet gewoon rommelig; het was één enorme onoverzichtelijke zooi. Om een voorbeeld te geven: de statistici meldden dat de term *service box* ('schakelkast'), een veelvoorkomend onderdeel van de infrastructuur, op minstens achtendertig verschillende manieren werd aangeduid, onder andere SB, S, S/B, S.B, S?B, S.B., SBX, S/BX, SB/X, S/XB, /SBX, S.BX, S &BX, S?BX, S BX, S/B/X, S BOX, SVBX, SERV BX, SERV-BOX, SERV/BOX en SERVICE BOX. Een computeralgoritme moest dat allemaal uitzoeken.



'De gegevens waren een onvoorstelbaar zooitje,' vertelt Cynthia Rudin, de statistica en dataminer die het project leidde en die tegenwoordig aan het MIT werkt. 'Ik heb een uitdraai van alle verschillende kabeltabellen. Als je die uitrolt, is hij zo lang dat hij over de vloer sleept, hoe hoog je hem ook houdt. En je moet alles maar zelf zien te snappen, de werkelijk bruikbare gegevens eruit halen, alles wat je nodig hebt voor een goed voorspellend model.'

Rudin en haar team moesten wel alle beschikbare gegevens gebruiken en geen steekproef, want elk van de tienduizenden putten kon een tikkende tijdbom zijn. Dit probleem smeekte dus om N = alles. En hoewel het leuk zou zijn geweest een causaal verband te vinden, had dat misschien wel een eeuw geduurd, en dan nog zou het misschien fout of onvolledig zijn geweest. Een betere manier om de zaak aan te pakken was het zoeken naar de correlaties. Rudin was minder geïnteresseerd in het waaróm dan in het wát, maar ze wist dat de statistiekfreaks de basis voor hun urgentievolgorde zouden moeten motiveren als ze straks tegenover de directie van Con Edison zaten. De voorspellingen waren dan misschien door een machine gedaan, maar de consumenten waren mensen, en mensen willen graag opgaaf van redenen – ze willen begrijpen.

Bij de datamining lieten de bruikbare gegevens waar Rudin naar op jacht was zich inderdaad vangen. Nadat de rommelige gegevens zodanig waren opgeschoond dat een machine ermee kon werken, begon het team met 106 voorspellers van een grote putdekselramp. Vervolgens dikte men die lijst in tot een paar van de sterkste signalen. Bij een test met het elektriciteitsnet in de Bronx werden alle gegevens waarover de onderzoekers beschikten tot medio 2008 geanalyseerd. Die gegevens werden vervolgens gebruikt om voor het jaar 2009 te voorspellen waar problemen zouden optreden. Het werkte fantastisch. Onder de bovenste 10 procent van de putten op hun lijst bevond zich maar liefst 44 procent van de putten waarbij dat jaar uiteindelijk ernstige incidenten optraden.



De belangrijkste factoren bleken de ouderdom van de kabels en het voorkomen van eerdere problemen te zijn. Dat was nuttige informatie, want het betekende dat de hoge omes bij Con Edison de basis voor de urgentievolgorde makkelijk konden begrijpen. Maar wacht eens even – ouderdom en eerdere problemen? Klinkt dat niet nogal voor de hand liggend? Ja en nee. Ten eerste is 'alles voor de hand liggend als je het antwoord eenmaal weet', om met de netwerktheoreticus Duncan Watts te spreken (het is de titel van een van zijn boeken: *Everything Is Obvious Once You Know the Answer*). Ten tweede is het goed nog eens te benadrukken dat er aanvankelijk 106 voorspellende factoren in het model zaten. Het was niet meteen duidelijk hoe die dienden te worden gewogen en hoe je aan de hand daarvan een urgentievolgorde kon bepalen voor tienduizenden putten, stuk voor stuk met talloze variabelen die samen miljoenen gegevenspunten opleverden – en de gegevens zelf hadden niet eens een vorm waarin ze geanalyseerd konden worden.

Het geval van de ontploffende putdeksels illustreert dat gegevens op geheel nieuwe manieren worden gebruikt om moeilijke, reële problemen op te lossen. Maar om zover te komen moesten Rudin en haar team eerst hun manier van werken veranderen. Ze moesten álle gegevens gebruiken, zoveel als ze maar bij elkaar konden krijgen, en niet maar een klein deel. Ze moesten met rommeligheid leren leven en exactheid niet meer als eerste prioriteit zien. En ze moesten leren vertrouwen op correlaties zonder de causale basis voor de voorspellingen volledig te doorgronden.

## HET EINDE VAN DE THEORIE?

Big data verandert de manier waarop we de wereld begrijpen en onderzoeken. In het tijdperk van de small data lieten we ons leiden door hypotheses over de werking van de wereld, die we probeerden te bevestigen door gegevens te verzamelen en te analyseren. In de toekomst zal ons begrip eerder worden gevoed door de overvloed aan gegevens dan door hypotheses.



Die hypotheses zijn vaak afgeleid uit theorieën uit de exacte of alfawetenschappen, die op hun beurt bijdragen aan het verklaren en/of voorspellen van de wereld om ons heen. Nu we de overgang meemaken van een door hypotheses aangedreven wereld naar een door gegevens aangedreven wereld, zouden we in de verleiding kunnen komen te denken dat we helemaal geen theorieën meer nodig hebben.

In 2008 verklaarde Chris Anderson, de hoofdredacteur van het tijdschrift *Wired*, pontificaal dat 'de stortvloed aan digitale gegevens de wetenschappelijke methode overbodig maakt'. In een coverstory, 'The Petabyte Age', stelde hij dat dit neerkwam op niets minder dan 'het einde van de theorie'. De traditionele werkwijze bij wetenschappelijke ontdekkingen – een hypothese wordt in de praktijk getest met behulp van een model van onderliggende causaliteiten – is binnenkort passé, betoogde Anderson, en de plaats ervan wordt ingenomen door statistische analyses van zuivere correlaties die geheel losstaan van welke theorie ook.

Ter ondersteuning van zijn betoog beschreef Anderson dat de kwantumfysica een vrijwel uitsluitend theoretisch onderzoeksgebied is geworden omdat experimenten te duur, te complex en te grootschalig zijn om nog uitvoerbaar te zijn. Daarmee is het een theorie die niets meer met de werkelijkheid te maken heeft, stelde hij. Als voorbeelden van de nieuwe methode noemde hij de zoekmachine van Google en genensequencing. 'We leven in een wereld waarin gigantische hoeveelheden gegevens en toegepaste wiskunde in de plaats komen van alle andere hulpmiddelen die je in stelling zou kunnen brengen,' schreef hij. 'Als je maar genoeg gegevens hebt, spreken de getallen voor zichzelf. Met petabytes achter de hand kunnen we zeggen: "Correlaties zijn genoeg".'

Dit artikel lokte een heftige en belangrijke discussie uit, hoewel Anderson zijn boudste beweringen snel afzwakte. Maar zijn betoog is het waard nader te worden bekeken. Feitelijk beweert Anderson dat we tot voor kort testbare theorieën nodig hadden wanneer we de wereld om ons heen wilden analyseren en doorgronden. In het tijdperk van de big data hebben we daarentegen geen theorieën nodig, stelt hij: we kunnen volstaan met naar de gegevens kijken. Als dat waar was, zou dat kunnen betekenen dat alle generaliseerbare regels over de werking van de wereld, het gedrag van mensen, het koopgedrag van consumenten, het kapotgaan van onderdelen enzovoort irrelevant worden omdat de big data-analyses alles kunnen behappen.



'Het einde van de theorie' lijkt erop te wijzen dat, hoewel er vroeger wel theorieën bestonden op belangrijke onderzoeksgebieden als natuur- en scheikunde, big data-analyses het voortaan helemaal zonder conceptuele modellen afkunnen.

Dat is absurd; big data is zélf gebaseerd op theorieën. Er wordt bijvoorbeeld gebruikgemaakt van statistische en wiskundige theorieën, en af en toe ook van theorieën uit de informatica – weliswaar geen theorieën over de causale dynamiek van een specifiek verschijnsel zoals de zwaartekracht, maar niettemin: theorieën. En zoals we hebben gezien, hebben modellen die daarop gebaseerd zijn een voorspellende kracht die erg nuttig is. Sterker nog, big data biedt wellicht juist een frisse blik en nieuwe inzichten omdat dit gebied niet wordt belemmerd door het conventionele denken en de daarin impliciete vertekeningen van de theorieën op een specifiek vakgebied.

Omdat big data-analyses gebaseerd zijn op theorieën, kunnen we er bovendien niet aan ontsnappen. Zowel onze methodes als onze resultaten worden erdoor gevormd. Dat begint al met de manier waarop we de gegevens selecteren. Onze beslissingen kunnen voortvloeien uit gemaksoverwegingen: zijn de gegevens onmiddellijk beschikbaar? Of uit economische motieven: kunnen de gegevens goedkoop worden verzameld? Onze keuzes worden beïnvloed door theorieën. Wat we kiezen, heeft invloed op wat we vinden, zoals danah boyd en Kate Crawford hebben opgemerkt. Google gebruikte tenslotte zoektermen als afgeleide indicator voor griep, niet de haarlengte van mensen. Ook als we de gegevens analyseren, kiezen we hulpmiddelen die gebaseerd zijn op theorieën. En bij de interpretatie van de resultaten passen we wederom theorieën toe. Het tijdperk van de big data is dus duidelijk niet vrij van theorieën – ze zijn alomtegenwoordig, met alle gevolgen van dien.



Anderson komt de verdienste toe dat hij de juiste vragen heeft gesteld en, nog belangrijker, dat hij dat eerder heeft gedaan dan anderen. Big data betekent misschien niet 'het einde van de theorie', maar wel een fundamentele verschuiving in de manier waarop wij de wereld waarnemen. Het zal geruime tijd duren voordat we daaraan gewend zijn. Heel wat gevestigde gewoontes zullen op de helling moeten. Maar door de enorme rijkdom die door big data wordt ontsloten is dat niet alleen een goede ontwikkeling, maar ook een onvermijdelijke. Maar voordat het zover is, is het goed om naar de voorgeschiedenis te kijken. Veel mensen die in deze branche werken, schrijven de grote veranderingen toe aan de nieuwe digitale hulpmiddelen, van snelle chips tot efficiënte software, want die leveren de gereedschappen. Al die technische wondertjes spelen inderdaad een rol, maar niet zo'n grote als je misschien zou denken. De dieper liggende reden voor de genoemde trends is dat we de beschikking hebben over veel meer gegevens. En de reden daarvoor is dat we steeds meer aspecten van de werkelijkheid in digitale gegevens vertalen. Daarover gaat het volgende hoofdstuk.

# 5

# Dataficatie

108 In 1839 was Matthew Fontaine Maury een veelbelovende officier bij de Amerikaanse marine. Terwijl hij onderweg was naar een nieuwe dienst op de brik de Consort, gleed zijn postkoets plotseling van de weg af en sloeg over de kop, waardoor hij de lucht in werd geslingerd. Hij kwam met een harde klap neer; zijn dijbeen brak en zijn knie schoot uit de kom. Het gewricht werd door een plaatselijk arts weer op zijn plaats geduwd, maar de dij werd slecht gezet en moest een paar dagen later opnieuw worden gebroken. Door zijn verwondingen werd Maury, destijds drieëndertig jaar oud, gedeeltelijk gehandicapt en ongeschikt voor de actieve dienst. Na een herstelperiode van bijna drie jaar gaf de marine hem een kantoorbaantje als hoofd van, het klinkt nogal saai, het kaarten- en instrumentenmagazijn.

Het bleek de perfecte plek voor hem te zijn. Als jonge navigatieofficier was Maury al verbijsterd geweest over de zigzagroutes die de schepen over zee kozen in plaats van de kortste weg te nemen. Toen hij kapiteins daarnaar vroeg, antwoordden die dat het beter was een bekende koers te volgen dan het risico te nemen een minder bekende route te kiezen, waar misschien wel verborgen gevaren loerden. Ze zagen de zee als een onvoorspelbaar domein waar elke golf en iedere windvlaag zeelieden voor verrassingen kon plaatsen.

Maar van zijn reizen wist Maury dat dat beeld niet volledig klopte. Hij zag overal patronen. Tijdens een langdurig verblijf in Valparaíso in Chili was hij er getuige van dat je de klok gelijk kon zetten op de wind. Een storm in de late namiddag eindigde abrupt bij zonsondergang en werd een zacht briesje, alsof iemand een kraan had dichtgedraaid. Op een andere reis doorkruiste hij de warme, diepblauwe wateren van de Golfstroom die tussen donkere muren Atlantisch zeewater door stroomde, even duidelijk aanwijsbaar en onveranderlijk als was het de Mississippi. En de Portugezen hadden eeuwenlang de Atlantische Oceaan bevaren door zich te oriënteren op onveranderlijke oosten- en westenwinden, de zogeheten 'passaten' (afgeleid van *pasada*, 'overtocht').



Telkens wanneer adelborst Maury in een nieuwe haven aankwam, zocht hij oude zeekapiteins op om hun naar de kennis te vragen die ze hadden verzameld op basis van ervaringen die van generatie op generatie waren doorgegeven. Hij leerde van alles over getijden, winden en stromingen die zich zeer regelmatig gedroegen, maar waarvan niets was terug te vinden in de boeken en kaarten die de marine haar zeelieden ter beschikking stelde. Daar werkte men met tabellen die soms wel honderd jaar oud waren, en vaak onvolledig of zelfs gewoon onjuist. Maury nam zich voor in zijn nieuwe functie als hoofd van het kaarten- en instrumentenmagazijn een eind aan die misstand te maken.

Om te beginnen inventariseerde hij de collectie barometers, kompassen, sextanten en chronometers in het magazijn. Hij zag daar ook talloze zeevaartkundige boeken, kaarten en tabellen. Hij vond beschimmelde kisten vol oude logboeken van alle reizen van kapiteins van de marine. Vorige magazijnbeheerders hadden dat alles kennelijk als rommel beschouwd. Door de limericks en tekeningetjes die hier en daar in de marge stonden leken het soms eerder manieren om aan de verveling van de lange zeereizen te ontsnappen dan verslagen van de positie van de schepen.

Maar toen Maury de door het zoute water vlekkerig geworden boeken afstofte en erin begon te bladeren, raakte hij hevig opgewonden. Hij had precies de informatie gevonden die hij nodig had: gegevens over de wind, het water en het weer op specifieke data en specifieke plekken. Hoewel sommige logboeken weinig waardevols bevatten, waren er ook veel die boordevol nuttige informatie stonden. Als je al die gegevens met elkaar combineerde, zou je een totaal nieuw soort navigatietabellen kunnen maken, besefte Maury. Samen met een stuk of tien 'calculators' – medewerkers wier taak het was berekeningen te maken – zette hij zich aan de bewerkelijke opgave om de schat aan gegevens uit de in steeds slechtere conditie verkerende logboeken te halen en in tabellen vast te leggen.

Maury verzamelde alle gegevens en verdeelde de gehele Atlantische Oceaan in vierkanten van vijf lengte- bij vijf breedtegraden. Voor elk segment noteerde hij de temperatuur, de snelheid en richting van wind en golven en ook de maand, want de omstandigheden verschillen al naargelang de tijd van het jaar. Uit al die gegevens samen waren patronen te distilleren die de weg naar efficiëntere zeeroutes wezen.



Op grond van de aanwijzingen van vele generaties zeelieden waren schepen af en toe midden in windstiltes beland of moesten ze tegen de wind en de stroming optornen. Op één veel bevaren route, van New York naar Rio de Janeiro, hadden de zeelieden al een hele tijd meer tegen de natuurkrachten gevochten dan er hun voordeel mee te doen. Amerikaanse kapiteins was geleerd de gevaarlijke rechtstreekse route, pal zuidwaarts naar Rio, te mijden. Daarom lieten ze hun schepen tot de evenaar een zigzaggende zuidoostelijke koers volgen en daarna in zuidwestelijke richting zwenken. De gevaren afstand kwam vaak overeen met drie complete oversteken van de Atlantische Oceaan. Die omslachtige route bleek nergens voor nodig te zijn. Een in grote trekken rechtstreekse, pal zuidelijke koers werkte ook goed.

Om de nauwkeurigheid van de gegevens te verbeteren had Maury meer informatie nodig. Hij ontwierp een standaardindeling voor scheepslogboeken en zorgde dat alle Amerikaanse marinevaartuigen die gebruikten en hun gegevens na terugkeer inleverden. Koopvaardijschepen wilden zijn tabellen dolgraag hebben; Maury stelde die beschikbaar op voorwaarde dat zij hem in ruil daarvoor na afloop hun logboeken gaven (een vroege vorm van een viraal sociaal netwerk). 'Ieder schip dat op zee koerst,' zo decreteerde hij, 'dient voortaan te worden beschouwd als een drijvend observatorium, een burcht van de wetenschap.' Om zijn tabellen te verfijnen speurde hij naar andere gegevenspunten (net zoals Google zijn PageRank-algoritme uitbreidde met steeds meer signalen). Hij droeg kapiteins op om op gezette tijden flessen met aantekeningen over de dag, de positie, de wind en de heersende stroming in zee te gooien en alle flessen die ze zagen drijven binnenboord te halen. Veel schepen voerden een speciale vlag om aan te geven dat ze aan de informatie-uitwisseling meededen (een soort voorlopers van de pictogrammen om links te delen op sommige webpagina's).



Uit de gegevens kwamen als vanzelf voor de hand liggende zeecorridors tevoorschijn waar de winden en stromingen extra gunstig waren. Maury's tabellen bekortten zeereizen gemiddeld met ongeveer een derde, waardoor kooplieden enorm veel geld bespaarden. 'Totdat ik voor u ging werken, bevoer ik de zee feitelijk geblinddoekt,' schreef een dankbare kapitein hem. En zelfs oude zeebonken die niets van de nieuwerwetse tabellen moesten hebben en de traditionele middelen of hun intuïtie bleven gebruiken, vervulden een nuttige functie: als hun reizen langer duurden of rampzalig afliepen, bewezen ze daarmee het nut van Maury's systeem. In 1855, toen Maury zijn magistrale werk *The Physical Geography of the Sea* publiceerde, had hij 1,2 miljoen gegevenspunten verwerkt. 'De jonge zeeman hoeft nu niet meer op de tast zijn weg te zoeken tot hij het licht der ervaring aanschouwt (...), maar beschikt met dit boek in één keer over de ervaring van duizend navigatieofficieren die hem zijn voorgegaan,' schreef hij.

Maury's werk was onmisbaar bij het leggen van de eerste transatlantische telegraafkabel. En na een tragisch ongeluk waarbij twee schepen midden op zee op elkaar botsten, ontwierp hij in korte tijd het systeem van zeevaartcorridors dat tegenwoordig gemeengoed is. Hij paste zijn methode zelfs op astronomisch gebied toe: toen in 1846 de planeet Neptunus werd ontdekt, had Maury de heldere ingeving de archieven te doorzoeken naar onterechte verwijzingen naar Neptunus als ster, waaruit vervolgens de baan van de planeet kon worden afgeleid.

Maury wordt in de meeste Amerikaanse geschiedenisboeken niet genoemd, misschien omdat hij uit Virginia kwam en tijdens de Amerikaanse Burgeroorlog ontslag nam bij de (Noordelijke) marine en in Engeland als spion ging werken voor de Zuidelijke staten. Maar jaren daarvoor, toen hij naar Europa ging om daar internationale steun voor zijn tabellen te verwerven, was hij in vier landen geridderd en ontving hij van acht andere, waaronder het Vaticaan, gouden medailles. Nog begin twintigste eeuw droegen de loodstabellen van de Amerikaanse marine zijn naam.



Gezagvoerder Maury, 'de Verkenner der Zeeën', was een van de eersten die beseften dat grote gegevenscorpora een bijzondere intrinsieke waarde hebben die bij kleinere hoeveelheden gegevens ontbreekt – een basisprincipe van big data. En, nog essentiëler, hij begreep dat de beschimmelde logboeken van de marine een belangrijke bron van gegevens vormden die op een systematische manier konden worden verzameld en verwerkt. Daarmee was hij een van de pioniers van de dataficatie, van het winnen van gegevens uit materiaal waarin niemand daarvoor iets waardevols had gezien. Net als Oren Etzioni van Farecast, die oude prijsinformatie van de luchtvaartbranche gebruikte om een lucratief bedrijf te beginnen, of de informatici van Google, die oude zoekopdrachten gebruikten om de verspreiding van griep te begrijpen, gebruikte Maury informatie die voor één bepaald doel was verzameld en zette die om in iets anders.

Zijn methode, die in grote trekken vergelijkbaar is met tegenwoordige big data-technieken, was opmerkelijk omdat hij alles met potlood en papier deed. Uit zijn verhaal blijkt dat het creatief gebruik van gegevens al bestond lang voordat er sprake was van digitalisering. Tegenwoordig zijn we geneigd die twee – gegevensverwerking en digitalisering – over één kam te scheren, maar het is van belang ze uit elkaar te houden. Om nog beter te begrijpen dat gegevens van de meest onwaarschijnlijke plekken kunnen komen nog een moderner voorbeeld.

Er zijn weinig mensen die het menselijk achterwerk zo goed doorgronden als Shigeomi Koshimizu, hoogleraar aan het Hoger Instituut voor Industriële Technologie in Tokio. Niet veel mensen zouden op het idee komen dat de manier waarop iemand zit informatie kan bevatten, maar toch is dat zo. Als iemand zit, kunnen lichaamscontouren, houding en gewichtsverdeling worden gekwantificeerd en vastgelegd. Koshimizu en zijn team van technici zetten achterwerken om in gegevens door met behulp van sensoren in een autostoel op 360 verschillende plekken de druk te meten en  aan elk punt een waarde op een schaal van 0 tot 256 toe te kennen. Het resultaat is een digitale code die voor iedere persoon uniek is. Bij een test was het systeem in staat mensen uit een groepje met een nauwkeurigheid van 98 procent te herkennen.

Dat onderzoek is niet onzinnig. De technologie wordt ontwikkeld als onderdeel van een antidiefstalsysteem voor auto's. Een voertuig dat ermee is uitgerust, zou het kunnen signaleren als er iemand anders dan de geregistreerde eigenaar achter het stuur zit en dan om een wachtwoord vragen om weg te kunnen rijden, of misschien de motor afzetten. Het omzetten van zithoudingen in gegevens levert een nuttig hulpmiddel op waarmee eventueel geld te verdienen valt. En misschien strekt het nut nog verder dan het afschrikken van autodieven. De verzamelde gegevens zouden bijvoorbeeld aanwijzingen kunnen bevatten over het verband tussen het postuur van de bestuurder en de verkeersveiligheid, zoals veelzeggende veranderingen van houding voorafgaand aan ongelukken. Het systeem zou ook kunnen detecteren wanneer een bestuurder een beetje in elkaar zakt van vermoeidheid en dan een waarschuwing geven of automatisch de remmen activeren. En misschien zou het niet alleen kunnen verhinderen dat een auto wordt gestolen, maar ook de identiteit van de dief vaststellen met behulp van diens achterste.

Professor Koshimizu keek naar iets wat nooit eerder als een bron van gegevens was opgevat – laat staan dat met die informatie iets nuttigs zou kunnen worden gedaan – en zette dat om in een numeriek gekwantificeerde vorm. Ook gezagvoerder Maury putte uit materiaal dat weinig praktisch nut leek te hebben, haalde er informatie uit en maakte er zo uitstekend bruikbare gegevens van. Daardoor kon die informatie op een geheel nieuwe manier worden gebruikt en kreeg ze een unieke waarde.

Het Engelse woord voor gegevens, *data*, komt uit het Latijn en betekent letterlijk 'gegeven dingen', 'feiten'. Het is de titel van een klassiek werk van Euclides waarin hij de meetkunde uitlegt



aan de hand van wat bekend is of kan worden bewezen. In onze tijd wordt met het woord verwezen naar een beschrijving van iets wat kan worden vastgelegd, geanalyseerd en gereorganiseerd. Er is nog geen goede term voor het soort omzettingen dat door gezagvoerder Maury en professor Koshimizu is uitgevoerd. Laten we dat *dataficatie* noemen. Het dataficeren van een verschijnsel houdt dan in dat je het in een gekwantificeerde vorm brengt waarin het systematisch kan worden vastgelegd en geanalyseerd.

Nogmaals, dat is iets heel anders dan digitalisering, de omzetting van analoge informatie in binaire, nullen en enen, zodat computers ermee overweg kunnen. Digitaliseren was niet het eerste wat we met computers deden. In de begintijd van de computerrevolutie werd er uitsluitend gerekend, zoals de etymologie van het woord al doet vermoeden (*computer* betekent letterlijk 'rekenaar'). We gebruikten machines om berekeningen uit te voeren die met oudere methodes erg veel tijd hadden gekost, zoals berekeningen van de baan van raketten, volkstellingen en het weer. Pas later ging men ertoe over analoge gegevens te digitaliseren. Toen

Nicholas Negroponte van het MIT Media Lab in 1995 zijn spraakmakende boek *Being Digital* (*Digitaal leven*) publiceerde, was een van zijn grote thema's de verschuiving van atomen naar bits. In de jaren negentig werd nog voornamelijk tekst gedigitaliseerd. Later, toen opslagcapaciteit, verwerkingskracht en bandbreedte toenamen, zijn we ook andere soorten gegevens gaan digitaliseren, zoals afbeeldingen, video en muziek.

Tegenwoordig gaan veel technologen er voetstoots van uit dat big data zijn bestaan dankt aan de digitale revolutie. Dat is simpelweg niet waar. Moderne IT-systemen stellen ons zeker in staat big data-analyses uit te voeren, maar in wezen is de verschuiving van small data naar big data een voortzetting van het aloude streven van de mens om de wereld te meten, vast te leggen en te analyseren. De IT-revolutie is overal om ons heen zichtbaar, maar de nadruk ligt tot nu toe voornamelijk op de T, de technologie. Het wordt tijd dat we onze blik eens richten op de I, de informatie.



Om kwantificeerbare informatie vast te leggen, te dataficeren, moeten we weten hoe we kunnen meten en hoe we onze metingen vast kunnen leggen. Daarvoor moeten we over de juiste gereedschappen beschikken. We moeten ook de wens hebben om te kwantificeren en vast te leggen. Die twee dingen zijn noodzakelijke voorwaarden voor dataficatie, en we hadden de bouwstenen die voor dataficatie nodig zijn al eeuwen voor het begin van het digitale tijdperk ontwikkeld.

## DE WERELD KWANTIFICEREN

Het vermogen om informatie vast te leggen is een van de scheidslijnen tussen primitieve en geavanceerde menselijke samenlevingen. Tellen en het meten van lengte en gewicht behoorden tot de oudste conceptuele hulpmiddelen van vroege beschavingen. In het derde millennium voor Christus was het idee om informatie op te slaan in het Indus-dal, Egypte en Mesopotamië al behoorlijk wijdverbreid. De nauwkeurigheid nam toe, evenals het gebruik van metingen in het dagelijks leven. Het ontstaan van het schrift in Mesopotamië bood een nauwkeurige methode om productiecijfers en zakelijke transacties bij te houden. Geschreven taal stelde vroege beschavingen in staat de werkelijkheid te meten, vast te leggen en later te raadplegen. Meten en vastleggen samen faciliteerden het creëren van gegevens. Deze twee procedures zijn de vroegste fundamenten van de dataficatie.

Hiermee werd het mogelijk menselijke activiteiten te reproduceren. Gebouwen konden bijvoorbeeld worden gereproduceerd uit gegevens over hun afmetingen en de gebruikte materialen. Ook experimenteren werd mogelijk: een architect of bouwer kon bepaalde afmetingen wijzigen en andere onveranderd laten en zo een nieuw ontwerp maken – dat vervolgens op zijn beurt werd bewaard. Handelstransacties konden worden vastgelegd, zodat men wist hoe groot de oogst was (en hoeveel daarvan door de staat als belasting werd opgeëist). Dankzij kwantificatie kon er worden voorspeld en gepland, al was het maar dat de oogst van volgend jaar even overvloedig zou zijn als die van de voorgaande jaren. De deelnemers aan een transactie konden bijhouden hoeveel ze elkaar schuldig waren. Zonder meten en vastleggen zou er geen geld kunnen bestaan, want dan zouden er geen gegevens zijn om transacties op te baseren.



In de loop der eeuwen breidde het meten van lengte en gewicht zich uit tot oppervlakte, inhoud en tijd. Aan het begin van het eerste millennium van onze jaartelling was in het Westen de basis gelegd voor ons moderne meetsysteem. Maar de manier waarop vroege beschavingen maten, vertoonde een belangrijke tekortkoming: het gebruikte systeem was nog niet geoptimaliseerd voor berekeningen, zelfs niet voor relatief simpele. Het telsysteem met Romeinse cijfers was ongeschikt voor numerieke analyse. Zonder een positioneel telsysteem met het grondtal tien en zonder decimalen was het zelfs voor deskundigen moeilijk om vermenigvuldigingen en delingen met grote getallen te maken, en zelfs gewone optellingen en aftrekkingen waren voor de meeste mensen ondoorgrondelijk.

In India werd rond de eerste eeuw een alternatief telsysteem ontwikkeld. Vandaar reisde het naar Perzië, waar het werd verbeterd, en vandaar naar de Arabieren, die het nog verder verfijnden. Het vormt de basis voor de Arabische cijfers die we tegenwoordig gebruiken. De Kruistochten richtten weliswaar verwoestingen aan in de landen die de Europeanen binnenvielen, maar de kennis reisde van het Oosten naar het Westen, en het belangrijkste onderdeel daarvan was misschien wel het rekenen met Arabische cijfers. Paus Silvester II had dit rekensysteem bestudeerd en bepleitte aan het eind van het eerste millennium het gebruik ervan. In de twaalfde eeuw werden Arabische teksten over het systeem in het Latijn vertaald en door heel Europa verspreid. Dat was het begin van de moderne wiskunde.

Al voordat de Arabische cijfers Europa hadden bereikt, was het rekenen vergemakkelijkt door het gebruik van telborden. Dat waren gladde plateaus waarop fiches werden gelegd die hoeveelheden aangaven. Door de fiches naar bepaalde plekken te schuiven kon je optellen of aftrekken. Maar de methode had wel grote beperkingen. Het was moeilijk om tegelijk met heel kleine en heel grote getallen te rekenen. En, nog belangrijker, de getallen op de borden waren kwetsbaar. Door een verkeerde beweging of een stoot tegen het bord kon een cijfer veranderen, zodat de uitkomst niet meer klopte. Telborden waren redelijk bruikbaar voor berekeningen, maar niet voor het vastleggen van gegevens. En de enige manier om de getallen op de borden vast te leggen was door ze terug te vertalen in de onhandige Romeinse cijfers. (De Europeanen kwamen nooit in aanraking met de abacus uit het Oosten – achteraf gezien een goede zaak, want met dat hulpmiddel waren Romeinse cijfers in het Westen misschien langer in gebruik gebleven.)



De wiskunde gaf gegevens een nieuwe betekenis – ze konden nu worden *geanalyseerd*, niet meer alleen worden vastgelegd en geraadpleegd. Het duurde honderden jaren voordat de Arabische cijfers in heel Europa waren doorgedrongen, van de twaalfde tot het eind van de zestiende eeuw. Wiskundigen schepten op dat ze met Arabische cijfers zesmaal zo snel konden rekenen als met telborden. De Arabische cijfers wonnen het uiteindelijk definitief dankzij de ontwikkeling van een ander dataficatiehulpmiddel: het dubbel boekhouden.

In het derde millennium voor Christus vonden boekhouders het schrift uit. In de eeuwen daarna ontwikkelde het boekhouden zich, maar heel lang bleef dat beperkt tot het vastleggen van bepaalde transacties op één bepaalde plaats. Er viel niet snel en op ieder gewenst moment uit op te maken of een bepaalde transactie of een onderneming als geheel winstgevend was of niet, terwijl dat juist is waar boekhouders en de kooplieden voor wie ze werken het meest in geïnteresseerd zijn. Dat begon in de veertiende eeuw te veranderen toen boekhouders in Italië transacties dubbel gingen vastleggen, eenmaal aan de credit- en eenmaal aan de debetzijde, zodat de boekhouding als geheel in balans is. Het mooie van dat systeem was dat het winsten en verliezen zichtbaar maakte. Plotseling begonnen de saaie gegevens te spreken.



Meestal wordt er alleen gekeken naar de invloed die het dubbel boekhouden heeft gehad op de financiële administratie, maar ze vormt ook een mijlpaal in de evolutie van het gebruik van gegevens. Ze maakte het mogelijk informatie vast te leggen in de vorm van 'categorieën' die rekeningen met elkaar in verband brachten. Ze werkte met een systeem van regels voor het vastleggen van gegevens – een van de vroegste voorbeelden van het gestandaardiseerd opslaan van informatie. De ene boekhouder die de boeken van een andere bekeek, begreep onmiddellijk wat daarin stond. De boekhouding was zo opgezet dat een bepaalde vraag – wat zijn de winsten en verliezen op elke rekening? – er snel en handig mee kon worden beantwoord. En ze bood een controleerbaar spoor van transacties, zodat gegevens makkelijker te traceren waren. Moderne IT-freaks zullen waarderen dat er a priori een mechanisme voor 'foutcorrectie' in het ontwerp opgenomen was. Als één kant van het grootboek niet leek te kloppen, kon je de corresponderende boekpost controleren.

Maar het dubbel boekhouden was, net als de Arabische cijfers, niet onmiddellijk een succes. Tweehonderd jaar nadat de methode was ontworpen, waren er eerst nog een wiskundige en een koopliedenfamilie voor nodig om de geschiedenis van de dataficatie te herschrijven.

De wiskundige was een franciscaner monnik, Luca Pacioli. In 1494 publiceerde hij een leerboek voor leken over wiskunde en de toepassing ervan in het handelsverkeer. Het boek was een groot succes en groeide uit tot hét wiskundeleerboek van zijn tijd. Het was ook het eerste boek waarin consequent Arabische cijfers werden gebruikt, en de populariteit ervan droeg dus bij aan de verspreiding daarvan in Europa. Maar het belangrijkste deel ervan was het hoofdstuk over boekhouden, waarin Pacioli het systeem van het dubbel boekhouden duidelijk uitlegde. In de decennia daarna werd het gedeelte over boekhouden in zes talen als apart boek gepubliceerd, en het zou nog eeuwen daarna het standaardwerk over dit onderwerp blijven.



De koopliedenfamilie was die van de Medici, de beroemde Venetiaanse handelaren en mecenassen. In de zestiende eeuw werden zij de invloedrijkste bankiers van Europa, voor een belangrijk deel omdat ze een superieur administratiesysteem gebruikten: het dubbel boekhouden. Het leerboek van Pacioli en het succes van de Medici bij het toepassen ervan bezegelden samen de overwinning van het dubbel boekhouden en zorgden daarmee ook voor het algemeen gebruik van Arabische cijfers in het Westen.

Parallel met de verbeteringen in het vastleggen van gegevens werden ook de manieren om de wereld te meten – tijd, afstand, oppervlakte, inhoud en gewicht – steeds preciezer. De geestdrift om de natuur door middel van kwantificatie te doorgronden stuwde de wetenschap in de negentiende eeuw op, en geleerden vonden nieuwe hulpmiddelen en eenheden uit om elektrische stroom, luchtdruk, temperatuur, geluidsfrequentie en dergelijke te meten en vast te leggen. Het was een tijd waarin letterlijk alles moest worden gedefinieerd, afgebakend en omschreven. De fascinatie ging zelfs zover dat men schedels mat als afgeleide indicator voor geestelijke vermogens. Gelukkig was de pseudowetenschap frenologie zo goed als verleden tijd, maar het verlangen om te kwantificeren was alleen maar sterker geworden.

Het meten van de werkelijkheid en het vastleggen van gegevens vierden hoogtij door een combinatie van de beschikbare hulpmiddelen en een ontvankelijke geest. Die combinatie is de rijke voedingsbodem waarop de moderne dataficatie is gegroeid. De ingrediënten voor het dataficeren waren er allemaal al, hoewel dat in een analoge wereld nog kostbaar en tijdrovend was. In veel gevallen was er een schijnbaar oneindig geduld of althans een levenslange toewijding voor nodig, zoals Tycho Brahes nauwgezette nachtelijke observaties van sterren en planeten in de zestiende eeuw. In de weinige gevallen dat dataficatie in het analoge tijdperk slaagde, zoals bij de zeekaarten van gezagvoerder Maury, kwam dat vaak door een gelukkige samenloop van omstandigheden: Maury kon bijvoorbeeld alleen nog maar kantoorwerk doen, maar hij had toegang tot een goudmijn aan logboekgegevens. Overal waar dataficatie slaagde, werden met behulp van de onderliggende informatie enorm waardevolle gegevens gecreëerd en zeer belangrijke inzichten bereikt.



Met de komst van computers verschenen er digitale meet- en opslagapparaten die het dataficeren vele malen efficiënter maakten. Ook het uitvoeren van wiskundige analyses om verborgen patronen in gegevens aan het licht te brengen werd veel eenvoudiger. Kortom, de digitalisering heeft de dataficatie vleugels gegeven. Maar het vervangt die niet. Digitaliseren op zich – het omzetten van analoge informatie in een door de computer leesbare vorm – is nog geen dataficeren.

## WOORDEN WORDEN GEGEVENS

Het verschil tussen digitalisering en dataficatie wordt duidelijk als we naar een gebied kijken waarop beide hebben plaatsgevonden en de gevolgen ervan vergelijken. Het boek is zo'n gebied. In 2004 maakte Google een onvoorstelbaar ambitieus plan bekend. Het bedrijf wilde alle pagina's van alle boeken die het te pakken kon krijgen (voor zover dat wegens auteursrechtwetten mogelijk was) aan iedereen overal ter wereld gratis via internet beschikbaar stellen. Om dat voor elkaar te krijgen bundelde het bedrijf zijn krachten met enkele van de grootste en meest prestigieuze academische bibliotheken en ontwikkelde het scanners die zelf bladzijden konden omslaan, zodat het scannen van miljoenen boeken zowel praktisch als financieel haalbaar werd.

Allereerst *digitaliseerde* Google de tekst: alle pagina's werden ingescand en als digitale afbeeldingen met een hoge resolutie op Google-servers opgeslagen. Daarmee waren ze omgezet in digitale kopieën die door mensen overal op het web simpel opgevraagd hadden kunnen worden. Maar daarvoor moesten ze dan wel weten in welk boek de informatie stond die ze zochten, of ze moesten hele stukken lezen om de juiste passage te vinden. Je kon de hele tekst niet op bepaalde trefwoorden doorzoeken en hem niet analyseren, want hij was niet gedataficeerd. Het enige wat Google had, waren afbeeldingen die alleen door mensen om te zetten waren in bruikbare informatie – door ze te lezen.



Dat zou op zich al schitterend zijn geweest – je had dan een moderne, digitale bibliotheek van Alexandrië gehad die meer boeken bevatte dan enige andere bibliotheek in de geschiedenis – maar Google wilde meer. Het bedrijf begreep dat de informatie een intrinsieke waarde had die alleen kon worden geoogst als de teksten gedataficeerd waren. Daarom gebruikte Google OCR-software om de digitale afbeeldingen in te lezen en de letters, woorden, zinnen en alinea's te herkennen die op de pagina's stonden. Het resultaat was een *gedataficeerde* tekst en niet langer een reeks gedigitaliseerde afbeeldingen van pagina's.

Nu was de informatie op de pagina's niet meer alleen voor menselijke lezers toegankelijk, maar ook voor computers verwerkbaar en met algoritmes analyseerbaar. Door de dataficatie werd de tekst indexeerbaar en daarmee doorzoekbaar. En er konden allerlei tekstanalyses op worden losgelaten. We kunnen nu ontdekken wanneer bepaalde woorden of uitdrukkingen voor het eerst werden gebruikt of populair werden, wat een nieuw licht werpt op de verspreiding van ideeën en de evolutie van het menselijk denken in vele talen door de eeuwen heen.

Probeer het maar eens uit. De Ngram Viewer van Google (http://books.google.com/ngrams) genereert een grafiek van het gebruik van woorden of uitdrukkingen in de loop van de tijd met behulp van de complete index van Google Boeken. Zo zien we binnen een paar seconden dat het woord *causality* tot 1900 vaker voorkwam dan *correlation*, maar dat dat daarna omdraaide. We kunnen schrijfstijlen vergelijken en inzicht krijgen in meningsverschillen over toeschrijvingen. Door dataficatie is plagiaat in academische werken ook veel makkelijker op te sporen; als gevolg hiervan is een aantal politici in Europa, onder wie een Duitse minister van Defensie, tot aftreden gedwongen.



Sinds de uitvinding van de boekdrukkunst medio vijftiende eeuw zijn er naar schatting 130 miljoen unieke titels gepubliceerd. In 2012, zeven jaar nadat Google aan zijn boekenproject begon, waren er meer dan 20 miljoen titels ingescand, meer dan 15 procent van het geschreven erfgoed van de wereld – een aanzienlijk gedeelte. Daaruit is een nieuwe academische discipline voortgekomen, de 'culturomie': een door de computer ondersteunde vorm van lexicologie die menselijk gedrag en culturele trends probeert te begrijpen door middel van kwantitatieve tekstanalyse.

Onderzoekers van Harvard doorzochten bijvoorbeeld miljoenen boeken (overeenkomend met meer dan 500 miljard woorden) en ontdekten dat minder dan de helft van het totaal aantal Engelse woorden in boeken in woordenboeken opgenomen is. Die stortvloed aan woorden 'bestaat uit "donkere lexicale materie" die niet in de standaardwerken is gedocumenteerd', schreven ze. Verder voerden de onderzoekers een algoritmische analyse uit van verwijzingen naar de kunstenaar Marc Chagall, wiens werk in nazi-

Duitsland verboden was omdat hij Joods was, en ze lieten zien dat het tegenwerken of censureren van een idee of persoon 'kwantificeerbare vingerafdrukken nalaat'. Woorden zijn als fossielen die worden omhuld door boekpagina's in plaats van door sedimentair gesteente. De beoefenaars van de culturomie kunnen ze als archeologen opgraven. Natuurlijk bevat de gegevensverzameling ontelbare impliciete vertekeningen – zijn bibliotheekboeken een getrouwe weerspiegeling van de werkelijkheid, of eerder een versie waar schrijvers en bibliothecarissen op gesteld zijn? Niettemin hebben we dankzij de culturomie een geheel nieuwe lens om onszelf beter te observeren en te begrijpen.

Met het omzetten van woorden in computergegevens komen talloze toepassingen binnen bereik. De gegevens kunnen door mensen worden gelezen en door machines worden geanalyseerd. Maar als schoolvoorbeeld van een big data-bedrijf weet Google dat informatie vele potentiële doeleinden heeft die het verzamelen en dataficeren ervan kunnen rechtvaardigen. Daarom heeft Google de gedataficeerde tekst van het boekenscanproject op een slimme manier ingezet om zijn automatische vertaalmachine te verbeteren. Zoals we al in hoofdstuk 3 zagen, zocht het systeem boeken op die vertaald waren en analyseerde het welke woorden en uitdrukkingen de vertalers hadden gebruikt bij het omzetten van de ene taal in de andere. Met deze gegevens gewapend kon het de vertaling als een gigantisch wiskundig probleem aanpakken, waarbij de computer waarschijnlijkheden berekent om te bepalen welk woord de beste vertaling van een woord in een andere taal is.



Google was uiteraard niet de enige organisatie die ervan droomde de rijkdom van het geschreven erfgoed van de wereld voor de computer te ontsluiten, en zeker ook niet de eerste die dat probeerde. Het Project Gutenberg, een al in 1971 gestart vrijwilligersinitiatief om boeken waarop geen auteursrecht meer rust online te zetten, had tot doel de teksten voor mensen leesbaar te maken, maar hield zich niet bezig met bijkomstige toepassingen waarbij de woorden als onderzoeksgegevens worden gebruikt. Het doel was lezen, niet hergebruiken. Evenzo experimenteren uitgeverijen al jaren met elektronische versies van boeken. Ook zij beschouwden de inhoud van boeken als de voornaamste waarde ervan, niet het afgeleide gebruik – daar is hun bedrijfsmodel op gebaseerd. Ze hebben nooit onderzoeken gedaan naar de verborgen patronen in boekteksten of anderen toegestaan dat te doen. Ze zagen er de noodzaak niet van in, of ze begrepen de mogelijkheden niet.

Veel bedrijven strijden nu om een aandeel van de markt voor e-books. Amazon lijkt met de Kindle voorlopig marktleider. Maar op dit gebied verschilt de strategie van Amazon sterk van die van Google.

Ook Amazon heeft boeken gedataficeerd – maar anders dan Google heeft het bedrijf geen gebruikgemaakt van de potentiële nieuwe toepassingen van de tekst als bron van onderzoeksgegevens. Jeff Bezos, de oprichter en directeur van Amazon, heeft honderden uitgeverijen zover gekregen dat ze hun boeken in het



Kindle-formaat uitgeven. Kindle-boeken bestaan niet uit afbeeldingen van pagina's. Als dat wel zo was, zou je de lettergrootte niet kunnen veranderen en dezelfde pagina niet kunnen weergeven op kleuren- en zwart-witschermen. De tekst is gedataficeerd, niet alleen maar digitaal. Amazon heeft dus met miljoenen nieuwe boeken gedaan wat Google met grote voortvarendheid met veel oudere boeken doet.

Maar afgezien van de briljante analyse van 'statistisch significante woorden' – waarmee Amazon met behulp van algoritmes verbanden tussen de inhoud van boeken vindt die anders misschien niet zouden worden opgemerkt – heeft de onlinewinkel zijn schat aan woorden nooit gebruikt voor big data-analyses. Voor Amazon draait het kennelijk om de boeken die mensen lezen en niet om het analyseren van gedataficeerde tekst. Waarschijnlijk heeft het bedrijf overigens door behoudende uitgevers beperkingen opgelegd gekregen wat betreft het toegestane gebruik van de informatie in de boeken. Google stoort zich als het stoute big data-jongetje dat wil kijken hoe ver het kan gaan niet aan dergelijke beperkingen:

het bedrijf verdient zijn brood niet met toegang tot uitgeversfondsen, maar met muisklikken. Misschien kunnen we voorlopig concluderen dat Amazon, althans op dit moment, vooral de waarde van het digitaliseren van boeken ziet en Google de waarde van het dataficeren ervan.

## LOCATIES WORDEN GEGEVENS

Een van de meest basale soorten informatie over de wereld is de wereld zelf. Maar gedurende het grootste deel van de geschiedenis werd de ruimte nooit gekwantificeerd of in de vorm van gegevens gebruikt. De geolocatie van de natuur, voorwerpen en mensen belichaamt uiteraard informatie. Die berg is dáár; deze persoon is hier. Maar willen we er ten volle van profiteren, dan moet die informatie in gegevens worden omgezet. Voor het dataficeren van locaties moet aan een paar voorwaarden zijn voldaan. We moeten een methode hebben om elke vierkante centimeter van het aardoppervlak te meten. We moeten een gestandaardiseerde manier hebben om de metingen vast te leggen. We hebben een instrument nodig om de gegevens te controleren en op te slaan. Kwantificatie, standaardisatie, verzameling. Pas dan kunnen we locaties niet puur als plekken, maar als gegevens opslaan en analyseren.



In het Westen begon het kwantificeren van locaties met de oude Grieken. Rond 200 voor Christus vond Eratosthenes een systeem van rasterlijnen uit voor het afbakenen van plekken, verwant met onze lengte- en breedtegraden. Maar zoals zoveel goede ideeën uit de oudheid raakte de gewoonte in de loop der tijd in onbruik. Anderhalf millennium later, rond 1400 na Christus, arriveerde er een exemplaar van de *Geographia* van Ptolemaeus uit Constantinopel in Florence, juist op een moment dat er dankzij de renaissance en de scheepvaart belangstelling ontstond voor wetenschap en voor kennis uit de oudheid. Ptolemaeus' verhandeling was een sensatie en zijn oude lessen werden toegepast om moderne navigatieproblemen op te lossen. Vanaf dat moment verschenen er kaarten met lengte- en breedtegraden en schaalaanduidingen. Het systeem werd later, in 1570, verbeterd door de Vlaamse cartograaf Gerardus Mercator, die kaarten maakte waarop zeelieden een rechte koers over de wereldbol konden uitzetten.

Hoewel er inmiddels wel een middel was om locatiegegevens vast te leggen, was er geen algemeen geaccepteerde vorm om die informatie te delen. Er was behoefte aan een gemeenschappelijk identificatiesysteem, net zoals het internet baat had bij domeinnamen om diensten als e-mail overal ter wereld te laten werken. Het duurde heel lang voordat het systeem van lengte- en breedtegraden werd gestandaardiseerd. Dat gebeurde uiteindelijk in 1884 op de Internationale Meridiaanconferentie in Washington, waar vijfentwintig landen het Engelse Greenwich als ijkpunt en nulmeridiaan voor de lengtegraden kozen (Frankrijk, dat zichzelf als wereldleider op het gebied van internationale standaarden beschouwde, onthield zich van stemming). In de jaren veertig van de twintigste eeuw werd het coördinatensysteem volgens de Universele Transversale Mercatorprojectie (UTM) ingesteld, waarbij de wereld om de nauwkeurigheid te vergroten in zestig zones werd verdeeld.



Geospatiële locaties konden nu in een gestandaardiseerde numerieke vorm worden gemeten, vastgelegd, gevolgd, geanalyseerd en verstuurd. Posities konden worden gedataficeerd. Maar vanwege de hoge kosten van het meten en vastleggen van de informatie in een analoge omgeving gebeurde dat zelden. Er kon pas sprake zijn van datafìcatie nadat er hulpmiddelen waren uitgevonden om locaties goedkoop te meten. Tot in de jaren zeventig was de enige manier om je fysieke locatie vast te stellen het gebruik van oriëntatiepunten, sterrenbeelden, schattingen of de destijds nog gebrekkige radiobakentechnologie.

In 1978 vond er een belangrijke verandering plaats toen de eerste van de vierentwintig satellieten werd gelanceerd die samen het Global Positioning System (gps) vormen. Ontvangers op de grond kunnen met behulp van trigonometrie hun eigen positie berekenen door de tijdverschillen te meten tussen de ontvangst van signalen van de satellieten die ruim 20.000 kilometer boven het aardoppervlak hangen. Het systeem was ontwikkeld door het Amerikaanse ministerie van Defensie, werd in de jaren tachtig voor het eerst opengesteld voor niet-militaire toepassingen en werd in de jaren negentig volledig operationeel, en tien jaar later werd de nauwkeurigheid ervan verhoogd voor commerciële toepassingen. Gps was toen tot op een meter nauwkeurig, en dat was het moment waarop een methode voor het meten van locaties, al sinds de oudheid de droom van alle navigeerders, kaartenmakers en wiskundigen, eindelijk werd aangevuld met de technische middelen om dat snel, (relatief) goedkoop en zonder gespecialiseerde kennis te doen.

Maar de informatie moest wel daadwerkelijk worden gegenereerd. Er was niets wat Eratosthenes en Mercator belette hun positie elke minuut van de dag te schatten als ze daar zin in hadden gehad. Het was mogelijk, maar erg onpraktisch. Ook waren de eerste gps-ontvangers complex en duur, wel geschikt voor een onderzeeër maar niet voor overal en iedereen. Maar door de alomtegenwoordigheid van goedkope chips in digitale gadgets zou dat veranderen. De kosten van een gps-module daalden door het grote volume van een paar honderd dollar in de jaren negentig tot ongeveer een dollar tegenwoordig. Gewoonlijk duurt het maar een paar seconden voordat een gps een locatie heeft vastgesteld, en de coördinaten zijn gestandaardiseerd. Dus 37°14´06´´ N, 115°48´40´´ W kan alleen maar betekenen dat je je op de zeer geheime Amerikaanse legerbasis in een afgelegen deel van Nevada bevindt die bekendstaat als 'Area 51' en waar (misschien wel) buitenaardse wezens gevangen worden gehouden.



Tegenwoordig is gps slechts een van de vele systemen om locaties te meten. In China en in Europa worden concurrerende systemen opgezet. En er is een nog grotere nauwkeurigheid te bereiken door gebruik te maken van metingen van de signaalsterkte van gsm-masten of wifi-routers, aangezien gps binnenskamers of tussen hoge gebouwen niet werkt. Dat verklaart ten dele waarom bedrijven als Google, Apple en Microsoft eigen geolocatiesystemen hebben ingevoerd als aanvulling op gps. De auto's van Google Street View verzamelden informatie van wifi-routers terwijl ze fotografeerden, en de iPhone was korte tijd een 'spyPhone' die locatie- en wifi-gegevens verzamelde en naar Apple terugstuurde zonder dat de gebruikers het beseften. (Ook de Android-telefoons van Google en het mobiele besturingssysteem van Microsoft verzamelden dat soort gegevens.)

Niet alleen mensen, maar ook objecten kunnen tegenwoordig worden gevolgd. Nu er draadloze modules in auto's worden ingebouwd, verandert de dataficatie van locatiegegevens het concept van verzekeringen. De gegevens bieden een gedetailleerde neerslag van de tijden waarop, plekken waar en afstanden waarover daadwerkelijk wordt gereden, waardoor risico's beter te becijferen zijn. In Groot-Brittannië kunnen automobilisten een verzekering afsluiten waarbij de prijs afhangt van de plaatsen en tijden waarop ze daadwerkelijk rijden, en geen jaartarief is op basis van hun leeftijd, geslacht en claimverleden. Die benadering van verzekeringstarieven vormt een stimulans voor goed gedrag. De beprijzing van verzekeringen is niet meer op risicoschattingen gebaseerd, maar op daadwerkelijk gemeten individueel gedrag. Het volgen van personen verandert ook de aard van vaste kosten, zoals wegen en andere infrastructuur, door het gebruik van die faciliteiten direct te relateren aan de automobilisten en anderen die ze 'verslijten'. Dat was onmogelijk toen geolocatiegegevens over alles en iedereen nog niet simpel en continu automatisch konden worden bijgehouden – maar wel in de wereld waar we nu naar op weg zijn.

UPS bijvoorbeeld gebruikt op allerlei manieren geolocatiegegevens. De auto's van het pakkettenbedrijf zijn uitgerust met sensoren, draadloze modules en gps zodat het hoofdkwartier motorproblemen kan zien aankomen, zoals we in het vorige hoofdstuk zagen. Bovendien kan het bedrijf de locatie van de bestelwagens vaststellen als er vertraging optreedt, de werknemers volgen en hun routes op optimaliteit controleren. De efficiëntste route wordt ten dele bepaald met behulp van gegevens van eerdere bezorgingen, net zoals Maury's tabellen gebaseerd waren op eerdere zeereizen.

De inzet van analysesoftware heeft opmerkelijke gevolgen. In 2011 wist UPS de gereden routes te bekorten met maar liefst 45 miljoen kilometer, waarmee volgens Jack Levis, chef procesmanagement bij UPS, ruim 11 miljoen liter brandstof en 30.000 ton $CO_2$-uitstoot werd bespaard. Ook de veiligheid en de efficiëntie verbeterden: het algoritme stelt routes samen met minder bochten waarbij ander verkeer wordt gekruist, omdat die tot meer ongelukken leiden en meer brandstof kosten, aangezien de bestelwagens vaak een poos met stationair draaiende motor moeten wachten voor ze kunnen afslaan.

'De voorspellingen leverden ons kennis op,' zegt Levis. 'Maar na die kennis komt er nog meer: wijsheid en helderziendheid. Op een gegeven moment zal het systeem zo slim zijn dat het problemen voorspelt en ze corrigeert voordat de gebruiker merkt dat er wat mis was.'



Gedataficeerde locatiegegevens over een bepaald tijdsverloop worden vooral over mensen bijgehouden. Jarenlang hebben mobieletelefoonbedrijven informatie verzameld en geanalyseerd om de kwaliteit van hun netwerken te verbeteren. Maar de gegevens worden steeds vaker ook voor andere doeleinden gebruikt en door derden verzameld om nieuwe diensten aan te bieden. Sommige smartphone-apps verzamelen bijvoorbeeld altijd locatie-informatie, of de app zelf nu locatiegerelateerde functies biedt of niet. In andere gevallen is de app juist speciaal gemaakt om geld te verdienen met kennis van de locatie van de gebruiker. Een voorbeeld daarvan is Foursquare, waarmee mensen kunnen 'inchecken' op hun favoriete locaties. Het systeem genereert inkomsten uit klantensystemen, restaurantaanbevelingen en andere locatiegerelateerde diensten.

De mogelijkheid om geolocatiegegevens van gebruikers te verzamelen wordt uiterst waardevol. Op individueel niveau wordt zo gerichte reclame mogelijk die afhankelijk is van de plaats waar de betreffende persoon zich bevindt of waarschijnlijk naartoe zal gaan. Bovendien kan de informatie worden verzameld om trends op te sporen. Zo kunnen bedrijven aan de verzamelde locatiegegevens zien waar files zijn zonder dat ze de auto's zien: die informatie wordt onthuld door het aantal telefoons en de snelheid waarmee ze zich over de weg verplaatsen. Het bedrijf AirSage verwerkt elke dag 15 miljard geolocatierecords van de reizen van miljoenen mobieletelefoonabonnees en kan daarmee in meer dan honderd steden in heel Amerika realtime verkeersinformatie aanbieden. Twee andere geolocatiebedrijven, Sense Networks en Skyhook, kunnen aan de hand van locatiegegevens aangeven in welke delen van een stad het meest bruisende nachtleven heerst of schatten hoeveel mensen een protestdemonstratie bijwonen.

Maar de niet-commerciële toepassingen van geolocatie zullen misschien wel de belangrijkste blijken. Sandy Pentland, het hoofd van het Human Dynamics Laboratory bij MIT, en Nathan Eagle hebben samen baanbrekend onderzoek gedaan op een gebied dat ze *reality mining* noemen, een variant op de term 'datamining'. Dat gebied houdt zich bezig met het verwerken van gigantische hoeveelheden gegevens van mobiele telefoons om daarmee dingen te weten te komen en voorspellingen te doen over menselijk gedrag. Bij een van hun onderzoeken konden ze door het analyseren van verplaatsingen en belpatronen met succes mensen aanwijzen die griep hadden voordat die zelf wisten dat ze ziek waren. In het geval van een dodelijke griepepidemie zouden hiermee miljoenen levens kunnen worden gered: men kan de bewindslieden die verantwoordelijk zijn voor de volksgezondheid op elk gewenst moment laten weten wat de gebieden met de grootste aantallen besmettingen zijn. Maar in handen van onverantwoordelijke personen zou de kracht van reality mining afschuwelijke gevolgen kunnen hebben, zoals we later zullen zien.

Eagle, de oprichter van het draadloze-gegevensbedrijfje Jana, heeft met behulp van de gecombineerde gegevens van meer dan tweehonderd mobieletelefoonbedrijven in meer dan honderd landen – bij elkaar van zo'n 3,5 miljard mensen in Latijns-Amerika, Afrika en Europa – vragen beantwoord die het hart van marketingchefs sneller doen kloppen, zoals: hoeveel keer per week wordt in een huishouden de was gedaan? Maar hij heeft ook met behulp van big data kwesties onderzocht als: hoe gedijen steden? Hij en een collega combineerden locatiegegevens van eigenaars van prepaid-mobieltjes in Afrika met het bedrag dat ze uitgaven als ze hun tegoed opwaardeerden. De hoogte van het bedrag had een direct verband met het inkomen: rijke mensen kopen meer minuten tegelijk. Maar een van de tegenintuïtieve bevindingen van Eagle was dat sloppenwijken niet alleen maar centra van armoede zijn, maar ook als economische springplank fungeren. Waar het hier om gaat, is dat dit indirecte gebruik van locatiegegevens niets te maken heeft met het routeren van mobiele communicatie, het doel waarvoor de informatie primair was gegenereerd. Als locatiegegevens eenmaal zijn gedataficeerd, doen zich nieuwe toepassingen voor en kan er nieuwe economische waarde worden gecreëerd.



## INTERACTIES WORDEN GEGEVENS

De volgende grenzen van de dataficatie zijn persoonlijker: onze relaties, ervaringen en stemmingen. Het concept dataficatie is de ruggengraat van veel social media-bedrijven op het web. Social media-platforms bieden niet simpelweg een manier om vrienden en collega's op te sporen en met hen in contact te blijven, ze zetten ook niet-tastbare elementen van ons dagelijks leven om in gegevens die kunnen worden gebruikt om nieuwe dingen te doen. Facebook heeft relaties gedataficeerd; die bestonden altijd al en vormden ook informatie, maar werden nooit formeel als gegevens gedefinieerd – tot de 'sociale grafiek' van Facebook verscheen. Twitter maakte de dataficatie van emoties mogelijk door mensen een makkelijke manier te bieden om hun losse gedachten vast te leggen en te delen, die daarvóór meestal in de wind van het dagelijks leven verwoeien. LinkedIn dataficeerde onze beroepservaringen uit het verre verleden, net zoals Maury informatie uit oude logboeken omzette in voorspellingen over heden en toekomst; LinkedIn kan zo voorspellen wie we mogelijk kennen of welke baan we misschien willen.

Dergelijke toepassingen van de gegevens staan nog in de kinderschoenen. Facebook is zo sluw geweest geduldig te zijn en niet te veel nieuwe toepassingen van de gegevens van zijn gebruikers tegelijk te onthullen, omdat het bedrijf weet dat het ze daarmee zou kunnen afschrikken. Overigens is het bedrijf nog steeds bezig zijn bedrijfsmodel (en privacybeleid) aan te passen aan de hoeveelheid en de soort gegevens die het wil verzamelen. Zodoende concentreert veel van de kritiek die het bedrijf heeft gekregen zich op de informatie die het in staat is te verzamelen en niet op wat het daadwerkelijk met die gegevens heeft gedaan. Facebook had in 2012 circa een miljard gebruikers, die onderling werden verbonden door meer dan 100 miljard vriendschappen. De daaruit resulterende sociale grafiek vertegenwoordigt meer dan 10 procent van de totale wereldbevolking, gedataficeerd en beschikbaar voor één enkel bedrijf.



De potentiële toepassingen zijn ongelooflijk. Een aantal jonge bedrijven heeft geprobeerd de sociale grafiek aan te passen voor gebruik als bron van signalen voor het vaststellen van kredietwaardigheidsscores. Het idee is dat soort soort zoekt: voorzichtige mensen sluiten vriendschap met gelijkgestemden, de verkwistenden zoeken elkaar op. Als dat werkt, zou Facebook het volgende kredietwaardigheidsbureau kunnen zijn, zoals FICO dat nu is. De rijke gegevensverzamelingen van social media-bedrijven zouden heel goed de basis kunnen vormen van nieuwe bedrijven die veel verder reikende bedoelingen hebben dan het delen van foto's, statusupdates en muisklikken op 'Vind ik leuk'.

Ook de gegevens van Twitter zijn op interessante manieren gebruikt. In de ogen van sommigen zijn de 400 miljoen bondige tweets die in 2012 elke maand door meer dan 140 miljoen gebruikers werden verstuurd weinig meer dan gewauwel op niks af. En vaak zijn ze dat ook inderdaad. Toch is het bedrijf in staat de gedachten, stemmingen en interacties van mensen te dataficeren, die vroeger ongrijpbaar waren. Twitter heeft deals met twee andere bedrijven gesloten, DataSift en Gnip, om toegang tot de gegevens te verkopen. (Alle tweets zijn openbaar, maar de toegang tot de 'brandslang' kost wel geld.) Veel bedrijven analyseren tweets, soms met behulp van een techniek die gevoelsanalyse heet, om feedback van klanten te verzamelen of het effect van marketingcampagnes te beoordelen.

Twee hedgefondsen, Derwent Capital in Londen en MarketPsych in Californië, zijn begonnen de gedataficeerde teksten van tweets te analyseren als signalen voor beleggingen op de aandelenmarkt. (Hun feitelijke handelsstrategieën werden niet openbaar gemaakt; mogelijk hebben ze niet belegd in bedrijven die sterk werden gepromoot, maar juist tegen ze gegokt.) Beide verkopen die informatie nu aan handelaren. MarketPsych heeft zijn krachten gebundeld met Thomson Reuters en biedt in totaal in 119 landen maar liefst 18.864 verschillende indexen, die elke minuut worden geüpdatet, over emotionele toestanden als optimisme, zwaarmoedigheid, vreugde, vrees, boosheid en zelfs thema's als innovatie, rechtszaken en conflicten. De gegevens worden niet zozeer door mensen als wel door computers gebruikt: wiskundige genieën op Wall Street, de zogeheten 'kwanten', stoppen de gegevens in hun algoritmische modellen om onopgemerkte correlaties op het spoor te komen waaruit munt kan worden geslagen. Alleen al de frequentie van tweets over een bepaald onderwerp kan volgens Bernardo Huberman, een van de vaders van de socialenetwerkanalyse, verscheidene dingen voorspellen, bijvoorbeeld Hollywood-recettes. Hij en een collega bij HP hebben een model ontwikkeld dat naar het tempo keek waarin nieuwe tweets werden gepost. Hiermee konden ze het succes van een film beter voorspellen dan met andere veelgebruikte voorspellende factoren.

Maar er is nog meer mogelijk. Twitter-berichten kunnen niet langer zijn dan 140 tekens, maar de metadata – de 'informatie over informatie' – die aan alle tweets gekoppeld is, is rijk. Hij bestaat uit drieëndertig verschillende gegevens. Sommige daarvan lijken niet erg nuttig, zoals het 'behang' op de Twitter-pagina van de gebruiker of de software waarmee de gebruiker toegang krijgt tot de dienst. Andere delen van de metadata zijn echter uiterst interessant, zoals de taal van de gebruikers, hun geolocatie en de nummers en namen van de mensen die ze volgen en degenen die hen volgen. Bij een onderzoek naar die metadata waarover in 2011 in *Science* werd geschreven, bleek uit een analyse van 509 miljoen tweets van 2,4 miljoen mensen uit vierentachtig landen over een periode van twee jaar dat de stemmingen van mensen in alle culturen overal ter wereld dagelijks en wekelijks vergelijkbare patronen volgen – iets wat vroeger onmogelijk na te gaan zou zijn geweest. Ook stemmingen zijn nu gedataficeerd.

Bij dataficatie gaat het niet alleen om het analyseren van standpunten en stemmingen die in dataficeerbare vorm zijn gebracht, maar ook om menselijk gedrag. Dat is op een andere manier moeilijk bij te houden, vooral in de context van de bredere samenleving en subgroepen daarbinnen. De bioloog Marcel Salathé van de Penn State-universiteit en de softwaredeskundige Shashank Khandelwal hebben door analyse van tweets ontdekt dat het standpunt van mensen over inentingen correspondeerde met de kans dat ze daadwerkelijk griepprikken kregen. Daarbij is het van belang dat ze bij hun onderzoek gebruikmaakten van de metadata van een netwerk van Twitter-volgers en zo nog een stap verder konden gaan. Ze merkten op dat er subgroepen van oningeënte mensen kunnen bestaan. Wat het standpuntenonderzoek van Salathé extra bijzonder maakt, is dat het in tegenstelling tot andere onderzoeken zoals het Google-grieponderzoek, die op grond van verzamelde gegevens de gezondheidstoestand van mensen in kaart brachten, gezondheidsgedrág voorspelde.

Uit deze eerste bevindingen valt af te leiden wat er met dataficatie allemaal mogelijk zal worden. Naast Google is er een hele rits social media-netwerken – Facebook, Twitter, LinkedIn, Foursquare en andere – die op een enorme schatkist aan gedataficeerde informatie zitten die na analyse licht zal werpen op de dynamiek van onze samenleving op alle niveaus, van de individuele burger tot de hele samenleving.

## DE DATAFICATIE VAN ALLES

Met een beetje fantasie zijn er ontelbare dingen te verzinnen die we in de vorm van analyseerbare gegevens kunnen brengen, wat nog menige verrassing kan opleveren. IBM kreeg in 2012 een Amerikaans patent voor een onderzoek dat lijkt op dat van professor Koshimizu naar Japanse achterwerken: 'beveiliging van panden met behulp van bodemgerelateerde computertechnologie'. Dat is juristentaal voor aanraakgevoelige vloerbedekking, zeg maar een soort gigantisch smartphone-scherm. Daar zijn talloze potentiële toepassingen voor. Een vloer zou zelf kunnen detecteren wat voor voorwerpen erop staan. In zijn simpelste vorm zou dat kunnen dienen om lichten aan te doen of deuren te openen als er iemand binnenkomt. Maar belangrijker is waarschijnlijk het identificeren van mensen op basis van hun gewicht of de manier waarop ze staan en lopen. Of alarm slaan als iemand valt en niet meer opstaat, een belangrijke faciliteit voor bejaarden. Winkeliers kunnen de klantstromen door hun panden in kaart brengen. De mogelijke toepassingen van gedataficeerde vloeren reiken tot ver boven het plafond.



Het dataficeren van zoveel mogelijk dingen is niet zo futuristisch als het klinkt. Zie bijvoorbeeld de 'kwantificeer uzelf'-beweging. Het gaat om een bont gezelschap van fitnessfreaks, medisch geobsedeerden en techniekadepten die alle aspecten van hun lichaam en leven meten om beter te leven – of althans om nieuwe dingen te weten te komen die ze vroeger nooit op een systematische manier in kaart hadden kunnen brengen. Het aantal 'zelfdoormeters' is op dit moment nog klein, maar het groeit.

Dankzij smartphones en goedkope computertechnologie is het

dataficeren van de belangrijkste aspecten van het leven nog nooit zo makkelijk geweest. Een hele rits nieuwe bedrijven stelt mensen in staat hun slaappatronen bij te houden door de hele nacht hun hersengolven te meten. Eén bedrijf, Zeo, heeft inmiddels al de grootste database over slaapactiviteiten ter wereld samengesteld en verschillen in de hoeveelheid remslaap tussen mannen en vrouwen ontdekt. Asthmapolis heeft een sensor aan een astma-inhalator gekoppeld die via gps de locatie bijhoudt; door die informatie te analyseren kan het bedrijf omgevingsfactoren aanwijzen die veroorzakers van astma-aanvallen zijn, zoals de nabijheid van bepaalde gewassen. De bedrijven Fitbit en Jawbone stellen mensen in staat hun lichamelijke activiteit en hun slaap te meten. Een ander bedrijf, Basis, meet met behulp van een polsband de vitale lichaamsfuncties van de dragers, waaronder de hartslag en de elektrische geleiding van de huid, die een maat zijn voor iemands stress. Het verkrijgen van de gegevens wordt steeds makkelijker en steeds minder belastend. In 2009 kreeg Apple een patent op het verzamelen van gegevens over de zuurstofopname van het bloed, de hartslag en de lichaamstemperatuur via de oordopjes van audioapparatuur.



Er valt veel te leren uit het dataficeren van je lichaamsfuncties. Onderzoekers van de Gjøvik-universiteit in Noorwegen en van Derawi Biometrics hebben een smartphone-app ontwikkeld die iemands manier van lopen analyseert en die informatie gebruikt als een veiligheidssysteem om de telefoon te deblokkeren. Twee hoogleraren van het Georgia Tech Research Institute, Robert Delano en Brian Parise, ontwikkelen een smartphone-app die iTrem heet en die de in de telefoon ingebouwde versnellingsmeter gebruikt om lichaamstrillingen in de gaten te houden bij patiënten die lijden aan parkinson en andere neurologische aandoeningen. De app komt zowel voor artsen als voor patiënten als geroepen. Patiënten hoeven niet meer naar de praktijk te komen voor dure onderzoeken, en medici kunnen op afstand iemands aandoening en zijn of haar reactie op behandelingen observeren. Volgens onderzoekers in Kyoto is een smartphone nauwelijks minder geschikt voor het meten van de trillingen dan de triaxiale accelerometer in gespecialiseerde medische apparaten, en kan hij dus veilig worden gebruikt. Wederom wint een beetje rommeligheid het van exactheid.

In de meeste van deze gevallen registreren we informatie en brengen we die in een gegevensformaat waarin ze opnieuw gebruikt kan worden. Dat kan bijna overal en met bijna alles. GreenGoose, een jong bedrijf uit San Francisco, verkoopt miniatuurbewegingssensoren die op voorwerpen kunnen worden aangebracht om bij te houden hoe vaak ze worden gebruikt. Als je zo'n sensor op een pakje mondspoeling, een gieter of een bak met kattengrit aanbrengt, kun je je mondhygiëne en je zorg voor planten en huisdieren dataficeren. Het enthousiasme over het 'internet van dingen' – het integreren van chips, sensoren en communicatiemodules in alledaagse voorwerpen – heeft voor een deel met netwerktechnologie te maken, maar evenzeer met het dataficeren van alles om ons heen.



Als de wereld is gedataficeerd, worden de potentiële toepassingen van al die informatie in principe nog slechts beperkt door je vindingrijkheid. Maury dataficeerde met veel moeizaam overschrijfwerk eerdere reizen van zeekapiteins en verkreeg daarmee bijzondere inzichten die economisch waardevol waren. Tegenwoordig beschikken we over de hulpmiddelen (statistiek en algoritmes) en de noodzakelijke apparatuur (digitale verwerkingskracht en opslag) om vergelijkbare taken veel sneller, op grote schaal en in vele verschillende contexten uit te voeren. In het tijdperk van de big data helpen zelfs achterwerken ons vooruit.

We zitten midden in een groot infrastructureel project dat in sommige opzichten kan wedijveren met grote projecten uit het verleden, van de Romeinse aquaducten tot de *Encyclopédie* van de Verlichting. We zien dat niet zo omdat ons project zo nieuw is, omdat we er middenin zitten en omdat het resultaat van onze inspanningen, anders dan het water dat door de aquaducten stroomt, niet tastbaar is. Ons project heet dataficatie. Net als die andere infrastructurele sprongen voorwaarts zal ook dataficatie de samenleving ingrijpend veranderen.

Aquaducten maakten de groei van steden mogelijk, de uitvinding van de boekdrukkunst stimuleerde de Verlichting en kranten schiepen de voorwaarden voor de opkomst van de natiestaat. Maar die infrastructuren waren gericht op stromen – stromen water en kennisstromen. Hetzelfde geldt voor de telefoon en het internet. Dataficatie leidt daarentegen tot een cruciale verrijking van het menselijk begrip. Met behulp van big data zien we onze wereld niet meer als een reeks gebeurtenissen die we als natuurlijke of maatschappelijke verschijnselen duiden, maar als een domein dat in wezen uit informatie bestaat.

Natuurkundigen vermoedden het al ruim een eeuw: niet atomen vormen de basis van alles wat bestaat, maar informatie. Dat klinkt misschien esoterisch, maar door dataficatie kunnen we nu in veel gevallen de tastbare en niet-tastbare aspecten van ons bestaan op een veel uitgebreidere schaal registreren en berekenen en daar ons voordeel mee doen.



Als we de wereld opvatten als informatie, als zeeën gegevens die steeds veelomvattender en diepgaander kunnen worden onderzocht, krijgen we een visie op de werkelijkheid die we vroeger niet hadden. Dat geestelijke perspectief zal mogelijk in alle gebieden van ons leven doordringen. Op dit moment zijn wij een calculerende samenleving omdat we ervan uitgaan dat de wereld met getallen en wiskunde te begrijpen is. En we vinden het heel gewoon dat kennis door ruimte en tijd kan worden overgedragen omdat we zo vertrouwd zijn met het geschreven woord. Volgende generaties zullen misschien een 'big data-bewustzijn' hebben – de veronderstelling dat alles wat we doen een kwantitatieve component heeft en dat de samenleving niet buiten big data kan om vooruit te komen. Het idee om de ontelbare dimensies van de werkelijkheid om te zetten in analyseerbare gegevens komt de meeste mensen op dit moment waarschijnlijk nogal verrassend voor. Maar in de toekomst zullen we er ongetwijfeld geen vraagtekens meer bij zetten en het als een 'gegeven' beschouwen.

Mettertijd kunnen de gevolgen van de dataficatie die van aquaducten en kranten in de schaduw stellen en een revolutie bewerkstelligen die vergelijkbaar is met die van de boekdrukkunst en internet: dataficatie geeft ons instrumenten in handen om de hele wereld in de vorm van gegevens in kaart te brengen. Maar op dit moment zitten de meest geavanceerde gebruikers in het bedrijfsleven, waar big data wordt gebruikt om nieuwe vormen van economische waarde te creëren. Daarover gaat het volgende hoofdstuk.

# 6

# Economische waarde

142 Eind jaren negentig ontwikkelde het web zich in hoog tempo tot een weerspannige, ongastvrije, akelige plek. 'Spambots' overspoelden mailboxen en bestookten onlineforums met rotzooi. In 2000 kreeg Luis von Ahn, een tweeëntwintigjarige die net was afgestudeerd, een idee hoe dat probleem kon worden opgelost: dwing iedereen die zich registreert te bewijzen dat hij of zij een mens is. Daarvoor ging hij op zoek naar iets wat makkelijk is voor mensen maar moeilijk voor computers.

Hij bedacht een systeem waarbij er tijdens het aanmaakproces van een account moeilijk leesbare letters op het scherm verschenen. Mensen konden die ontcijferen en binnen een paar seconden de correcte tekst overtypen, maar computers konden er niets mee beginnen. Yahoo implementeerde zijn methode en wist het aantal spambots waardoor het bedrijf werd geplaagd in één dag drastisch te reduceren. Von Ahn noemde zijn schepping Captcha (een woordspeling op *capture*, 'vangen', en tevens het acroniem van Completely Automated Public Turing Test to Tell Computers and Humans Apart, 'volledig geautomatiseerde openbare turingtest om computers van mensen te onderscheiden'). Vijf jaar later werden er dagelijks ongeveer 200 miljoen captcha's ingetikt.

Captcha leverde Von Ahn een zekere beroemdheid en, na zijn promotie, een baan als universitair docent informatica aan de Carnegie Mellon-universiteit op. En het succes ervan woog stellig ook mee toen hij op zijn zevenentwintigste een van de prestigieuze *genius awards* van de MacArthur Foundation ter waarde van een half miljoen dollar ontving. Maar toen het tot hem doordrong dat hij ervoor verantwoordelijk was dat miljoenen mensen elke dag een hoop tijd kwijt waren aan het overtikken van irritante, moeilijk leesbare letters – enorme hoeveelheden informatie die daarna gewoon werden weggegooid – voelde hij zich ineens niet meer zo slim.

Hij ging nadenken over manieren om al die menselijke verwerkingskracht nuttig in te zetten en bedacht een verbeterde versie van Captcha, die hij de toepasselijke naam ReCaptcha (lees *recapture*) gaf. Mensen tikken nu geen willekeurige letters meer over, maar twee woorden uit tekstscanprojecten die door het OCR-programma van een computer niet werden herkend. Het ene woord is bedoeld om te bevestigen wat andere gebruikers hebben ingetikt en is daarmee een signaal dat de gebruiker een mens is, het andere is een nieuw woord dat gedesambigueerd moet worden. Om de nauwkeurigheid te garanderen presenteert het systeem hetzelfde vage woord gemiddeld aan vijf verschillende mensen, en pas daarna gaat het ervan uit dat het klopt. De gegevens hebben dus een primaire toepassing – aantonen dat de gebruiker een mens is – maar ook een secundair doel: onduidelijke woorden in gedigitaliseerde teksten ontcijferen.



De economische waarde hiervan is gigantisch groot als je bedenkt wat het zou kosten om in plaats hiervan mensen in te huren. Als je globaal tien seconden per invoer rekent, vertegenwoordigen 200 miljoen ReCaptcha's samen een half miljoen uur per dag. Het minimumloon in de Verenigde Staten was in 2012 7,25 dollar per uur. Het op commerciële basis desambigueren van woorden waar een computer niet uit kwam, zou dus circa 3,5 miljoen dollar per dag kosten, oftewel een miljard dollar per jaar. In plaats daarvan ontwierp Von Ahn een systeem dat het de facto gratis doet. En Google stelt het gratis aan alle websites beschikbaar; het is op dit moment geïntegreerd in ongeveer 200.000 sites, waaronder Facebook, Twitter en Craigslist.

Het verhaal van ReCaptcha onderstreept het belang van het hergebruik van gegevens. Door big data verandert de waarde van gegevens. In het digitale tijdperk speelden gegevens niet langer een ondersteunende rol bij transacties en werden ze vaak zelf het verhandelde goed. In een big data-wereld verandert de rol ervan opnieuw. De waarde van gegevens verschuift van het primaire gebruik ervan naar potentiële toekomstige toepassingen. Dat heeft verstrekkende gevolgen. Het beïnvloedt de waarde die bedrijven toekennen aan de gegevens die ze bezitten, en ook de beslissing wie ze er toegang toe geven. Dat stelt bedrijven in staat, dwíngt ze misschien zelfs, hun bedrijfsmodellen te veranderen. Daardoor



verandert de manier waarop bedrijven tegen gegevens aankijken en ze gebruiken.

Informatie is altijd onmisbaar geweest voor markttransacties. Met behulp van relevante gegevens wordt bijvoorbeeld de prijs bepaald, en dat is een signaal hoeveel er moet worden geproduceerd. Dat aspect van gegevens wordt goed begrepen. Bepaalde soorten informatie worden allang op de markten verhandeld. Voorbeelden zijn de inhoud van boeken, artikelen, muziek en films, en ook financiële informatie zoals aandelenprijzen. De laatste paar decennia zijn daar persoonlijke gegevens bij gekomen. Gespecialiseerde databrokers in de VS zoals Acxiom, Experian en Equifax brengen forse sommen in rekening voor uitgebreide dossiers met persoonlijke informatie over honderden miljoenen consumenten. Met Facebook, Twitter, LinkedIn en andere social media-platforms zijn onze persoonlijke relaties, meningen, voorkeuren en dagelijkse leefpatronen toegevoegd aan de zee van persoonlijke informatie die al over ons bekend was.

Hoewel gegevens dus allang economisch waardevol zijn, werden ze ofwel beschouwd als ondergeschikt aan de kerntaken van een onderneming, ofwel als zijnde beperkt tot relatief smalle categorieën zoals intellectueel eigendom of persoonlijke informatie. In het tijdperk van de big data daarentegen worden álle gegevens als intrinsiek waardevol beschouwd.

Met 'alle gegevens' doelen we zelfs op de ruwste, schijnbaar meest oninteressante stukjes informatie. Denk aan de waarden die worden gemeten door een warmtesensor op een fabrieksmachine. Of aan de stroom realtime gps-coördinaten, accelerometerwaarden en brandstofniveaus van een bestelwagen – of aan een vloot van 60.000 bestelwagens. Of aan miljarden oude zoekopdrachten, of de prijzen van vrijwel alle vliegtuigstoelen op commerciële lijnvluchten in de VS over een periode van een paar jaar.

Tot voor kort was er geen makkelijke manier om dergelijke gegevens te verzamelen, op te slaan en te analyseren, waardoor de mogelijkheden om de potentiële waarde ervan te gelde te maken zeer beperkt waren. In Adam Smiths beroemde voorbeeld van de speldenmaker, waarmee hij de verdeling van arbeid in de achttiende eeuw besprak, zouden er waarnemers nodig zijn geweest die alle arbeiders voortdurend in de gaten hielden, metingen deden en de resultaten met ganzenveren op dik papier bijhielden. Zelfs het meten van de tijd was destijds lastig, want betrouwbare klokken waren nog geen gemeengoed. De beperkingen van de technische omgeving kleurden de denkbeelden van de klassieke economen over de structuur van de economie, iets waarvan ze zich nauwelijks bewust waren, net zoals een vis niet waarneemt dat hij nat is. Zo kwam het dat ze bij de bespreking van de belangrijke productiefactoren (land, arbeid en kapitaal) de rol van informatie grotendeels onbesproken lieten. Hoewel de kosten van het verzamelen, vastleggen en gebruiken van gegevens de afgelopen twee eeuwen zijn afgenomen, waren die tot voor vrij kort nog altijd relatief hoog.

Wat onze tijd anders maakt, is dat veel van de beperkingen die altijd eigen waren aan het verzamelen van gegevens niet meer bestaan. De technologie heeft een punt bereikt waarop enorme hoeveelheden informatie vaak goedkoop kunnen worden vastgelegd en opgeslagen. Gegevens kunnen dikwijls passief worden verzameld, zonder veel inspanning of zelfs maar het medeweten van degenen die worden geobserveerd. En aangezien de kosten van gegevensopslag zo sterk zijn gedaald, is het bewaren van gegevens makkelijker te rechtvaardigen dan het weggooien ervan. Dat alles maakt dat er veel meer gegevens tegen lagere kosten beschikbaar zijn dan vroeger. De laatste vijftig jaar zijn de kosten van digitale gegevensopslag elke twee jaar met ruwweg de helft gedaald, terwijl de gegevensopslagdichtheid met een factor 50 miljoen is toegenomen. In het licht van informatieverwerkende bedrijven als Farecast of Google – waar aan één kant ruwe feiten op een digitale lopende band worden geladen en er aan de andere kant geanalyseerde informatie uit komt – beginnen gegevens steeds meer op een nieuwe productiefactor te lijken.

De directe waarde van de meeste gegevens is evident voor



degenen die ze verzamelen. Sterker nog, ze verzamelen ze waarschijnlijk met een specifiek doel voor ogen. Winkels verzamelen verkoopcijfers voor hun financiële boekhouding. Fabrieken controleren hun productie om te garanderen dat die aan kwaliteitsstandaarden voldoet. Websites registreren elke klik van iedere gebruiker – soms zelfs iedere beweging van het muispijltje – om de gegevens die de sites aan de gebruikers presenteren te analyseren en te optimaliseren. Die primaire toepassingen van de gegevens rechtvaardigen het verzamelen en verwerken ervan. Als Amazon niet alleen bijhoudt welke boeken klanten kopen maar ook naar welke webpagina's ze alleen maar kijken, weet het bedrijf dat het die gegevens zal gebruiken om gepersonaliseerde aanbevelingen te doen. Evenzo houdt Facebook de 'statusupdates' van gebruikers en hun klikken op 'Vind ik leuk' bij om te bepalen welke reclames het best op de website kunnen worden getoond om inkomsten te genereren.

Anders dan bij tastbare zaken – het voedsel dat we eten, een brandende kaars – neemt de waarde van gegevens niet af als ze worden gebruikt; ze kunnen onbeperkt opnieuw worden verwerkt. Gegevens zijn wat economen een 'niet-competitief' goed noemen: het gebruik ervan door één persoon belemmert het gebruik door anderen niet. En informatie slijt niet, zoals materiële zaken, door het gebruik. Zodoende kan Amazon gegevens van eerdere transacties gebruiken voor het doen van aanbevelingen aan klanten – en wel telkens opnieuw, niet alleen voor de klant voor wie de gegevens zijn gegenereerd, maar ook voor vele anderen.

Gegevens kunnen dus vele malen voor hetzelfde doel worden gebruikt, maar, nog belangrijker, ze kunnen ook voor meerdere verschillende doeleinden worden ingezet. Het is belangrijk het belang hiervan in te zien om beter te begrijpen hoe groot de waarde van informatie in het tijdperk van de big data is. We hebben al iets van het potentieel hiervan gezien, bijvoorbeeld bij Walmart, dat zijn database met oude verkooptransacties doorzocht en de lucratieve correlatie tussen stormen en de verkoop van Pop-Tarts op het spoor kwam.



Dit alles wijst erop dat de totale waarde van gegevens veel groter is dan uit het primaire gebruik blijkt. Het betekent ook dat bedrijven effectief gebruik kunnen maken van gegevens, zelfs als het eerste gebruik of elke toepassing afzonderlijk maar een miniem economisch voordeel oplevert, zolang ze dezelfde gegevens maar vaak opnieuw gebruiken.

## DE 'OPTIEWAARDE' VAN GEGEVENS

Beschouw het voorbeeld van de elektrische auto om beter te begrijpen wat herbruikbaarheid betekent voor de uiteindelijke waarde van gegevens. Of elektrische auto's als vervoermiddel zullen slagen, hangt af van een duizelingwekkend samenstel van logistieke factoren, die allemaal iets te maken hebben met de levensduur van accu's. Bestuurders moeten hun accu's snel en makkelijk kunnen opladen en energiebedrijven moeten ervoor zorgen dat de stroom die de opladers trekken de stabiliteit van het net niet in gevaar brengt. We hebben op dit moment een in grote trekken stabiel netwerk van benzinestations, maar we weten nog niet wat de oplaadbehoeften van oplaadpunten voor elektrische voertuigen zullen zijn en wat de ideale plaatsing ervan is.

Dit is opmerkelijk genoeg niet zozeer een infrastructureel probleem als wel een informatieprobleem. En de oplossing zal voor een belangrijk deel van big data komen. Bij een test in 2012 verzamelde IBM in samenwerking met het Californische energiebedrijf Pacific Gas & Electric en de autofabrikant Honda enorme hoeveelheden informatie om een aantal fundamentele zaken te weten te komen over de tijdstippen en plaatsen waar elektrische auto's stroom zullen 'tanken' en de invloed die dat op de stroomvoorziening zal hebben. IBM ontwikkelde vervolgens een uitgebreid voorspellingsmodel dat met een heleboel invoergegevens werkt: het ladingsniveau van de auto-accu, de locatie van de auto, het tijdstip van de dag en de beschikbare laadplekken bij oplaadpunten in de buurt. Het model koppelde die gegevens aan het huidige stroomverbruik op het net en aan historische stroomverbruikpatronen. Door die enorme gegevensstromen – realtime en historisch – uit allerlei bronnen te analyseren, kon IBM voor alle bestuurders de optimale tijden en plekken voor het bijladen van de accu's bepalen. Er bleek ook uit wat de beste plaatsen voor oplaadpunten waren. Uiteindelijk zal het systeem ook rekening moeten houden met prijsverschillen tussen dichtbij gelegen oplaadpunten. Zelfs weersvoorspellingen zullen in de aanbevelingen moeten worden meegenomen, bijvoorbeeld als het zonnig weer is en een oplaadpunt met zonnepanelen in de buurt barstensvol stroom zit, maar de voorspelling zegt dat het een week lang zal regenen waardoor de zonnepanelen niet zullen werken.

Het systeem kijkt naar informatie die voor een bepaald doel is gegenereerd en hergebruikt die voor een ander doel – met andere woorden, een overstap van primair naar secundair gebruik. Dat maakt de gegevens in de loop van de tijd veel waardevoller. Op de niveau-indicator van de accu kunnen de bestuurders aflezen wanneer het tijd is om te tanken. De gegevens over het gebruik van het stroomnet worden door het nutsbedrijf verzameld, dat zo de stabiliteit van het net kan bewaken. Dat zijn de primaire toepassingen. Beide gegevensverzamelingen krijgen ook secundaire toepassingen – en een nieuwe waarde – als ze voor een volledig ander doel worden ingezet: bepalen wanneer en waar accu's moeten worden opgeladen en waar oplaadpunten moeten komen. Bovendien wordt er ook nog rekening gehouden met ondersteunende informatie zoals de locatie van de auto en historische gegevens over netwerkverbruik. En IBM verwerkt de gegevens niet één keer maar telkens opnieuw, want het profiel van het energieverbruik van de auto's en de belasting van het elektriciteitsnet wordt continu bijgewerkt.

De werkelijke waarde van gegevens is als een in zee drijvende ijsberg. Op het eerste gezicht zie je er slechts een miniem deel van, het grootste deel gaat onder het oppervlak schuil. Innovatieve bedrijven die dat begrijpen, kunnen die verborgen waarde mobiliseren en daar potentieel enorme voordelen mee behalen. Kortom, de waarde van gegevens dient te worden bezien in het kader van alle mogelijke manieren waarop ze in de toekomst kunnen worden gebruikt en niet alleen op grond van het huidige gebruik ervan. We hebben dat al in veel voorbeelden gezien die we eerder hebben besproken. Farecast benutte verkoopgegevens van vliegtickets om de toekomstige prijs van vliegtuigstoelen te voorspellen. Google gebruikte eerder ingevoerde zoektermen om de verspreiding van griep aan het licht te brengen. Carolyn McGregor analyseerde de vitale lichaamsfuncties van een baby om het begin van infecties te voorspellen. Maury distilleerde uit oude logboeken van kapiteins informatie over zeestromingen.



Het belang van hergebruik van gegevens wordt echter in het bedrijfsleven en de samenleving nog niet volledig doorgrond. Weinig leidinggevenden bij Con Edison in New York hadden kunnen bedenken dat honderd jaar oude informatie over kabels en onderhoudsrapporten gebruikt zouden kunnen worden om ongelukken in de toekomst te voorkomen. Er waren een hele nieuwe generatie statistici en een hele rits nieuwe methodes en hulpmiddelen voor nodig om die waarde van de gegevens te ontsluiten. Zelfs veel internet- en technologiebedrijven waren zich er tot voor kort niet van bewust hoe waardevol hergebruik van gegevens kan zijn.

Het kan verhelderend zijn naar gegevens te kijken zoals natuurkundigen naar energie kijken. Zij spreken van 'opgeslagen' of 'potentiële' energie, die in een voorwerp zit maar als het ware sluimert. Denk aan een in elkaar gedrukte veer of aan een bal die boven op een heuvel ligt. De energie in die voorwerpen is latent – potentieel – totdat ze wordt ontketend, bijvoorbeeld als de veer wordt losgelaten of de bal wordt weggeduwd zodat hij van de heuvel af rolt. Nu is de energie van die voorwerpen 'kinetisch' geworden, omdat ze bewegen en kracht uitoefenen op andere voorwerpen in de wereld. Na het primaire gebruik van gegevens bestaat de waarde ervan nog steeds, maar die sluimert, is potentieel, net als in de veer of de bal in rust, totdat de gegevens voor een secundaire toepassing worden gebruikt en de kracht ervan opnieuw wordt ontketend. In een tijd van big data beschikken we eindelijk over de instelling, de vindingrijkheid en de middelen om de verborgen waarde van gegevens aan te boren.



Uiteindelijk bestaat de waarde van gegevens in het voordeel dat je kunt halen uit alle mogelijke manieren waarop ze kunnen worden benut. Die schijnbaar oneindige potentiële toepassingen zijn een soort opties – niet in de zin van financiële instrumenten, maar in de alledaagse betekenis van keuzes. De waarde van de gegevens is de som van die keuzes: om zo te zeggen de 'optiewaarde' ervan. In het verleden dachten we vaak dat de gegevens aan hun doel hadden beantwoord zodra de hoofdtoepassing was gerealiseerd, en daarna waren we bereid ze te verwijderen, ze los te laten. Het leek immers alsof we er al alles uit hadden gehaald wat erin zat. In het tijdperk van de big data zijn gegevens een soort magische goudmijn die lang nadat de hoofdopbrengst is geoogst nog steeds kostbaarheden blijft genereren. Er zijn drie krachtige manieren om de optiewaarde van gegevens te ontketenen: simpel hergebruik, samenvoegen van gegevensverzamelingen en het zoeken naar 'tweetjes'.

## HERGEBRUIK VAN GEGEVENS

Een klassiek voorbeeld van innovatief hergebruik van gegevens zijn zoektermen. Op het eerste gezicht lijkt de informatie waardeloos nadat het primaire doel is gerealiseerd. De kortstondige interactie tussen consument en zoekmachine heeft een lijst met websites en advertenties opgeleverd die een bepaalde functie vervulden die uniek is voor dat ene moment. Maar oude zoekopdrachten kunnen bijzonder waardevol zijn. Bedrijven als Hitwise, een bedrijf dat internetverkeer meet en eigendom is van de databroker Experian, stellen hun klanten in staat zoekverkeer te analyseren om voorkeuren van consumenten te ontdekken. Marketeers kunnen met behulp van Hitwise een idee krijgen of roze het volgend voorjaar in zal zijn of dat zwart helemaal terug is. Google stelt derden een variant van zijn zoektermenanalyse beschikbaar voor onderzoek. Het bedrijf is samen met de op één na grootste bank van Spanje, BBVA, een zakelijke voorspellingsdienst gestart die onderzoek doet naar de toeristische sector, en die realtime economische indicatoren op basis van zoekgegevens verkoopt. De Bank of England gebruikt zoektermen die verband houden met onroerend goed om een betere indruk te krijgen van de stijgende of dalende huizenprijzen.



Bedrijven die het belang van hergebruik van gegevens niet op tijd hebben ingezien, hebben een keiharde les geleerd. Amazon had bijvoorbeeld in zijn begintijd een deal met AOL gesloten om de technologie achter de e-commerce site van AOL te beheren. Voor de meeste mensen leek het een gewone outsourcing-overeenkomst. Maar wat Amazon in werkelijkheid interesseerde, was wat AOL-gebruikers zoal bekeken en wat ze kochten, want daarmee kon het bedrijf de prestaties van zijn aanbevelingsalgoritme verbeteren, zo legt Andreas Weigend, voormalig chef van de onderzoeksafdeling van Amazon, uit. Het arme AOL heeft dat nooit begrepen. Het keek uitsluitend naar het primaire doel van de gegevens – de verkoop. Het slimme Amazon wist dat het voordeel kon behalen met secundaire toepassingen van de gegevens.

Of neem het geval van het eerste Google-project op het gebied van spraakherkenning, GOOG-411 voor lokale zoeklijsten, dat van 2007 tot 2010 liep. De zoekgigant beschikte niet over eigen spraakherkenningstechnologie, dus die moest in licentie worden genomen. Het bedrijf bereikte een overeenkomst met Nuance, de marktleider in de branche, die opgetogen was dat er zo'n grote klant was binnengehaald. Maar Nuance had geen bal verstand van big data: in het contract was niet vastgelegd wie de stemvertalingsrecords mocht bewaren en Google hield ze voor zichzelf. Door analyse van de gegevens kun je de waarschijnlijkheid berekenen dat een gedigitaliseerd stemfragment met een bepaald woord correspondeert. Dat is cruciaal voor het verbeteren van de spraakherkenningstechnologie of het creëren van een geheel nieuwe dienst. Nuance beschouwde zichzelf destijds als een bedrijf dat software in licentie gaf, niet als een big data-gigant. Zodra het zijn vergissing inzag, begon het deals met mobieletelefoonbedrijven en fabrikanten van draadloze telefoons te sluiten voor het gebruik van zijn spraakherkenningsdienst – zodat het de gegevens kon binnenharken.



De waarde van het hergebruik van gegevens is goed nieuws voor organisaties die grote gegevensverzamelingen opbouwen of beheren maar er op dit moment weinig mee doen, zoals conventionele bedrijven die grotendeels offline werken. Misschien zitten ze wel op onontgonnen informatiegeisers. Sommige bedrijven hebben misschien gegevens verzameld, ze één keer (of helemaal nooit) gebruikt en ze daarna maar bewaard omdat gegevensopslag toch bijna niks kost – in 'gegevenstombes', zoals informatiewetenschappers de plaatsen aanduiden waar dergelijke oude informatie zich bevindt.

Internet- en technologiebedrijven staan vooraan bij het benutten van de stortvloed aan digitale gegevens, want zij verzamelen een heleboel informatie puur doordat ze online zijn en hebben daardoor een voorsprong op andere bedrijven bij het analyseren van de gegevens. Maar alle bedrijven staan klaar om hun graantje mee te pikken. Het consultancybedrijf McKinsey & Company verwijst naar een niet met name genoemd logistiek bedrijf dat in de gaten kreeg dat het bij het bezorgen van goederen enorme hoeveelheden informatie over productstromen rond de wereld verzamelde. Het bedrijf rook zijn kans en richtte een speciale afdeling op om de verzamelde gegevens te verkopen in de vorm van zakelijke en economische voorspellingen. Met andere woorden, het creeerde een offlineversie van Googles truc met de oude zoektermen. Of neem SWIFT, het wereldwijde banksysteem voor geldoverboekingen. Het bedrijf ontdekte dat de betalingen correspondeerden met de wereldwijde economische activiteit. Daarom biedt SWIFT nu bbp-voorspellingen aan op basis van gegevens over geldoverboekingen via het eigen netwerk.

Sommige bedrijven zijn dankzij hun plaats in de informatiewaardeketen in staat enorme hoeveelheden gegevens te verzamelen, hoewel ze er weinig directe behoefte aan hebben of zelfs niet bedreven zijn in het hergebruik ervan. Mobieletelefoonbedrijven verzamelen bijvoorbeeld informatie over de locatie van hun klanten om gesprekken te kunnen routeren. Voor de bedrijven zelf hebben die gegevens slechts een beperkt aantal nauw omschreven technische toepassingen. Maar ze worden waardevoller als ze worden hergebruikt door bedrijven die gepersonaliseerde, plaatsafhankelijke reclames en promoties versturen. Soms is de waarde niet in de afzonderlijke gegevenspunten gelegen, maar in de verzameling als geheel. Daarmee kunnen de geolocatiebedrijven als AirSage en Sense Networks, die we in het vorige hoofdstuk tegenkwamen, informatie verkopen over plekken waar mensen op vrijdagavond bij elkaar komen of over de trage voortgang van auto's in het verkeer. Die verzamelde informatie kan worden gebruikt om de waarde van onroerend goed of de prijzen van reclames op reclameborden te bepalen.

Zelfs de banaalste informatie kan een speciale waarde hebben als ze op de juiste manier wordt ingezet. Denk nogmaals aan de mobieletelefoonbedrijven: zij beschikken over gegevens over de plaatsen en tijden waarop de telefoons contact maken met de basisstations, inclusief de signaalsterktes. De bedrijven gebruiken die gegevens allang om de prestaties van hun netwerken te verbeteren en te beslissen op welke plaatsen de infrastructuur moet worden versterkt. Maar er is nog veel meer mee mogelijk. Fabrikanten van draadloze toestellen kunnen er bijvoorbeeld mee onderzoeken waardoor de signaalsterkte wordt beïnvloed, dit om de ontvangstkwaliteit van hun apparaten te verbeteren. Mobieletelefoonbedrijven hebben lang geaarzeld om die informatie te gelde te maken uit angst om in strijd met privacywetgeving te handelen. Maar ze beginnen van mening te veranderen nu hun inkomsten teruglopen en ze hun eigen gegevens als potentieel waardevol gaan zien. In 2012 ging het grote Spaanse en internationale bedrijf Telefonica zover een apart bedrijf op te richten, Telefonica Digital Insights, dat aan winkeliers en anderen geanonimiseerde abonneelocatiegegevens verkoopt.



## RECOMBINANTE GEGEVENS

Soms kan de sluimerende economische waarde alleen worden ontketend door een gegevensverzameling met een andere, wellicht totaal andere, te combineren. We kunnen innovatieve dingen doen door gegevens op nieuwe manieren met elkaar te vermengen. Een voorbeeld van wat daarmee mogelijk is, is een slim onderzoek uit 2011 naar de vraag of mobiele telefoons de kans op het krijgen van kanker verhogen. Aangezien er circa zes miljard mobieltjes zijn, bijna één voor ieder levend mens op aarde, is die kwestie van groot belang. Er zijn veel onderzoeken naar een mogelijk verband uitgevoerd, maar die vertoonden allemaal tekortkomingen. De steekproeven waren te klein, de onderzochte periodes te kort of de onderzoeken waren gebaseerd op zelf verzamelde gegevens die vol fouten zaten. Maar een team onderzoekers van het Deense Genootschap voor Kankeronderzoek bedacht een interessante benadering die werkte met eerder verzamelde gegevens.

De onderzoekers vroegen bij mobieletelefoonbedrijven gegevens over telefoonabonnees op vanaf de introductie van de mobiele telefonie in Denemarken. Er werd gekeken naar mensen die tussen 1987 en 1995 een mobiele telefoon hadden, met uitzondering van zakelijke abonnees en anderen voor wie geen sociaaleconomische gegevens beschikbaar waren. In totaal ging het om 358.403 mensen. Denemarken houdt ook een landelijk register van alle kankerpatiënten bij, waarin zich 10.729 mensen bevinden die in de periode 1990-2007, de aansluitende periode, tumoren van het centraal zenuwstelsel hadden. Ten slotte maakte het onderzoek ook gebruik van een landelijk register met voor alle inwoners van Denemarken informatie over hoogst genoten opleiding en besteedbaar inkomen. Na combinatie van die drie gegevensverzamelingen keken de onderzoekers of gebruikers van mobiele telefoons  procentueel meer kanker hadden dan niet-abonnees, en of degenen onder de abonnees die langere tijd achter elkaar een mobieltje hadden gehad een grotere kans op kanker hadden.

Ondanks de grootschaligheid van het onderzoek waren de gegevens volstrekt niet rommelig of onnauwkeurig: voor de gegevensverzamelingen golden uit commerciële of demografische overwegingen strenge kwaliteitseisen. De informatie was niet zodanig verzameld dat er een vertekening kon zijn opgetreden die verband hield met het onderwerp van het onderzoek. Sterker nog, de gegevens waren al jaren eerder gegenereerd, om redenen die niets met dit onderzoek te maken hadden. En, het belangrijkste, het onderzoek was niet gebaseerd op een steekproef, maar kwam in de buurt van N = alles: vrijwel alle geconstateerde kankergevallen en vrijwel alle mobieletelefoonabonnees, wat neerkwam op 3,8 miljoen mensjaren mobieletelefoonbezit. Doordat hun gegevens vrijwel alle gevallen bestreken, konden de onderzoekers ook subpopulaties, zoals mensen met hoge inkomens, gedetailleerd bekijken.

Uiteindelijk constateerde de groep geen enkele stijging van het risico op kanker bij gebruikers van mobiele telefoons. Om die reden baarden de bevindingen nauwelijks opzien in de media toen ze in oktober 2011 in de *British Medical Journal* werden gepubliceerd. Als er wel een verband was ontdekt, zou het onderzoek wereldwijd voorpaginanieuws zijn geweest en was de methodologie van de 'recombinante gegevens' nu beroemd geweest.

Bij big data is de som waardevoller dan de delen, en als we meerdere gegevensverzamelingen met elkaar combineren is ook die som meer waard dan de individuele ingrediënten ervan. Moderne internetgebruikers zijn vertrouwd met 'gegevenscocktails' waarbij twee of meer gegevensbronnen op een nieuwe manier met elkaar worden gecombineerd. Zo geeft het onroerendgoedbedrijf Zillow informatie over onroerend goed en prijzen samen weer op een plattegrond van buurten in de VS. Het verwerkt ook hele ritsen gegevens, zoals recente transacties in de buurt en specificaties van huizen, om de prijs van bepaalde huizen in de omgeving te voorspellen. Door de visuele presentatie worden de gegevens toegankelijker. Maar met big data kunnen we nog veel verder gaan. Het Deense kankeronderzoek geeft een idee van wat er allemaal mogelijk is.



## UITBREIDBARE GEGEVENS

Een van de manieren om hergebruik van gegevens te faciliteren is a priori rekening te houden met uitbreidbaarheid, zodat de gegevens geschikt zijn voor verschillende toepassingen. Dat is niet altijd mogelijk – aangezien je aan sommige mogelijke toepassingen pas denkt lang nadat de gegevens zijn verzameld – maar er zijn wel manieren om meervoudig gebruik van dezelfde gegevensverzameling te stimuleren. Zo hangen sommige winkeliers bewakingscamera's zodanig op dat ze er niet alleen winkeldieven mee kunnen betrappen, maar ook zicht hebben op de routes van klanten door de winkel en de plekken waar ze blijven staan om dingen te bekijken. Die laatste informatie kan worden gebruikt om de optimale indeling van de winkel vast te stellen en de effectiviteit van reclamecampagnes te beoordelen. Vroeger waren bewakingscamera's uitsluitend voor beveiligingsdoeleinden bestemd. Nu worden ze gezien als een investering die de inkomsten kan vergroten.

Een van de kampioenen van het verzamelen van gegevens met uitbreidbaarheid in het achterhoofd is, weinig verrassend, Google. De omstreden Street View-auto's reden overal rond en maakten foto's van huizen en wegen, maar ze registreerden ook gps-gegevens, controleerden kaartinformatie en sloegen zelfs namen van wifi-netwerken op (en, wellicht illegaal, de gegevens die via openbare draadloze netwerken werden verstuurd). Bij één enkele Google Street View-rit werden permanent talloze verschillende gegevensstromen verzameld. De uitbreidbaarheid blijkt uit het feit dat Google de gegevens niet alleen voor de primaire toepassing gebruikte, maar ook voor talloze secundaire toepassingen. Zo verbeterde het bedrijf zijn kaartensite Maps met behulp van de geoogste gps-gegevens, die eveneens onmisbaar waren voor het functioneren van zijn bestuurderloze auto.



De extra kosten van het verzamelen van meerdere gegevensstromen of nog veel meer gegevenspunten per stroom zijn vaak laag. Daarom is het zinvol om zoveel mogelijk gegevens te verzamelen en ze uitbreidbaar te maken door al van tevoren rekening te houden met potentiële secundaire toepassingen. Daardoor stijgt de optiewaarde van de gegevens. De truc is het zoeken naar 'tweetjes' – het meervoudig gebruik van één gegevensverzameling door al bij het verzamelen op een bepaalde manier te werk te gaan. Zo kunnen dezelfde gegevens dubbel dienstdoen.

## WAARDEDALING VAN GEGEVENS

Nu de kosten van digitale gegevensopslag zo sterk zijn gedaald, hebben bedrijven sterke economische motieven om gegevens te bewaren voor hergebruik voor hetzelfde of een vergelijkbaar doel. Maar er is een grens aan het nut daarvan.

Bedrijven als Netflix en Amazon maken bijvoorbeeld bij het geven van aanbevelingen voor nieuwe producten gebruik van gegevens over eerdere aankopen, bekeken pagina's en gebruikersbeoordelingen, en ze zouden in de verleiding kunnen komen die gegevens jarenlang telkens opnieuw te gebruiken. Je zou kunnen redeneren dat een bedrijf, mits het niet door wet- en regelgeving op het gebied van privacy en dergelijke wordt gedwarsboomd, zijn digitale gegevens 'eeuwig' kan blijven gebruiken, of althans zolang het economisch haalbaar is. Maar in werkelijkheid ligt het niet zo simpel.

De meeste gegevens verliezen in de loop van de tijd een deel van hun nut. Als je in zulke omstandigheden oude gegevens blijft gebruiken, voegt dat niet alleen geen nieuwe economische waarde meer toe; het vernietigt zelfs de economische waarde van nieuwere gegevens. Denk aan een boek dat je tien jaar geleden bij Amazon hebt gekocht en dat misschien helemaal niet meer overeenkomt met je huidige interesses. Als Amazon de aankoopgegevens van tien jaar geleden gebruikt om je andere boeken aan te raden, is de kans niet groot dat je die titels koopt – je kunt zelfs besluiten aanbevelingen van de site voortaan maar te negeren. Aangezien de aanbevelingen van Amazon zowel gebaseerd zijn op verouderde informatie als op recentere, nog wel relevante gegevens, daalt de waarde van de nieuwere gegevens puur door de aanwezigheid van de oude.



Het bedrijf heeft er dus alle belang bij gegevens slechts zo lang te gebruiken als ze productief zijn. Het moet zijn schatkamers voortdurend bijhouden en de informatie verwijderen die geen waarde meer heeft. Het grote probleem is hoe je bepaalt welke gegevens geen nut meer hebben. Ze simpelweg na een bepaalde tijd wissen is zelden effectief. Daarom hebben Amazon en anderen geavanceerde modellen ontwikkeld om nuttige van irrelevante gegevens te scheiden. Als een klant bijvoorbeeld een boek bekijkt of koopt dat hem op basis van een eerdere aankoop is aangeraden, kunnen e-commerce-bedrijven daaruit afleiden dat die oude aankoop nog steeds overeenkomt met de huidige voorkeuren van de klant. Zo kunnen ze een score aan de bruikbaarheid van oudere gegevens toekennen en zo de mate van 'informatiedevaluatie' ervan nauwkeuriger in kaart brengen.

Niet alle gegevens verminderen in hetzelfde tempo of op dezelfde manier in waarde. Dat verklaart waarom sommige bedrijven denken dat ze gegevens zo lang mogelijk moeten bewaren, ook al willen toezichthouders of het publiek dat ze na een bepaalde tijd worden gewist of geanonimiseerd. Daarom heeft Google lange tijd geen gehoor gegeven aan oproepen om de volledige IP-adressen van gebruikers uit oude zoekopdrachten te verwijderen. (In plaats daarvan verwijdert het bedrijf na negen maanden alleen de laatste paar cijfers om de zoekopdracht quasi te anonimiseren. Zodoende kan het nog steeds gegevens van verschillende jaren met elkaar vergelijken, bijvoorbeeld zoekopdrachten voor inkopen rond de feestdagen, maar alleen op regionaal, niet op individueel niveau.) Bovendien kan kennis van de locatie van zoekers bijdragen aan het verbeteren van de relevantie van zoekresultaten. Als bijvoorbeeld een heleboel mensen in New York op het trefwoord 'Turkije' zoeken, zal het algoritme de betreffende pagina's voor anderen in New York een hogere relevantiescore geven. Ook al neemt de waarde van gegevens voor sommige toepassingen af, de optiewaarde kan dan nog steeds hoog zijn.



## DE WAARDE VAN 'GEGEVENSUITSTOOT'

Hergebruik van gegevens kan soms in een slimme, bedekte vorm gebeuren. Webbedrijven kunnen gegevens bijhouden over alles wat gebruikers doen en elke afzonderlijke interactie vervolgens opvatten als feedback om de site te personaliseren, een bepaalde dienst te verbeteren of een geheel nieuw digitaal product te creëren. Een pikante illustratie daarvan zien we in het volgende verhaal over twee spellingcheckers.

In de loop van twintig jaar heeft Microsoft een krachtige spellingchecker ontwikkeld voor zijn tekstverwerker Word. Dat programma vergeleek een regelmatig bijgewerkt woordenboek met juist gespelde woorden met de stroom tekens die de gebruiker intikte. Het woordenboek bepaalde wat bestaande woorden waren; het systeem beschouwde spellingvarianten die daar dichtbij lagen maar niet in het woordenboek stonden als spelfouten, die het vervolgens verbeterde. Vanwege de moeite die het kostte om het woordenboek samen te stellen en up-to-date te houden, was de spellingcontrole van Word alleen voor de meest gebruikte talen beschikbaar. Het maken en onderhouden van de module kostte het bedrijf miljoenen dollars.

Kijk vervolgens hoe Google het probleem aanpakte. Dit bedrijf heeft aantoonbaar de meest complete spellingchecker ter wereld, en in principe in alle levende talen. Het systeem wordt voortdurend verbeterd en met nieuwe woorden uitgebreid – een bijkomend uitvloeisel van de zoektermen die mensen dagelijks op de site intikken. Typefout in 'iPad'? Het woord staat erin. 'Obamacare'? Bingo.



Bovendien lijkt het alsof Google zijn spellingchecker gratis in de schoot geworpen heeft gekregen door hergebruik van de spelfouten die als onderdeel van de drie miljard zoekopdrachten die het bedrijf dagelijks afhandelt worden ingetikt. Met een slimme feedbacklus detecteert het systeem welk woord de gebruikers eigenlijk hadden willen typen. Soms 'verklappen' gebruikers Google expliciet het juiste antwoord als het de vraag boven aan de pagina met zoekresultaten stelt – 'Bedoelde u misschien *epidemiologie*?' – door op het voorgestelde woord te klikken en een nieuwe zoekactie te starten met het correct gespelde woord. Of de webpagina waar de gebruikers naartoe klikken geeft impliciet de juiste spelling, aangezien de correlatie met het correct gespelde woord waarschijnlijk hoger is dan die met het foutief gespelde. (Dat is belangrijker dan het misschien lijkt: toen de spellingcontrole van Google steeds maar beter werd, deden mensen op een gegeven moment niet meer hun best om hun zoektermen foutloos te typen, want Google verwerkte hun opdrachten ook mét typefouten goed.)

Aan de spellingcontrole van Google kun je zien dat ook 'slechte', 'onjuiste' of 'gebrekkige' gegevens uiterst nuttig kunnen zijn. Opmerkelijk genoeg was Google niet de eerste die op dit idee kwam. Rond 2000 zag Yahoo al in dat het mogelijk was om met behulp van door de gebruiker ingetikte, fouten bevattende zoektermen een spellingchecker te maken. Maar de tijd was er nog niet rijp voor. Oude zoekgegevens werden destijds nog als rotzooi beschouwd. Ook Infoseek en Alta Vista, vroegere populaire zoekmachines, hadden in hun tijd allebei de omvangrijkste database van foutief gespelde woorden ter wereld, maar ze zagen de economische waarde ervan niet. Hun systemen beschouwden, onzichtbaar voor de gebruiker, typefouten als 'verwante termen' en zochten daarop. Maar ze waren gebaseerd op woordenboeken die expliciet vastlegden wat correct was, en niet op het levende, voortdurend veranderende totaal van alle interacties met gebruikers.

Alleen Google zag in dat het bezinksel van die interacties goudstof was dat kon worden verzameld en omgesmolten tot een glimmende baar. Een van de toptechnici van Google schat dat de spellingchecker van het bedrijf ten minste één orde van grootte beter presteert dan die van Microsoft (hoewel bij navraag bleek dat hij geen controleerbare metingen had gedaan). En hij moest lachen om het idee dat het ontwikkelen ervan 'gratis' was. Het ruwe materiaal – de spelfouten – was weliswaar zonder directe kosten binnengekomen, maar Google had waarschijnlijk veel meer in de ontwikkeling van het systeem geïnvesteerd dan Microsoft, bekende hij met een brede grijns.



De verschillende benaderingen van de twee bedrijven zijn bijzonder veelzeggend. Microsoft zag de waarde van een spellingcontrole slechts in één enkele toepassing: tekstverwerking. Google daarentegen begreep het diepere nut ervan. Het bedrijf gebruikte de typefouten niet alleen om de beste en actueelste spellingcontrole ter wereld te ontwikkelen voor het verbeteren van zoekacties, maar paste het systeem ook toe op vele andere diensten, onder andere de aanvulfunctie van het zoekvenster, Gmail, Google Docs en zelfs in het automatische vertaalsysteem.

Er is een vakterm bedacht voor het digitale kielzog dat mensen achterlaten: 'gegevensuitstoot'. Daarmee wordt gedoeld op gegevens die achterblijven als bijproduct van acties en verplaatsingen in de wereld. Op internet zijn dat de online-interacties van gebruikers: waar ze op klikken, hoe lang ze een pagina bekijken, waar het muispijltje even blijft hangen, wat ze typen, enzovoort. Veel bedrijven ontwerpen hun systemen zo dat ze die gegevensuitstoot kunnen registreren en recyclen om bestaande diensten te verbeteren of nieuwe te ontwikkelen. Google is hier de onbetwiste marktleider. Dit bedrijf past het principe van het 'recursief lering trekken uit gegevens' op veel van zijn diensten toe. Iedere actie van een gebruiker wordt beschouwd als een signaal, dat wordt geanalyseerd en daarna teruggevoerd naar het systeem.



Zo is Google precies op de hoogte van het aantal keren dat mensen naar een bepaalde term en verwante termen zoeken, en van het aantal keren dat ze op een link klikken maar teleurgesteld in wat ze aantroffen naar de zoekpagina terugkeren om verder te zoeken. Het bedrijf weet of ze op de achtste link op de eerste pagina hebben geklikt of op de eerste link op de achtste pagina – of dat ze de zoekactie helemaal hebben afgebroken. Het was misschien niet het eerste bedrijf dat dit inzicht had, maar het heeft dat wel buitengewoon effectief geïmplementeerd.

Deze informatie is uiterst waardevol. Als veel gebruikers klikken op een zoekresultaat onderaan op de resultatenpagina, doet dat vermoeden dat dat resultaat relevanter is dan de resultaten erboven en weet het algoritme dat de relevantiescore bepaalt dat het bij volgende zoekacties hoger in de lijst moet komen. (Het doet hetzelfde voor advertenties.) 'Wij trekken graag lering uit grote gegevensverzamelingen met veel "ruis",' zoals een opgewekte Google-medewerker zegt.

Gegevensuitstoot is het mechanisme achter veel diensten, zoals stemherkenning, spamfilters, automatisch vertalen en nog veel meer. Als gebruikers aangeven dat een stemherkenningsprogramma verkeerd heeft verstaan wat ze zeiden, 'trainen' ze het systeem feitelijk om beter te worden.

Steeds meer bedrijven bouwen hun systemen zo dat ze informatie op deze manier verzamelen en gebruiken. In de begindagen van Facebook onderzocht de eerste 'dataloog' van het bedrijf, Jeff Hammerbacher (tevens een van de mensen aan wie het bedenken van die term wordt toegeschreven), de rijkdom van de bewaarde gegevensuitstoot. Hij en zijn team ontdekten dat een belangrijke voorspellende factor voor acties van gebruikers (berichten posten, op een pictogram klikken enzovoort) was of ze hun vrienden hetzelfde hadden zien doen. Daarom herzag Facebook zijn systeem zodanig dat de nadruk meer kwam te liggen op het zichtbaar maken van de activiteiten van vrienden, hetgeen een ware kruisbestuiving van nieuwe bijdragen aan de site bewerkstelligde.

De reikwijdte van het idee is veel groter dan alleen de internetsector; het is van belang voor elk bedrijf dat een manier heeft 
om feedback van gebruikers te verzamelen. E-readers verzamelen bijvoorbeeld enorme hoeveelheden gegevens over de literaire voorkeuren en gewoontes van de mensen die ze gebruiken: de tijd die ze nodig hebben om een pagina of hoofdstuk te lezen, de plaats waar ze lezen, of ze pagina's maar vluchtig bekijken of het boek helemaal terzijde leggen. De apparaten houden elke keer bij dat een gebruiker een passage onderstreept of aantekeningen maakt in de marges. Door de mogelijkheid om dat soort informatie te verzamelen verandert lezen, heel lang een solitaire bezigheid, in een soort gemeenschappelijke ervaring.

Is de gegevensuitstoot eenmaal verzameld, dan kunnen uitgevers en schrijvers er dingen uit opmaken die ze vroeger nooit in een kwantificeerbare vorm te weten konden komen: de voorkeuren, aversies en leespatronen van mensen. Die informatie is commercieel waardevol: het is voorstelbaar dat e-bookbedrijven die aan uitgevers verkopen om de inhoud en indeling van boeken te verbeteren. De analyse die Barnes & Noble van gegevens van zijn Nook-e-reader maakte, bracht bijvoorbeeld aan het licht dat mensen geneigd waren lange non-fictieboeken halverwege weg te leggen. Die ontdekking inspireerde het bedrijf tot het starten van een serie die het 'Nook Snaps' noemde: korte boeken over actuele thema's als gezondheid en politieke kwesties.

Of denk aan online-onderwijsprogramma's als Udacity, Coursera en edX. Die observeren de webinteracties van hun studenten om erachter te komen wat pedagogisch het best werkt. In groepen zitten soms tienduizenden studenten, zodat er gigantische hoeveelheden gegevens beschikbaar komen. Docenten kunnen nu zien of een groot percentage van de studenten een bepaald deel van een college opnieuw heeft bekeken, waaruit zou kunnen blijken dat ze op een bepaald punt onvoldoende duidelijk zijn geweest. Bij een Coursera-college over machineleren viel het Andrew Ng, hoogleraar aan Stanford, op dat circa 2000 studenten een fout antwoord op een bepaalde huiswerkvraag hadden gegeven – maar allemaal exact hetzélfde foute antwoord. Kennelijk maakten ze allemaal dezelfde fout. Maar welke?



Na enig onderzoek kwam hij erachter dat ze twee algebraïsche vergelijkingen in een algoritme verwisselden. Als andere studenten nu dezelfde fout maken, zegt het systeem niet gewoon dat ze het fout hebben, maar geeft het hun de hint de berekening nog eens na te lopen. Het systeem maakt ook gebruik van big data door alle forumberichten te analyseren die de studenten hebben gelezen en bij te houden of ze hun huiswerk volledig en foutloos hebben gedaan, om zo de waarschijnlijkheid te voorspellen dat een student die een bepaald bericht heeft gelezen het juiste antwoord zal vinden en er op die manier achter te komen welke forumberichten het nuttigst voor studenten zijn. Dat zijn dingen die we vroeger onmogelijk te weten konden komen en die het onderwijs voor zowel docenten als studenten voorgoed zouden kunnen veranderen.

Gegevensuitstoot kan bedrijven een gigantisch concurrentievoordeel opleveren. Het zou ook een krachtige barrière kunnen worden om rivalen buiten de deur te houden. Ga maar na: als een pas gestart bedrijf een e-commerce-site, sociaal netwerk of zoekmachine zou lanceren die veel beter was dan die van marktleiders als Amazon, Google of Facebook, zou het niet alleen moeite hebben met die giganten te concurreren vanwege schaalgrootte, netwerkeffecten of merkbekendheid, maar ook omdat zo'n groot deel van het succes van die marktleiders voortkomt uit de gegevensuitstoot van interacties met klanten die ze verzamelen en daarna opnieuw in het systeem integreren. Zou een nieuwe site voor onlineonderwijs over de knowhow kunnen beschikken om met een site te concurreren die al een gargantueske hoeveelheid gegevens bezit waaruit het kan afleiden wat het best werkt?

## DE WAARDE VAN OPENBARE GEGEVENS

We zijn tegenwoordig geneigd te denken dat sites als Google en Amazon de pioniers van de big data zijn, maar uiteraard waren overheden de eersten die op massale schaal informatie verzamelden, en ze kunnen wat betreft het gegevensvolume dat ze beheren nog altijd wedijveren met elke particuliere onderneming. Het voornaamste verschil met gegevensbezitters in de particuliere sector is dat overheden mensen vaak kunnen dwingen hen van informatie te voorzien en hen niet hoeven over te halen dat te doen of ze in ruil ervoor iets aan te bieden. Als gevolg daarvan zullen overheden ook in de toekomst gigantische gegevensverzamelingen blijven aanleggen.



De lessen van de big data-wereld gelden evenzeer voor de publieke sector als voor commerciële instellingen: ook de waarde van overheidsgegevens sluimert en kan alleen door middel van innovatieve analyses worden ontsloten. Maar ondanks de speciale positie die ze bij het vastleggen van informatie innemen, zijn overheden vaak inefficiënt geweest in het gebruik ervan. Recentelijk heeft het idee opgeld gedaan dat de waarde van overheidsgegevens het best kan worden uitgebuit door de particuliere sector en de samenleving als geheel er toegang toe te geven. Daar zit ook een principe achter. Als de staat gegevens verzamelt, doet hij dat namens zijn burgers, en daarom dient hij de samenleving ook toegang tot die gegevens te bieden (behalve in een beperkt aantal gevallen, bijvoorbeeld wanneer dat de nationale veiligheid of de privacy van derden in gevaar kan brengen).

Dit idee heeft mensen overal ter wereld geïnspireerd tot initiatieven om te komen tot openbaarmaking van overheidsgegevens. De pleitbezorgers van openbare overheidsgegevens redeneren dat overheden slechts de hoeders zijn van de informatie die ze verzamelen en dat de particuliere sector en de samenleving innovatiever zijn, en ze roepen overheidsinstanties op gegevens vrij te geven voor niet-militair en commercieel gebruik. Wil dat werken, dan moeten de gegevens natuurlijk een gestandaardiseerde, door computers leesbare vorm hebben, zodat ze makkelijk kunnen worden verwerkt. Anders is de informatie feitelijk alleen in naam openbaar.



Het idee van openbare overheidsgegevens kreeg de wind ineens mee toen president Barack Obama op zijn eerste dag in functie, 21 januari 2008, een presidentieel memorandum uitvaardigde waarin de chefs van federale instellingen werd bevolen zoveel mogelijk gegevens te publiceren. 'In geval van twijfel heeft openbaarheid voorrang,' gelastte hij. Dat was een opmerkelijke bekendmaking, zeker in vergelijking met de houding van zijn voorganger, die de instellingen had bevolen precies het omgekeerde te doen. Obama's bevel leidde tot het opzetten van een website, data.gov, een opslagplaats voor openbaar toegankelijke informatie van de federale overheid. De site groeide exponentieel, van 47 gegevensverzamelingen in 2009 tot bijna 450.000 van 172 overheidsinstellingen bij het driejarig bestaan in juli 2012.

Zelfs in het gereserveerde Groot-Brittannië, waar heel veel overheidsinformatie onder het auteursrecht van de Britse kroon valt en slechts moeizaam en tegen hoge kosten in licentie te krijgen is (bijvoorbeeld postcodes voor online-kaartenbedrijven), is duidelijk vooruitgang geboekt. De Britse regering heeft regels uitgevaardigd om de openbaarheid van informatie te stimuleren en steun verleend aan de oprichting van het Open Data Institute onder mededirecteurschap van Tim Berners-Lee, de uitvinder van het world wide web, om nieuwe toepassingen van openbare gegevens te stimuleren, alsook manieren om ze aan de greep van de staat te ontfutselen.

De Europese Unie heeft ook initiatieven op het gebied van de openbaarheid van gegevens aangekondigd die al op korte termijn voor heel Europa zouden kunnen gelden. Ook andere landen, onder meer Australië, Brazilië, Chili en Kenia, hebben strategieën voor openbaarheid van gegevens ontplooid en in beleid omgezet. Ook op subnationaal niveau hebben steeds meer steden en gemeenten overal ter wereld zich inmiddels uitgesproken voor openbaarheid van gegevens, evenals internationale organisaties zoals de Wereldbank, die honderden voorheen ontoegankelijke gegevensverzamelingen met economische en maatschappelijke indicatoren beschikbaar heeft gemaakt.



Parallel hiermee hebben zich groepen webontwikkelaars en visionaire denkers rondom de gegevens gevormd om manieren te bedenken om er optimaal van te profiteren, zoals Code for America en de Sunlight Foundation in de VS en de Open Knowledge Foundation in Groot-Brittannië.

Een vroege illustratie van de mogelijkheden van openbare gegevens komt van een website die FlyOnTime.us heet. Bezoekers van die site kunnen (naast vele andere correlaties) interactief ontdekken hoe waarschijnlijk het is dat vluchten vanaf een bepaald vliegveld vertraging zullen ondervinden door slecht weer. De website combineert vlucht- en weerinformatie uit officiële bronnen die gratis via internet toegankelijk zijn. De site is door pleitbezorgers van openbaarheid van gegevens ontwikkeld om het nut van door de federale overheid verzamelde informatie te demonstreren. Zelfs de softwarecode van de site is openbaar, zodat anderen er lering uit kunnen trekken en de code kunnen hergebruiken.

FlyOnTime.us laat de gegevens spreken, en die zeggen vaak verrassende dingen. Je kunt bijvoorbeeld zien dat reizigers bij vluchten van Boston naar het New Yorkse vliegveld LaGuardia bij mist rekening moeten houden met tweemaal zoveel vertraging als bij sneeuw. Dat is waarschijnlijk niet wat de meeste mensen zouden hebben gedacht terwijl ze in de vertrekhal ronddrentelden; sneeuw lijkt een grotere veroorzaker van vertraging. Maar dat is het soort inzicht dat door big data mogelijk wordt gemaakt, in dit geval door het verwerken van gegevens over vertraagde vluchten van het Bureau of Transportation, actuele informatie over vliegvelden van de Federal Aviation Administration, weerrapporten uit het verleden van de National Oceanic and Atmospheric Administration en realtime weersomstandigheden van de National Weather Service. FlyOnTime.us laat zien dat een instelling die niet zelf informatiestromen verzamelt of beheert, zoals een zoekmachine of een grote winkelketen dat doet, toch gegevens kan verkrijgen en ze kan toepassen om economische waarde te creëren.



## EEN WAARDE TOEKENNEN AAN HET ONSTOFFELIJKE

Of gegevens nu voor iedereen openbaar zijn of zich in bedrijfsdatabases schuilhouden, de waarde ervan is moeilijk meetbaar. Zie bijvoorbeeld de gebeurtenissen van vrijdag 18 mei 2012. Die dag luidde Mark Zuckerberg, de achtentwintigjarige oprichter van Facebook, symbolisch de openingsbel van de NASDAQ vanuit het hoofdkwartier van het bedrijf in Menlo Park, Californië. Het grootste sociale netwerk ter wereld – waarvan ongeveer één op de tien aardbewoners lid is – begon een nieuw leven als beursgenoteerd bedrijf. Het aandeel steeg onmiddellijk met 11 procent, zoals veel nieuwe-technologieaandelen op hun eerste handelsdag. Maar daarna gebeurde er iets vreemds. De aandelen Facebook begonnen te zakken. Tot overmaat van ramp trad er ook nog een technische storing op in de NASDAQ-computers, waardoor de handel tijdelijk moest worden stilgelegd. Maar er diende zich een nog groter probleem aan. Het garantiesyndicaat van het aandeel, dat onder leiding stond van Morgan Stanley, voorzag narigheid en ging de koers actief steunen om die boven de uitgifteprijs te houden.

De avond tevoren hadden de banken van Facebook het bedrijf ingeschat op 38 dollar per aandeel, wat zich vertaalde in een marktwaarde van 104 miljard dollar. (Ter vergelijking: dat was ruwweg de gezamenlijke marktwaarde van Boeing, General Motors en Dell.) Wat was Facebook werkelijk waard? In het goedgekeurde financiële verslag over 2011, aan de hand waarvan beleggers het bedrijf taxeerden, meldde Facebook activa van 6,3 miljard dollar. Dat stond voor de waarde van de computerhardware, de bureau-inrichting en andere tastbare zaken. En de boekwaarde van de enorme hoeveelheden informatie die Facebook in zijn bedrijfsschatkamer bewaarde? Effectief nul. De post was niet eens opgenomen, hoewel het bedrijf nauwelijks iets ánders bezat dan gegevens.



En het wordt nog vreemder. Doug Laney, vicepresident onderzoek bij het marktonderzoeksbedrijf Gartner, liet wat berekeningen los op de cijfers uit de periode voor de officiële beursgang en berekende dat Facebook tussen 2009 en 2011 2,1 biljoen stukjes 'vermarktbare content' zoals klikken op 'Vind ik leuk', gepost materiaal en commentaren had verzameld. Vergeleken met de geschatte waarde ten tijde van de beursgang betekent dat dat elk item, opgevat als discreet gegevenspunt, een waarde van ongeveer vijf cent had. Een andere manier om dit te zien is dat elke Facebook-gebruiker ongeveer 100 dollar waard was, want gebruikers zijn immers de bron van de informatie die Facebook verzamelt.

Hoe is het enorme verschil tussen de waarde van Facebook volgens boekhoudnormen (6,3 miljard dollar) en de initiële marktwaarde (104 miljard dollar) te verklaren? Er is geen goede verklaring. Wel zijn veel deskundigen het erover eens dat de huidige methode om de waarde van een bedrijf te bepalen door naar de 'boekwaarde' te kijken (dat wil voornamelijk zeggen: de waarde van de tastbare activa) de werkelijke waarde van de onderneming niet meer adequaat weergeeft. Sterker nog, het verschil tussen boekwaarde en 'marktwaarde' – het bedrag dat het bedrijf op de beurs zou opbrengen als het ter plekke werd opgekocht – groeit al decennia. De Amerikaanse Senaat heeft in 2000 zelfs hoorzittingen gehouden over modernisering van de regels voor financiële verslagen die zijn opgesteld in de jaren dertig, een tijd dat informatiegerelateerde bedrijven nog nauwelijks bestonden. Deze kwestie is niet alleen maar van belang voor de balans van het bedrijf: de onmogelijkheid om de waarde van bedrijven goed te schatten zorgt aantoonbaar voor bedrijfsrisico's en marktvolatiliteit.

Het verschil tussen de boekwaarde en de marktwaarde van een bedrijf wordt opgevoerd als 'onstoffelijke activa'. Het is van ongeveer 40 procent van de waarde van beursgenoteerde bedrijven in de VS medio jaren tachtig gegroeid tot driekwart van hun waarde aan het begin van het nieuwe millennium. Dat is een forse discrepantie. Onder die onstoffelijke activa vallen onder andere merk, talent en strategie – alles wat niet tastbaar is en deel uitmaakt van het formele financiële en boekhoudsysteem. Maar tot de onstoffelijke activa worden ook steeds vaker de gegevens gerekend die bedrijven beheren en gebruiken.



Wat dit uiteindelijk laat zien, is dat er op dit moment geen voor de hand liggende manier is om de waarde van gegevens te bepalen. Op de dag dat de handel in aandelen Facebook begon, was het gat tussen de officiële waarde van de activa en de nergens vastgelegde, ongrijpbare marktwaarde bijna 100 miljard dollar. Dat is absurd. Maar dergelijke discrepanties moeten en zullen kleiner worden als bedrijven manieren ontdekken om de waarde van hun gegevensactiva op hun balans op te nemen.

Kleine stapjes in die richting worden al gezet. Een hoge leidinggevende bij een van de grootste mobieletelefoonbedrijven van Amerika vertelde dat het bedrijf de enorme waarde van zijn gegevens erkende en op een manier studeerde om die op te vatten als een van de bedrijfsactiva in formeel boekhoudkundige zin. Maar zodra de bedrijfsjuristen van dat initiatief hoorden, riepen ze het ter plekke een halt toe. Als je de gegevens in de boeken zet, zou het bedrijf er wel eens wettelijk aansprakelijk voor kunnen worden, zo redeneerden de juridische scherpslijpers, en dat leek hun geen goed idee.

Ondertussen zullen beleggers zich ook steeds meer bewust worden van de optiewaarde van gegevens. De prijzen van aandelen in bedrijven die over gegevens beschikken of ze makkelijk kunnen verzamelen zouden wel eens fors kunnen gaan stijgen, terwijl andere, die in een minder fortuinlijke positie verkeren, hun marktwaarde wellicht zullen zien wegsmelten. De gegevens hoeven daarvoor niet per se officieel op de balans te staan. Markten en beleggers zullen deze ongrijpbare activa in hun inschattingen meenemen, zij het dat dat niet altijd zachtzinnig zal gaan, zoals het op en neer stuiteren van de koers van Facebook in de eerste paar maanden laat zien. Maar naarmate meer boekhoudobstakels en zorgen over wettelijke aansprakelijkheid worden weggenomen, is het vrijwel zeker dat de waarde van gegevens op bedrijfsbalansen zal verschijnen en zich tot een nieuw type activa zal ontwikkelen.



Hoe zal de waarde van gegevens worden bepaald? Je kunt niet meer volstaan met het simpelweg berekenen van de winst uit het primaire gebruik. Maar als het grootste deel van de economische waarde van gegevens sluimert en pas uit toekomstige secundaire toepassingen zal blijken, is niet onmiddellijk duidelijk hoe je die waarde zou kunnen inschatten. Dat doet denken aan de problemen bij het bepalen van de waarde van financiële derivaten voordat in de jaren zeventig de Black-Scholes-vergelijking werd ontwikkeld, of aan de moeilijkheden bij het bepalen van de waarde van patenten, waar veilingen, ruiltransacties, particuliere verkopen, licentiëring en talloze rechtszaken langzaam een markt voor kennis creëren. Het kwantificeren van de optiewaarde van gegevens vormt hoe dan ook een gouden kans voor de financiële sector, dat in elk geval.

Om te beginnen zou je kunnen kijken naar de verschillende strategieën die bezitters van gegevens gebruiken om ze te gelde te maken. De meest voor de hand liggende mogelijkheid is direct gebruik door het bedrijf zelf. Het is echter onwaarschijnlijk dat een bedrijf in staat is alle sluimerende waarde te mobiliseren. Een betere strategie zou zijn de gegevens in licentie te geven aan derden. In het tijdperk van de big data zullen veel bezitters van gegevens misschien wel kiezen voor een regeling waarbij ze in plaats van een vast bedrag een percentage van de economische waarde krijgen die aan de gegevens wordt onttrokken. Dat is vergelijkbaar met uitgeverijen die een percentage van de opbrengst van een boek, muziekstuk of film in de vorm van royalty's aan schrijvers en uitvoerenden betalen. Het lijkt ook op overeenkomsten over intellectueel eigendom in de biotechnologie, waar licentiegevers royalty's kunnen eisen over toekomstige uitvindingen die uit hun technologie voortvloeien. Op die manier is het in het belang van alle betrokkenen om de economische waarde die uit het hergebruik van de gegevens wordt verkregen zo groot mogelijk te maken.



Maar omdat het de licentiehouder misschien niet lukt de maximale optiewaarde te realiseren, voelen bezitters van gegevens waarschijnlijk niet voor het bieden van exclusieve toegang tot hun schatkamers. 'Gegevenspromiscuïteit' zou wel eens de norm kunnen worden. Zo kunnen bezitters van gegevens meer op safe spelen.

Er is een aantal markten ontstaan waar wordt geëxperimenteerd met de beprijzing van gegevens. DataMarket, in 2008 opgericht in IJsland, biedt toegang tot gratis gegevensverzamelingen uit andere bronnen, zoals de Verenigde Naties, de Wereldbank en Eurostat, en verdient met het doorverkopen van gegevens van commerciële aanbieders zoals marktonderzoeksbureaus. Andere nieuwe bedrijven hebben geprobeerd zich op te werpen als informatiemakelaars, platforms waar derden hun gegevens gratis of tegen betaling kunnen delen. Het idee is dat anderen in de gelegenheid worden gesteld de gegevens te verkopen die toevallig in hun databases zitten, net zoals eBay mensen een platform bood om spullen te verkopen die ze nog op zolder hadden liggen. Import. io roept bedrijven op hun gegevens in licentie te geven die anders misschien van het internet worden 'geschraapt' en gratis gebruikt. En Factual, opgericht door Gil Elbaz, een voormalig medewerker van Google, stelt gegevensverzamelingen ter beschikking die het bedrijf zelf samenstelt.

Ook Microsoft heeft zich met Windows Azure Marketplace op deze markt begeven. Het bedrijf is van plan zich te richten op gegevens van hoge kwaliteit en toezicht te houden op wat er aangeboden wordt, vergelijkbaar met de manier waarop Apple toezicht houdt op de aanbiedingen in zijn App Store. In de visie van Microsoft wil bijvoorbeeld een leidinggevende op een marketingafdeling die met een Excel-werkblad bezig is, een kruistabel maken van haar interne bedrijfsgegevens en voorspellingen over de groei van het bnp die afkomstig zijn van een economisch consultancybedrijf. Daartoe klikt ze om die gegevens ter plekke te kopen, waarna de 
cijfers direct in de kolommen op haar scherm lopen.

Het valt op dit moment nog niet te zeggen hoe de beprijzingsmodellen zich zullen ontwikkelen. Maar wat wel vaststaat, is dat zich rondom gegevens hele economieën zullen vormen en dat vele nieuwe marktspelers daarvan zullen profiteren, terwijl een aantal oudgedienden waarschijnlijk verrassende nieuwe invalshoeken zal vinden. Gegevens vormen een platform, aldus Tim O'Reilly, uitgever en technologiedeskundige uit Silicon Valley, want ze zijn de bouwstenen voor nieuwe goederen en bedrijfsmodellen.

De crux van de waarde van gegevens is hun schijnbaar oneindige potentieel aan mogelijkheden voor hergebruik: de optiewaarde ervan. Het verzamelen van de informatie is essentieel maar niet voldoende, want het grootste deel van de waarde van gegevens ligt niet in het bezit ervan, maar in het gebruik. In het volgende hoofdstuk kijken we hoe de gegevens in de praktijk worden gebruikt en welke big data-bedrijven er aan het ontstaan zijn.

# 7

# Gevolgen

176 In 2011 startte in Seattle een jong, slim en onvoorstelbaar ambitieus onlinebedrijfje, Decide.com. Het wilde een prijsvoorspellingssite voor talloze consumentenproducten worden, maar het had besloten relatief bescheiden te beginnen: met alle mogelijke technische gadgets, van mobiele telefoons en flatscreen-tv's tot digitale camera's. De computers van het bedrijfje zogen gegevens van e-commerce-sites in zich op en kamden het web af naar alle prijs- en productinformatie die ze maar konden vinden.

Prijzen op het web worden de hele dag voortdurend aangepast onder invloed van talloze complexe factoren. Daarom moest het bedrijf de prijsinformatie continu verzamelen. En dan gaat het niet alleen om big data maar ook om 'big text', want het systeem moest woorden analyseren om te signaleren wanneer een product uit de handel werd genomen of er een nieuw model op komst was, informatie die interessant is voor consumenten en de prijzen beïnvloedt.

Een jaar later analyseerde Decide.com vier miljoen producten aan de hand van meer dan 25 miljard prijsobservaties. Het bedrijf signaleerde eigenaardigheden in verkoopgegevens die mensen nog nooit eerder hadden kunnen 'zien', bijvoorbeeld dat de prijzen van oudere producten soms tijdelijk stijgen als er nieuwe worden geïntroduceerd. De meeste mensen die die oudere producten kochten gingen ervan uit dat ze wel goedkoper zouden zijn, maar afhankelijk van het moment dat ze op 'Koop nu' klikten, betaalden ze soms meer. Aangezien onlinewinkels steeds vaker geautomatiseerde beprijzingssystemen gebruiken, kan Decide.com onnatuurlijke, algoritmische prijspieken detecteren en consumenten waarschuwen dat ze even moeten wachten. De voorspellingen van het bedrijf zijn volgens interne metingen in 77 procent van de gevallen correct en leveren kopers gemiddeld een potentiële besparing op van rond de 100 dollar per product.

Oppervlakkig bezien lijkt Decide.com een van de vele veelbelovende jonge bedrijfjes die proberen informatie op nieuwe manieren uit te buiten en een eerlijk zakcentje te verdienen met hun inspanningen. Het bijzondere van Decide.com zit 'm dan ook niet in de gegevens: het bedrijf maakt gebruik van informatie die het in licentie krijgt van e-commerce-sites of zelf gratis van het web kan oogsten. Het zit 'm evenmin in de technische expertise: het bedrijf doet niets wat zo complex is dat de techneuten in het eigen bedrijfspand de enigen ter wereld zijn die het voor elkaar krijgen. Natuurlijk zijn de gegevens en de technische vaardigheden belangrijk, maar wat Decide.com echt van anderen onderscheidt is het idee: het bedrijf dénkt geheel in termen van big data. Het rook een kans en zag dat uit bepaalde gegevens waardevolle geheimen te distilleren waren. En als Decide.com je doet denken aan de voorspellingen over ticketprijzen van de site Farecast, is dat geen toeval: beide zijn geesteskinderen van Oren Etzioni.

In het vorige hoofdstuk zagen we dat gegevens zich tot een nieuwe bron van economische waarde ontpoppen, voor een groot deel op basis van wat we de optiewaarde ervan hebben genoemd, de mogelijkheid er steeds nieuwe toepassingen voor te vinden. De nadruk lag daar op bedrijven die gegevens verzamelen. Nu richten we onze aandacht op bedrijven die gegevens gebruiken en de manier waarop die bedrijven in de informatiewaardeketen passen. We kijken wat dat voor organisaties en burgers betekent, zowel in hun carrière als in het dagelijks leven.

Er zijn drie soorten big data-bedrijven ontstaan, die we van elkaar kunnen onderscheiden door de economische waarde die ze bieden. Denk daarbij aan de trefwoorden gegevens, expertise en ideeën.

Aan het begin staan de gegevens. Dat zijn de bedrijven die de gegevens bezitten of er ten minste toegang toe hebben. Maar dat hoeft niet per se de reden te zijn dat ze actief zijn. Ze hoeven ook niet per se te beschikken over de juiste expertise om de waarde van de gegevens te mobiliseren of creatieve ideeën te genereren over de specifieke aspecten die het waard zijn te worden uitgebuit. Het beste voorbeeld is Twitter, dat een gigantische hoeveelheid gegevens door zijn servers ziet stromen, maar twee onafhankelijke bedrijven heeft ingeschakeld om die stroom aan anderen in licentie te geven.



Ten tweede is er de expertise. Het zijn vaak de consultancybedrijven, leveranciers van technologie en analysespecialisten die de speciale expertise hebben en het werk doen, maar waarschijnlijk zelf niet over de gegevens beschikken en evenmin de meest innovatieve ideeën hebben over het gebruik ervan. In het geval van Walmart en de Pop-Tarts wendde de winkelketen zich bijvoorbeeld tot de specialisten van Teradata, een gegevensanalysebedrijf, om te helpen bij het opsporen van de lucratieve inzichten.

En ten derde is er het denken in big data-termen. Voor bepaalde bedrijven zijn de gegevens en de knowhow niet de belangrijkste redenen voor hun succes. Wat hen van anderen onderscheidt, is dat hun oprichters en werknemers unieke ideeën hebben over manieren om gegevens aan te boren en nieuwe vormen van economische waarde te oogsten. Een voorbeeld is Pete Warden, de schilderachtige medeoprichter van Jetpac, een site die reisaanbevelingen doet op basis van de foto's die gebruikers uploaden.

Tot nu toe krijgen de eerste twee van deze elementen de meeste aandacht: de expertise, die op dit moment schaars is, en de gegevens, die in overvloed aanwezig lijken te zijn. Er is de laatste jaren een nieuw beroep ontstaan, de 'dataloog', een deskundige die de expertises van een statisticus, een programmeur, een infographics-ontwerper en een verhalenverteller in zich verenigt. In plaats van in een microscoop te turen om een mysterie van het heelal te ontraadselen, tuurt de dataloog in databases om ontdekkingen te doen. Het McKinsey Global Institute doet dreigende voorspellingen over een toekomstige schaarste aan datalogen (voorspellingen die door de huidige datalogen gretig worden aangehaald om hun ego's te versterken en salarisverhogingen af te dwingen).

Hal Varian, het hoofd van de economen bij Google, staat erom bekend dat hij statisticus het 'meest sexy beroep' vindt. 'Als je succes wilt hebben, moet je een schaarse meerwaarde bieden bij iets wat alomtegenwoordig en goedkoop is,' zegt hij. 'Gegevens zijn op zo'n grote schaal verkrijgbaar en strategisch zo belangrijk dat de kennis om er wijsheid aan te ontlenen een schaars goed is. Daarom hoeven statistici, databasemanagers en deskundigen op het gebied van machineleren zich geen zorgen te maken over hun toekomst.'



Alle aandacht voor expertise en het bagatelliseren van de waarde van gegevens zou overigens wel eens een verschijnsel van voorbijgaande aard kunnen zijn. Naarmate de bedrijfstak zich verder ontwikkelt, zal de schaarste aan deskundigen verdwijnen omdat de expertise waarop Varian zich beroept steeds wijder verbreid raakt. Bovendien is het een misverstand te menen dat de gegevens voor het oprapen liggen of dat de waarde ervan beperkt is, alleen maar omdat er zoveel van zijn. Sterker nog, de gegevens vormen het cruciale element. Om dat in te zien moeten we kijken naar de verschillende onderdelen van de big data-waardeketen en de manier waarop die in de loop van de tijd waarschijnlijk zullen veranderen. Om te beginnen nemen we de drie categorieën – de bezitter van de gegevens, de dataspecialist en de big data-visionair – afzonderlijk onder de loep.

## DE BIG DATA-WAARDEKETEN

De primaire substantie waaruit big data bestaat, is de informatie zelf. Daarom is het logisch om als eerste naar de bezitters van de gegevens te kijken. Dat zijn niet altijd dezelfden die de informatie oorspronkelijk hebben verzameld, maar ze beheersen de toegang tot de gegevens en gebruiken ze zelf, of ze geven de gegevens in licentie aan anderen die er economische waarde uit distilleren. Zo leverde ITA Software, een van de grootste vluchtreserveringsnetwerken (na Amadeus, Travelport en Sabre), Farecast gegevens voor zijn ticketprijsvoorspellingen, maar voerde het de analyse niet zelf uit. Waarom niet? ITA beschouwde het als zijn kerntaak om de gegevens te gebruiken voor het doel waarvoor ze bestemd waren – het

verkopen van vliegtickets – en niet voor secundaire toepassingen. De kerncompetenties van de bedrijven verschilden dus. Bovendien had ITA rekening moeten houden met Etzioni's patent.

Het bedrijf besloot ook vanwege zijn plaats in de informatiewaardeketen de gegevens niet zelf te exploiteren. 'ITA schrok terug voor projecten die nauw met de inkomsten van luchtvaartmaatschappijen verweven gegevens op andere manieren commercieel uitbuitten,' vertelt Carl de Marcken, een van de oprichters en de voormalig technisch directeur van ITA Software. 'ITA had speciale toegang tot die gegevens, die nodig waren om de diensten van ITA te kunnen leveren, en kon zich niet permitteren om dat in gevaar te brengen.' In plaats daarvan bleef het bedrijf keurig op afstand door de gegevens in licentie te geven maar niet zelf te gebruiken. Als gevolg daarvan verdiende ITA maar een paar cent per dollar. Het grootste deel van de secundaire waarde van de gegevens ging naar Farecast: naar de klanten in de vorm van goedkopere tickets en naar de werknemers en eigenaars via de inkomsten die Farecast verdiende met reclames, commissie en uiteindelijk de verkoop van het bedrijf.

Sommige bedrijven zijn zo sluw geweest midden in de informatiestromen te gaan zitten, zodat ze schaalvoordelen kunnen behalen en geld kunnen verdienen met de gegevens. Dat zie je bijvoorbeeld in de creditcardbranche in de Verenigde Staten. Jarenlang hebben veel kleine en middelgrote banken er vanwege de hoge kosten van fraudebestrijding van afgezien eigen creditcards uit te geven en hun creditcardactiviteiten uitbesteed aan grotere financiële instellingen, die de vereiste schaalgrootte hadden om in de technologie te investeren. Bedrijven als Capital One en MBNA, een onderdeel van de Bank of America, profiteerden daarvan. Maar de kleinere banken hebben nu spijt van die beslissing, omdat ze door het uitbesteden van hun creditcardactiviteiten ook niet beschikken over gegevens over uitgavepatronen, waarmee ze meer over hun klanten zouden hebben geweten en hun gepersonaliseerde diensten hadden kunnen verkopen.

De grotere banken en creditcardbedrijven als Visa en MasterCard lijken nu op een ideale plek in de informatiewaardeketen te zitten. Doordat ze veel banken en handelaren bedienen zien ze steeds meer transacties voorbijkomen op hun netwerken, die ze gebruiken om dingen te weten te komen over het gedrag van consumenten. Hun bedrijfsmodellen verschuiven van het simpelweg verwerken van betalingen naar het verzamelen van gegevens. De vraag is wat ze daar vervolgens mee doen.



MasterCard zou de gegevens aan derden in licentie kunnen geven die dan de economische waarde ervan zouden kunnen uitbuiten, zoals ITA heeft gedaan, maar MasterCard houdt de analyse liever in eigen hand. De speciale afdeling MasterCard Advisors verzamelt en analyseert 65 miljard transacties van 1,5 miljard kaarthouders in 210 landen om zakelijke en consumententrends te kunnen zien aankomen. Vervolgens verkoopt ze die informatie aan anderen. De afdeling ontdekte onder andere dat het zeer waarschijnlijk is dat mensen die rond vier uur 's middags tanken, in het uur daarna een bedrag tussen 35 en 50 dollar uitgeven in een supermarkt of restaurant. Een marketeer zou dat inzicht kunnen gebruiken om rond die tijd van de dag waardebonnen voor bedrijven in de omgeving op de achterkant van tankstationkwitanties te printen.

Als makelaar in informatiestromen bevindt MasterCard zich in een ideale positie om gegevens te verzamelen en te gelde te maken. Het is voorstelbaar dat creditcardbedrijven in de toekomst geen commissie op transacties meer heffen, maar ze gratis gaan verwerken in ruil voor toegang tot meer gegevens en inkomsten genereren met daarop gebaseerde, zeer geavanceerde analyses.

De tweede categorie bestaat uit dataspecialisten, bedrijven met de expertise of de technologie om complexe analyses uit te voeren. MasterCard koos ervoor dat in eigen hand te houden, en sommige bedrijven verschuiven van de ene categorie naar de andere. Maar heel veel anderen wenden zich tot specialisten. Het consultancybedrijf Accenture werkt bijvoorbeeld samen met bedrijven uit vele branches, waar het geavanceerde draadloze-sensortechnologieën inzet en de gegevens analyseert die de sensoren verzamelen. Bij een pilotproject in samenwerking met de stad St. Louis in Missouri installeerde Accenture draadloze sensoren in een twintigtal stadsbussen die de motoren controleerden om zo uitvalmomenten te voorspellen of het optimale tijdstip voor periodiek onderhoud te bepalen. Daarmee konden de kosten van de gemeente met maar liefst 10 procent worden gereduceerd. Eén enkele bevinding – dat de stad de geplande vervanging van een bepaald onderdeel in plaats van om de 200.000 à 250.000 mijl ook om de 280.000 mijl kon doen – bespaarde al meer dan duizend dollar per voertuig. De klant, niet het consultancybedrijf, oogstte de economische waarde van de gegevens.

Op het gebied van medische gegevens zien we een ander treffend voorbeeld van het bieden van nuttige diensten door externe bedrijven. Het MedStar Washington Hospital Center in de stad Washington heeft in samenwerking met Microsoft Research en met behulp van de Amalga-software van Microsoft een paar jaar aan geanonimiseerde gegevens geanalyseerd – demografische patiëntgegevens, onderzoeken, diagnoses, behandelingen enzovoort – om te onderzoeken of het aantal heropnames en infecties kon worden teruggebracht. Dat zijn in de gezondheidszorg een paar van de grootste kostenposten, dus elke kleine vermindering van de kosten betekent een gigantische besparing.

Er kwamen een paar verrassende correlaties aan het licht. Een van de resultaten was een lijst van alle factoren die de kans vergrootten dat een ontslagen patiënt binnen een maand terug zou zijn. Sommige daarvan waren al bekend en zijn niet makkelijk op te lossen. Een patiënt met kransslagadervernauwingen zal waarschijnlijk terugkomen, want dat is een moeilijk te behandelen aandoening. Maar het systeem detecteerde ook een andere belangrijke en onverwachte factor: de geestelijke toestand van de patiënt. De waarschijnlijkheid dat iemand binnen een maand na ontslag opnieuw zou worden opgenomen, steeg significant als de beschrijving van de klachten woorden bevatte die op psychische nood wezen, zoals 'depressief'.



Die correlatie betekent natuurlijk niet dat er een causaal verband bestaat, maar doet toch wel vermoeden dat een onderzoek na ontslag waarbij de psychische toestand van de patiënt wordt bekeken ook diens lichamelijke gezondheid ten goede zou kunnen komen, waarmee het aantal heropnames kan worden verminderd en de medische kosten gereduceerd kunnen worden. Dat verband, dat door een computer uit een gigantische schatkamer vol gegevens is gedistilleerd, zou door iemand die de gegevens zelf bestudeerde misschien nooit zijn opgemerkt. Microsoft beheerde de gegevens niet, die waren eigendom van het ziekenhuis. En er lag ook geen briljant idee aan ten grondslag; dat hoefde in dit geval niet. Het bedrijf leverde alleen het gereedschap, de Amalga-software, waarmee het inzicht kon worden verkregen.

De bedrijven die big data in bezit hebben, huren specialisten in om economische waarde uit de gegevens te distilleren. Maar ondanks de vele lof die technische experts oogsten en ondanks eretitels als 'dataninja' is hun leven niet altijd zo fantastisch als het misschien lijkt. Ze zwoegen in de diamantmijnen van de big data en toucheren een aangenaam salaris, maar ze moeten de opgegraven juwelen afstaan aan degenen die de gegevens bezitten.

De derde groep bestaat uit bedrijven en personen die helemaal denken in termen van big data. Hun kracht is dat ze eerder dan anderen kansen zien, zelfs als ze niet over de gegevens of de expertise beschikken om die zelf uit te buiten. Sterker nog, misschien zorgt juist hun gebrek aan expertise ervoor dat zij als buitenstaanders niet worden gehinderd door denkbeeldige gevangenistralies: ze zien wat er mogelijk is en worden niet beperkt door ideeën over wat al of niet haalbaar is.

Bradford Cross is de belichaming van het denken in termen van big data. In augustus 2009, toen hij midden twintig was, richtte hij met een paar vrienden FlightCaster.com op. Die site voorspelde net als FlyOnTime.us hoe waarschijnlijk het was dat een vlucht in



de VS vertraging had. Om die voorspelling te doen analyseerde de software alle vluchten van de afgelopen tien jaar, gekoppeld aan historische en actuele vlucht- en meteorologische gegevens.

Opmerkelijk genoeg konden de bezitters van de gegevens dat niet zelf. Geen van hen had de motivatie – of het officiële mandaat – om de gegevens op die manier te gebruiken. Sterker nog, als die bronnen – het Amerikaanse Bureau of Transportation Statistics, de Federal Aviation Administration en de National Weather Service – het hadden gewaagd vertragingen van commerciële vluchten te voorspellen, zouden daarover waarschijnlijk hoorzittingen in het Congres zijn gehouden en hadden er koppen van ambtenaren gerold. En ook de luchtvaartmaatschappijen konden – of wilden – het niet doen. Zij hebben er baat bij dat er zo weinig mogelijk bekend wordt over hun middelmatige prestaties. Voor de verwezenlijking van het idee waren een stel techneuten met hoodies nodig. Nu bleken de voorspellingen van FlightCaster zo griezelig nauwkeurig te zijn dat zelfs medewerkers van luchtvaartmaatschappijen ze gingen gebruiken: de maatschappijen willen vertragingen pas op het allerlaatste moment bekendmaken, dus hoewel zijzelf uiteindelijk de bron van de informatie zijn, zijn ze niet de snelste bron.

Vanwege het denken in termen van big data – het slimme inzicht dat uit openbaar beschikbare gegevens informatie te halen viel waar miljoenen mensen naar smachtten – was Cross' FlightCaster de eerste in zijn soort, maar op het nippertje. In dezelfde maand waarin FlightCaster werd gelanceerd begonnen ook de kleurrijke figuren achter FlyOnTime.us openbare gegevens met elkaar te combineren om hun site te bouwen. Het aanvankelijke voordeel van FlightCaster zou snel verdwijnen. In januari 2011 verkochten Cross en zijn partners het bedrijf aan Next Jump, een bedrijf dat met behulp van big data-technieken bedrijfskortingsprogramma's beheert.

Vervolgens richtte Cross zijn blik op een andere oude eerbiedwaardige bedrijfstak waar hij een lacune ontwaarde waar een externe innovator op kon inspringen: de nieuwsmedia. Zijn nieuwe bedrijf Prismatic verzamelt content van het web op basis van tekstanalyse, voorkeuren van gebruikers, populariteit op sociale netwerken en big data-analyse en kent er rangordescores aan toe. Daarbij is van belang dat het systeem geen onderscheid maakt tussen een blogpost van een tiener, een bedrijfswebsite en een artikel in *The Washington Post*: als de content relevant en populair wordt geacht (op grond van het aantal bezoekers en het aantal mensen dat links deelt), verschijnt die bovenaan op het scherm.



Een dienst als Prismatic is een erkenning van de manier waarop een jongere generatie met de media omgaat. Voor jonge mensen is het primaire belang van de informatiebron verdwenen. Dat is voor de hogepriesters van de oude media een nederig stemmende herinnering aan het feit dat het publiek als geheel beter op de hoogte is dan zij, en aan het feit dat journalisten in pak en overhemd het moeten opnemen tegen bloggers in kamerjassen. Maar waar het om gaat, is dat moeilijk voorstelbaar is dat Prismatic zou zijn voortgekomen uit de mediabranche zelf, ook al verzamelt de site heel veel informatie. De vaste klanten aan de bar van de National Press Club zijn nooit op het idee gekomen om gegevens over online-mediagebruik opnieuw te gaan gebruiken. En ook de analysespecialisten in Armonk, New York, of Bangalore, India, zouden de informatie waarschijnlijk niet op deze manier in stelling hebben gebracht. Er was een suspecte buitenstaander als Cross, met warrig haar en een lijzige manier van praten, voor nodig om te bedenken dat hij de mensen door een slimme toepassing van gegevens beter duidelijk kon maken waar ze op moesten letten dan de redactie van *The New York Times*.

Het denken in termen van big data en de rol van een creatieve buitenstaander met een briljant idee doen denken aan wat er in de oertijd van de e-commerce, medio jaren negentig, gebeurde toen de pioniers niet werden gehinderd door de vastgeroeste opvattingen of de institutionele beperkingen van oudere bedrijfstakken. De onlineboekhandel Amazon werd niet opgericht door Barnes &



Noble, maar door een kwant van een hedgefonds (Jeff Bezos). Niet Sotheby's bouwde de veilingwebsite eBay, maar een softwareontwikkelaar (Pierre Omidyar). Tegenwoordig bezitten de ondernemers die in termen van big data denken de gegevens vaak niet zelf als ze van start gaan. Maar daardoor hoeven ze ook geen rekening te houden met gevestigde belangen of financiële belemmeringen die hen anders misschien zouden tegenwerken bij het lanceren van hun ideeën.

Zoals we hebben gezien, bestaan er gevallen waarin één bedrijf veel big data-kenmerken in zich verenigt. Etzioni en Cross hadden hun geniale ideeën misschien wel eerder dan anderen, maar ze beschikten ook over de expertise. De fabrieksarbeiders bij Teradata en Accenture draaien niet alleen maar hun verplichte uren, maar hebben af en toe ook wel eens een geweldig idee. Toch zijn de archetypen nuttig om inzicht te krijgen in de rol die verschillende bedrijven spelen. De tegenwoordige big data-pioniers hebben vaak totaal verschillende achtergronden en delen hun gegevensexpertise op een groot aantal gebieden met andere deskundigen. Er is een nieuwe generatie geldschieters en ondernemers in opkomst, vooral bestaande uit voormalige Google-medewerkers en de zogeheten PayPal-maffia (voormalige directieleden van dat bedrijf zoals Peter Thiel, Reid Hoffman en Max Levchin). Samen met een handjevol academische informatici behoren zij tot de grootste steunpilaren van de tegenwoordige golf aan jonge big data-bedrijven.

Mede door de creatieve visie van personen en bedrijven in de big data-voedselketen gaan we de waarde van bedrijven anders beoordelen. Zo is Salesforce.com misschien niet alleen een nuttig platform waarop bedrijven hun zakelijke toepassingen kunnen laten draaien, maar bevindt dat bedrijf zich ook in een ideale positie om economische waarde te oogsten uit de gegevens die op zijn eigen infrastructuur drijven. In het vorige hoofdstuk zagen we al dat mobieletelefoonbedrijven gargantueske hoeveelheden gegevens verzamelen, maar door hun bedrijfscultuur vaak blind zijn voor de meerwaarde ervan. Maar ze zouden ze in elk geval in licentie kunnen geven aan anderen die wél in staat zijn de economische waarde ervan te gelde te maken – net zoals Twitter heeft besloten het recht om zijn gegevens in licentie te nemen aan twee externe bedrijven te gunnen.

Enkele fortuinlijke ondernemingen bewegen zich als bewuste strategie op meerdere van de genoemde gebieden. Google verzamelt gegevens zoals typefouten in zoekopdrachten, heeft de heldere ingeving die te gebruiken om een spellingchecker te ontwerpen die waarschijnlijk de beste ter wereld is en gebruikt de in het bedrijf aanwezige expertise om het idee op een briljante manier te verwezenlijken. Ook bij veel andere activiteiten profiteert Google van verticale integratie in de big data-waardeketen, waarin het bedrijf alle drie posities tegelijk bezet. Tegelijkertijd stelt Google ook een deel van zijn gegevens aan anderen beschikbaar via applicatie-interfaces (API's), zodat ze kunnen worden hergebruikt en nog meer waarde krijgen. Een voorbeeld daarvan zijn de kaarten van Google Maps, die door iedereen op het web gratis worden gebruikt, van makelaardijen tot websites van de overheid (al moeten websites met veel bezoekers wel betalen).

Ook Amazon heeft de juiste instelling, de expertise en de gegevens. Het bedrijf heeft zijn bedrijfsmodel zelfs in die volgorde opgebouwd, het omgekeerde van de gebruikelijke volgorde. Aanvankelijk beperkte het zich tot zijn inmiddels beroemde aanbevelingssysteem. In 1997 werd in het beursprospectus al gesproken van 'collaboratief filteren', nog voordat Amazon wist hoe dat in de praktijk werkte of over genoeg gegevens beschikte om ervan te kunnen profiteren.

Google en Amazon behoren allebei tot meerdere categorieën, maar hun strategieën verschillen. Als Google begint met het verzamelen van bepaalde gegevens, houdt het bedrijf al rekening met secundaire toepassingen. Zoals we zagen, verzamelden de auto's van Google Street View de gps-informatie niet alleen voor Google Maps, maar ook voor de training van bestuurderloze auto's. Amazon richt zich daarentegen meer op het primaire gebruik van gegevens en ziet secundaire toepassingen slechts als een incidenteel extraatje. Het aanbevelingssysteem maakt bijvoorbeeld gebruik van geanalyseerde klikstroomgegevens, maar het bedrijf heeft dezelfde informatie nooit gebruikt voor bijzondere toepassingen zoals het voorspellen van ontwikkelingen in de economie of griepepidemieën.



Hoewel Amazons e-reader Kindle in staat is te tonen dat gebruikers op bepaalde pagina's veel kanttekeningen en onderstrepingen plaatsen, verkoopt het bedrijf die informatie niet aan schrijvers en uitgevers. Marketeers zouden dolgraag willen weten welke passages het populairst zijn en die kennis toepassen om meer boeken te verkopen. Schrijvers willen misschien weten op welke plaatsen in hun lijvige werken de meeste lezers afhaken en zouden die informatie kunnen gebruiken om hun werk beter te maken. Uitgevers komen zo misschien op onderwerpen waar de volgende grote bestseller over kan gaan. Maar Amazon lijkt het terrein van de big data braak te laten liggen.

Als gegevens op een slimme manier worden uitgebuit, kan big data bedrijfsmodellen veranderen en invloed hebben op de manier waarop jarenlange partners met elkaar samenwerken. Een verbijsterend voorbeeld hiervan is een grote Europese autofabrikant die zijn zakelijke relatie met een onderdelenleverancier in zijn voordeel wijzigde door veldgegevens te benutten waarover die onderdelenleverancier zelf niet beschikte. (We kunnen de namen van de betreffende bedrijven helaas niet onthullen, omdat we dit voorbeeld off the record van een van de grootste gegevensverwerkende bedrijven hoorden.)

Auto's zitten tegenwoordig boordevol chips, sensoren en software die prestatiegegevens naar de computers van de fabrikant uploaden als de auto bij de garage is voor een onderhoudsbeurt. In de gemiddelde middenklasser zitten een stuk of veertig microprocessoren; de elektronica in een auto is verantwoordelijk voor een derde van de prijs. Dat maakt de auto's tot gepaste opvolgers van de schepen die door Maury 'drijvende observatoria' werden genoemd. De mogelijkheid gegevens te verzamelen over het praktijkgebruik van auto-onderdelen tijdens de rit – en die gegevens door middel van terugkoppeling te verbeteren – blijkt bedrijven die die informatie te pakken kunnen krijgen een groot concurrentievoordeel op te leveren.



In samenwerking met een extern analysebedrijf kwam de autofabrikant erachter dat een door een Duitse leverancier gemaakte sensor in de brandstoftank heel slecht presteerde; hij genereerde voor elke terechte alarmmelding een hele rits valse meldingen. Het bedrijf had die informatie aan de leverancier kunnen doorgeven en kunnen eisen dat de sensor werd verbeterd. In een tijd waarin fatsoen hoger in het vaandel stond, had het dat misschien wel gedaan. Maar de fabrikant had een vermogen aan het analyseprogramma uitgegeven. Hij wilde de verkregen informatie gebruiken om een deel van de investering terug te verdienen.

Het bedrijf overwoog de opties. Moest het de gegevens verkopen? Hoe kon de waarde van de informatie worden bepaald? Zou de leverancier niet gaan dwarsliggen, zodat de autofabrikant met een slecht werkend onderdeel opgescheept zat? Het bedrijf wist ook dat als het de informatie doorgaf, vergelijkbare onderdelen die in de auto's van concurrenten werden ingebouwd óók verbeterd zouden worden. Het leek slimmer om ervoor te zorgen dat de verbetering uitsluitend het eigen merk ten goede kwam. Uiteindelijk bedacht de fabrikant een vernieuwend idee. Hij vond een manier om het onderdeel met behulp van aangepaste software te verbeteren, kreeg een patent op die techniek en verkocht dat aan de leverancier – waarbij hij ook nog een aardige winst maakte.

## DE NIEUWE GEGEVENSMAKELAARS

Wie bezit de meeste waarde in de big data-waardeketen? Tegenwoordig lijken dat degenen te zijn die denken in termen van big data, degenen die de innovatieve ideeën hebben. Zoals we in het dotcom-tijdperk hebben gezien, kunnen bedrijven die de eerste op een bepaald gebied zijn daar fors van profiteren. Maar dat voordeel houdt wellicht niet heel lang stand. Naarmate het tijdperk van de big data voortschrijdt, zullen anderen dezelfde manier van denken overnemen en neemt het voordeel van de vroege vogels relatief gezien af.



Is de crux van de waarde dan misschien in werkelijkheid de expertise? Een goudmijn is tenslotte geen cent waard als je het goud er niet uit weet te krijgen. Toch wijst de geschiedenis van de computer in een andere richting. Op dit moment is er veel vraag naar expertise op het gebied van databasemanagement, datalogie, analyse, algoritmes voor machineleren en dergelijke. Maar mettertijd, als big data steeds meer een deel van het dagelijks leven wordt, als de hulpmiddelen beter en makkelijker te bedienen worden en als meer mensen dezelfde expertise verwerven, zal de waarde van die expertise relatief gesproken afnemen. Op dezelfde manier is het programmeren van computers tussen de jaren zestig en tachtig steeds gewoner geworden. Tegenwoordig is de waarde van programmeervaardigheid door outsourcing naar buitenlandse bedrijven nog verder gedaald; wat ooit het toppunt van technisch kunnen was, is nu een middel waarmee derdewereldlanden hogerop komen. Daarmee is niet gezegd dat big data-expertise onbelangrijk is. Maar het is niet de meest essentiële bron van economische waarde, aangezien die ook van buiten kan worden geïmporteerd.

Op dit moment, in de beginfase van de big data, lijken ideeën en expertise de grootste waarde te hebben. Maar uiteindelijk zal het grootste deel van de waarde in de gegevens zelf liggen. Dat komt doordat we meer met de informatie zullen kunnen doen, en ook doordat bezitters van gegevens zich bewuster zullen zijn van de potentiële waarde van dat bezit. Als gevolg daarvan zullen ze er waarschijnlijk zuiniger op zijn dan ooit en buitenstaanders een hoge prijs rekenen voor toegang. Om bij de metafoor van de goudmijn te blijven: het goud zelf zal het belangrijkst zijn.

Eén belangrijk aspect van de opkomst op termijn van bezitters van gegevens verdient echter speciale aandacht. In sommige gevallen zullen er 'gegevensmakelaars' verschijnen die gegevens uit vele verschillende bronnen kunnen verzamelen, ze met elkaar combineren en er innovatieve dingen mee doen. De bezitters van de gegevens zullen toestaan dat makelaars die rol vervullen omdat een deel van de waarde van de gegevens alleen via hen kan worden geoogst.



Een voorbeeld is Inrix, een verkeersanalysebedrijf in de buurt van Seattle. Het houdt realtime de geolocatiegegevens van 100 miljoen auto's in Noord-Amerika en Europa bij. De gegevens zijn onder andere afkomstig van auto's van BMW, Ford en Toyota, en ook van commerciële vloten zoals taxi's en bestelwagens. Het bedrijf krijgt ook gegevens van de mobiele telefoons van individuele bestuurders (de gratis smartphone-apps zijn daarvoor essentieel: de gebruikers krijgen verkeersinformatie, Inrix krijgt in ruil daarvoor hun coördinaten). Inrix combineert, om de doorstroming van het verkeer te voorspellen, die informatie met gegevens over historische verkeerspatronen, het weer en zaken als plaatselijke evenementen. Het product dat daaruit voortkomt, wordt doorgegeven aan de navigatiesystemen van auto's en gebruikt door vloten van overheden en bedrijven.

Inrix is een schoolvoorbeeld van een onafhankelijke gegevensmakelaar. Het bedrijf verzamelt informatie van talloze met elkaar concurrerende autofabrikanten en genereert daarmee een product dat waardevoller is dan het product dat elk van die bedrijven afzonderlijk had kunnen creëren. Elke autofabrikant heeft misschien een paar miljoen gegevenspunten afkomstig van de eigen auto's op de weg. Hij zou die gegevens kunnen gebruiken om verkeersstromen te voorspellen, maar die voorspellingen zouden niet erg nauwkeurig zijn en evenmin volledig. De kwaliteit verbetert naarmate de hoeveelheid gegevens toeneemt. Bovendien missen de autofabrikanten mogelijk de vereiste expertise: hun competentie is voornamelijk het voorvormen van metaal, niet het tegen elkaar afwegen van Poisson-verdelingen. Daarom hebben ze er allemaal belang bij een extern bedrijf het werk te laten doen. Bovendien is verkeersinformatie belangrijk voor automobilisten, maar heeft die nauwelijks invloed op het merk auto dat iemand koopt. Dus hebben de concurrenten er in dit geval geen bezwaar tegen om hun krachten op deze manier te bundelen.



Uiteraard delen bedrijven in vele branches allang informatie met elkaar, vooral verzekeraars en sectoren waarin netwerktechnologie belangrijk is zoals banken, energie- en telecombedrijven, waar het uitwisselen van informatie cruciaal is voor het voorkomen van problemen en waar toezichthoudende instanties dat soms ook verplicht stellen. Marktonderzoekbureaus verzamelen al decennia gegevens, evenals bedrijven die gespecialiseerde taken uitvoeren, zoals het meten van het aantal lezers van kranten. Voor sommige handelsgenootschappen is het de kern van de werkzaamheden.

Het verschil met tegenwoordig is dat de gegevens nu een ruwe grondstof vormen die op de markt is gekomen, een bedrijfsmiddel dat losstaat van datgene wat het oorspronkelijk beoogde te meten. Zo is de informatie van Inrix bruikbaarder dan ze op het eerste gezicht lijkt. De verkeersanalyse wordt gebruikt om de gezondheid van plaatselijke economieën te meten, omdat ze inzichten kan bieden op het gebied van werkloosheid, detailhandelverkoop en vrijetijdsactiviteiten. Toen het herstel van de Amerikaanse economie in 2011 begon te haperen, waren daarvoor in de verkeersanalyse al signalen te zien, hoewel politici ontkenden dat er iets aan de hand was: de drukte in de spitsuren was afgenomen, wat wees op meer werkloosheid. Inrix heeft zijn gegevens ook aan een beleggingsfonds verkocht dat verkeerspatronen rondom de winkels van een grote detailhandelketen als afgeleide indicator gebruikt voor de verkoopcijfers, die het fonds gebruikt om al vóór de bekendmaking van de kwartaalcijfers in de aandelen van het bedrijf te handelen. Er bestaat een correlatie tussen het aantal auto's in de omgeving en de verkoopcijfers.

Er verschijnen meer van dergelijke makelaars in de big datawaardeketen. Een vroege speler was Hitwise, later opgekocht door Experian, dat deals met internetproviders sloot om hun klikstroomgegevens te verzamelen in ruil voor extra inkomsten. De gegevens werden voor een vast klein bedrag in licentie gegeven, niet voor een percentage van de gerealiseerde economische waarde. Hitwise oogstte als makelaar het grootste deel van die waarde. Een ander voorbeeld is Quantcast, dat het onlineverkeer naar websites meet om die meer demografische informatie en gegevens over gebruikspatronen van hun bezoekers te bieden. Het bedrijf stelt een gratis onlinehulpprogramma ter beschikking waarmee sites bezoekers kunnen observeren; in ruil daarvoor mag Quantcast de gegevens inzien, wat het bedrijf in staat stelt meer te verdienen met gerichte reclame.

De nieuwe makelaars hebben lucratieve marktniches gevonden, maar vormen geen bedreiging voor de bedrijfsmodellen van de bezitters van de gegevens die ze nodig hebben. Voorlopig is internetreclame een van die niches, want op internet bevinden zich de meeste gegevens, en daar bestaat een dringende behoefte die gegevens te analyseren om gericht reclame te kunnen maken. Maar naarmate een steeds groter deel van de wereld gedataficeerd raakt en meer bedrijfstakken beseffen dat hun kerntaak het profiteren van gegevens is, zullen die onafhankelijke informatiemakelaars ook elders opduiken.

Soms zijn de makelaars geen commerciële ondernemingen, maar non-profitorganisaties. In 2012 richtten bijvoorbeeld een paar van de grootste ziektekostenverzekeraars van Amerika het Health Care Cost Institute op. Hun gegevens behelsden in totaal vijf miljard (geanonimiseerde) claims van 33 miljoen mensen. Door hun records met elkaar te delen konden de bedrijven trends waarnemen die ze in hun eigen, kleinere gegevensverzamelingen misschien hadden gemist. Een van de eerste bevindingen was dat de kosten van de Amerikaanse gezondheidszorg in de jaren 2009-2010 driemaal zoveel waren gestegen als de inflatie, maar met duidelijke verschillen op detailniveau: de kosten voor spoedeisende hulp stegen met 11 procent, terwijl die van de voorzieningen voor verpleegkundigen zelfs daalden. Het stond buiten kijf dat de ziektekostenverzekeraars hun kostbare gegevens nooit aan iemand anders dan een non-profitmakelaar ter beschikking zouden hebben gesteld. De beweegredenen van een non-profitorganisatie zijn minder geheimzinnig en de organisatie kan zo worden opgezet dat ze organisatorisch en financieel transparant is.



Uit het brede scala aan big data-bedrijven blijkt dat de waarde van informatie aan het verschuiven is. In het geval van Decide.com worden de felbegeerde gegevens tegen een percentage van de opbrengst door partnerwebsites geleverd. Decide.com verdient commissie als mensen via de site iets kopen, maar de bedrijven die de gegevens hebben aangeleverd krijgen ook een deel van de winst. Dat wijst op een ontwikkeling in de manier waarop het zakenleven met gegevens omgaat: ITA ontving geen cent commissie over de gegevens die het aan Farecast ter beschikking stelde, alleen een vast bedrag voor de licentie. Nu kunnen gegevensleveranciers aantrekkelijker voorwaarden bedingen. Bij Etzioni's volgende bedrijf valt te verwachten dat hij zal proberen de gegevens zelf aan te leveren, want de economische waarde zit nu niet alleen meer in de expertise maar ook in het idee, en ze verschuift in de richting van de gegevens zelf.

Bedrijfsmodellen moeten op de helling nu de economische macht verschuift naar degenen die de gegevens in bezit hebben. De Europese autofabrikant die die deal over intellectueel eigendom sloot met zijn toeleverancier, had een goed intern data-analyseteam, maar moest met een externe technologieleverancier samenwerken om nuttige inzichten uit de gegevens af te leiden. Het technologiebedrijf werd voor zijn werk betaald, maar de autofabrikant incasseerde het grootste deel van de winst. Het technologiebedrijf rook echter zijn kans en heeft zijn bedrijfsmodel inmiddels zodanig aangepast dat een deel van de risico's en winsten met de klanten wordt gedeeld. Het heeft geëxperimenteerd met een lager basistarief in ruil voor een deel van de winst die de analyses opleveren. (En we kunnen er rustig van uitgaan dat de leveranciers van auto-onderdelen in de toekomst allemaal meetsensoren in hun producten zullen integreren of als standaardclausule in het verkoopcontract toegang tot prestatiegegevens zullen eisen om zo hun onderdelen permanent te kunnen verbeteren.)



De makelaars hebben het niet makkelijk, want ze moeten bedrijven ervan overtuigen dat ze er baat bij hebben hun gegevens te delen. Zo is Inrix begonnen meer te verzamelen dan alleen geolocatie-informatie. In 2012 voerde het bedrijf voor een autofabrikant een testanalyse uit waarbij werd gekeken waar en wanneer het automatische remsysteem van auto's (het ABS) aansloeg; de fabrikant had een telemetriesysteem ontworpen dat de informatie in realtime verzamelde. Het idee is dat een regelmatig aanslaan van het ABS op een bepaald traject erop kan wijzen dat het daar gevaarlijk is en dat bestuurders beter een andere route kunnen kiezen. Met die gegevens kon Inrix dus niet alleen de kortste weg aangeven, maar ook de veiligste.

Maar de autofabrikant is niet van plan zijn gegevens met anderen te delen. In plaats daarvan eist hij dat Inrix het systeem exclusief in zijn auto's installeert. Het voordeel van het promoten van het eigen systeem wordt kennelijk groter geacht dan de winst die uit het combineren van de gegevens met die van anderen valt te halen om de nauwkeurigheid van het systeem te verbeteren. Inrix is er overigens van overtuigd dat alle autofabrikanten het nut van het combineren van hun gegevens mettertijd zullen inzien. Als gegevensmakelaar moet Inrix zich ook wel aan die optimistische visie vastklampen: zijn bedrijfsmodel stoelt geheel op toegang tot meervoudige gegevensbronnen.

Bedrijven experimenteren ook met andere organisatievormen op het gebied van big data. Inrix struikelde niet zoals zoveel beginnende bedrijven tegen zijn bedrijfsmodel aan – de rol van het bedrijf als makelaar was een welbewuste keus. Microsoft, dat de cruciale patenten op de technologie bezat, meende dat een klein, onafhankelijk bedrijf – eerder dan een groot bedrijf dat bekendstond om zijn agressieve tactieken – als neutraler zou worden ervaren en concurrenten samen zou kunnen brengen om optimaal van het intellectueel eigendom te profiteren. Ook het MedStar Washington Hospital Center, dat gebruikmaakte van de Amalga-software van Microsoft om heropnames van patiënten te analyseren, wist precies wat het met zijn gegevens deed: het Amalga-systeem was voortgekomen uit de eigen software van de afdeling spoedeisende hulp, Azyxxi, die het ziekenhuis in 2006 aan Microsoft had verkocht om die verder te laten ontwikkelen.



In 2010 verkocht UPS een data-analysetak van het bedrijf, UPS Logistics Technologies, aan de vermogensbeheerder Thoma Bravo. Het onderdeel heet nu Roadnet Technologies en heeft de handen vrij om routeanalyses voor meerdere bedrijven uit te voeren. Roadnet verzamelt gegevens van vele klanten om een branchebrede benchmarkingdienst te kunnen bieden, die zowel door UPS als door zijn concurrenten wordt gebruikt. Als UPS Logistics had het de concurrenten van het moederbedrijf nooit kunnen overtuigen om hun gegevensverzamelingen ter beschikking te stellen, legt Roadnetdirecteur Len Kennedy uit. Maar nadat het onderdeel zelfstandig was geworden, waren de concurrenten van UPS veel sneller bereid het toegang tot hun gegevens te verlenen, en uiteindelijk profiteerde iedereen van de verbeterde nauwkeurigheid die het gevolg was van de gegevensbundeling.

Vele bedrijfsovernames in de big data-sector wijzen erop dat de gegevens zelf, en niet expertise of instelling, het waardevolst zijn. In 2006 beloonde Microsoft bijvoorbeeld Etzioni voor zijn big datamentaliteit door Farecast voor een bedrag van circa 110 miljoen dollar over te nemen; maar twee jaar later betaalde Google 700 miljoen dollar voor de aankoop van de gegevensleverancier van Farecast, ITA Software.

## AFSCHEID VAN DE EXPERT

In de film *Moneyball*, waarin te zien is hoe de Oakland A's de honkbalcompetitie wonnen met behulp van statistische analyses en nieuwe meetmethodes, komt een schitterende scène voor waarin een paar oude scouts met grijs haar aan een tafel over spelers zitten te praten. Als kijker krijg je er onwillekeurig een onbehaaglijk gevoel bij, niet alleen omdat er beslissingen worden genomen die volledig uit de lucht gegrepen zijn, maar omdat iedereen wel eens situaties heeft meegemaakt waarin 'zekerheid' gebaseerd was op gevoelens in plaats van rationele argumenten.

'Hij heeft een echt honkballerslijf (...) en een goeie kop,' zegt een van de scouts.

'Hij heeft een mooie swing. Als die werkt, zit er een enorme power achter, de bal spát er echt af,' zegt een breekbare oude man met een hoorapparaat enthousiast. 'Ja, je hoort het gewoon aan de klap,' beaamt een andere scout.

Een derde man kapt het gesprek af met de opmerking: 'Hij heeft een lelijke vriendin.'

'Wat heeft dat ermee te maken?' vraagt de scout die de bespreking voorzit.

‘Een lelijke vriendin wijst op gebrek aan zelfvertrouwen,’ zegt de dwarsligger nuchter.

‘Oké,’ zegt de voorzitter; hij heeft het begrepen.

Er vliegen wat grappen over en weer, en dan neemt een scout die tot dan toe nog niets heeft gezegd het woord: ‘Die gast heeft de juiste instelling. Dat is belangrijk. Hij is het alfamannetje, als hij ergens binnenkomt, is zijn pik er al een paar minuten.’ En een ander vult aan: ‘Hij doet het ook goed voor publiek. Het is een knappe vent en hij houdt van het showelement. Laat hem gewoon een paar wedstrijden spelen, dan zul je het zien.’

‘Feit blijft,’ herhaalt de dwarsligger, ‘dat ik zijn vriendin niet meer dan een zesje zou geven!’

De scène is een prachtige illustratie van de beperkingen van het menselijk oordeelsvermogen. Wat oppervlakkig bezien een rationele discussie lijkt, is in werkelijkheid niet op iets concreets gebaseerd. Beslissingen over spelerscontracten ter waarde van miljoenen dollars worden geheel op het gevoel, zonder verwijzing naar objectieve criteria, genomen. Goed, het is maar een film, maar in werkelijkheid gaat het niet veel anders. Zulke flauwekulredeneringen zijn te beluisteren van directiekamers in Manhattan tot het Oval Office en in cafés en aan keukentafels overal ter wereld.



*Moneyball*, dat gebaseerd is op het boek van Michael Lewis, vertelt het ware verhaal van Billy Beane, de manager van de Oakland A’s die de al honderd jaar aanvaarde richtlijnen voor de beoordeling van spelers afdankte en het spel bekeek met behulp van een nieuwe meetmethode op wiskundige grondslag. Oude eerbiedwaardige statistieken zoals het slaggemiddelde waren opeens passé, en er werden nieuwe, op het oog vreemde criteria zoals het ‘percentage op honk’ (*on-base percentage*) ingevoerd. Met die op harde gegevens gebaseerde benadering kwamen aspecten van de sport aan het licht die er altijd al waren geweest, maar tot dan toe in het vuur van de wedstrijden onopgemerkt waren gebleven. Het maakte niet meer uit hoe een speler het honk haalde, via een hoge stuiterbal of een belachelijk uitziende sprint, áls hij het maar haalde. Toen de statistiek aantoonde dat het stelen van honken inefficiënt was, verdween een van de spannendste, maar naar nu bleek minst 'productieve' elementen van het spel.

Beane zorgde ervoor dat de club standaard gebruik ging maken van de methode die bekendstaat als *sabermetrics*, hoewel die beslissing behoorlijk controversieel was omdat ze tot dan toe voornamelijk aanhangers had in een nogal nerdy subcultuur. De term 'sabermetrics' is bedacht door de sportjournalist Bill James en verwijst naar de SABR, de Society for American Baseball Research. Beane ging welbewust tegen het 'dogma van de dugout' in, net zoals Galilei's standpunt dat de aarde om de zon draaide een openlijke uitdaging van het gezag van de katholieke kerk was. Uiteindelijk leidde Beane het veelgeplaagde team in het seizoen 2002 naar de eerste plek van de American League West, met onder andere een ononderbroken reeks van twintig overwinningen. Vanaf dat moment namen statistici overal de plaats in van de oude wijsgeren van de sport. En vele andere teams wisten niet hoe snel ze ook op sabermetrics moesten overstappen.



Zo zal ook op andere gebieden het meest in het oog springende effect van big data zijn dat op gegevens gebaseerde beslissingen de beoordelingen door mensen steeds meer zullen aanvullen of overvleugelen. De vakdeskundige, de specialist met veel praktijkkennis, zal een deel van zijn of haar aanzien verliezen ten koste van de statisticus en de gegevensanalist, die zich niet om oude tradities bekommeren maar de gegevens laten spreken. Dat nieuwe kader zal zonder vooroordelen of a-priori-vertekeningen op correlaties vertrouwen, net zoals Maury niet zomaar klakkeloos aannam wat gerimpelde kapiteins bij een biertje in de kroeg over een bepaalde overtocht vertelden, maar erop vertrouwde dat de verzamelde gegevens praktisch bruikbare inzichten zouden opleveren.

We zien het afnemen van de invloed van vakdeskundigen op vele gebieden. De content die op websites als The Huffington Post, Gawker en Forbes wordt gemaakt en gepubliceerd, wordt regelmatig door gegevens bepaald en niet alleen door het oordeel van redacteuren. Uit die gegevens kan beter naar voren komen waar mensen over willen lezen dan uit de intuïtie van door de wol geverfde journalisten. Het online-opleidingsinstituut Coursera gebruikt gegevens over de gedeelten van een videocollege die door studenten meer dan één keer worden bekeken om erachter te komen op welke punten het lesmateriaal misschien onduidelijk is en koppelt die informatie terug naar de docenten, zodat die beter les kunnen geven. En zoals we al eerder zagen, schafte Jeff Bezos de recensenten bij Amazon af toen uit de gegevens bleek dat algoritmisch bepaalde aanbevelingen tot hogere verkoopcijfers leidden.

Dat betekent dat de expertise die nodig is om succesvol werk te leveren aan het veranderen is. Daarmee veranderen ook de verwachtingen die organisaties van werknemers hebben. Carolyn McGregor, die belast is met de zorg voor te vroeg geboren baby's in Ontario, hoeft niet de knapste arts van het ziekenhuis te zijn, of



de grootste autoriteit ter wereld op het gebied van neonatale zorg, om de beste resultaten te behalen voor haar patiënten. Sterker nog, ze heeft niet eens een artsendiploma – ze is gepromoveerd in de informatica. Maar ze benut gegevens die samen meer dan tien patiëntenjaren bestrijken, laat die door de computer verwerken en zet ze om in aanbevelingen voor de behandeling.

Zoals we hebben gezien, zijn de pioniers van de big data vaak afkomstig uit vakgebieden buiten het terrein waarop ze successen behalen. Het zijn specialisten in gegevensanalyse, kunstmatige intelligentie, wiskunde of statistiek, en ze passen hun expertise toe op specifieke bedrijfstakken. De winnaars van de Kaggle-competities, het onlineplatform voor big data-projecten, zijn bijna altijd nieuw in de sector waarin ze succesvolle resultaten behalen, vertelt Anthony Goldbloom, de directeur van Kaggle. Een Britse natuurkundige behaalde een tweede plaats met algoritmes om verzekeringsclaims te voorspellen en tweedehandsauto's met gebreken aan te wijzen. Een Singaporese verzekeringsexpert bleek de beste in het voorspellen van biologische reacties op chemische verbindingen. Ondertussen kunnen de technici van het Googleteam voor machinevertalen vol trots wijzen op hun vertalingen in en uit talen die niemand op hun werkplek spreekt. En statistici op de afdeling machinevertalen van Microsoft mogen graag nog eens de oude kwinkslag herhalen dat de kwaliteit van hun vertalingen stijgt met iedere taalkundige die het team verlaat.

Voor de goede orde: vakdeskundigen zullen zeker niet verdwijnen. Wel zullen ze in minder hoog aanzien komen te staan. Ze zullen hun plaats voor een deel moeten afstaan aan de big datafreaks, net zoals de koninklijke causaliteit de nederige correlatie naast zich zal moeten dulden. Daardoor verandert de manier waarop we kennis waarderen, want we zijn geneigd te denken dat mensen die zich sterk hebben gespecialiseerd meer waard zijn dan generalisten – dat je met veel vakkennis een streepje voor hebt. Maar expertise is net zoiets als nauwkeurigheid: het is iets voor een small data-wereld waarin je nooit genoeg informatie hebt, of nooit de goede informatie, en dus op je intuïtie en ervaring moet afgaan. In zo'n wereld speelt ervaring een cruciale rol, want dat is over een lange periode verzamelde, sluimerende kennis – kennis die niet makkelijk overdraagbaar of uit een boek te leren is, en waarvan je je misschien zelfs niet eens altijd bewust bent – die je in staat stelt slimmere beslissingen te nemen.



Maar als je omkomt in de gegevens, kun je dáár gebruik van maken en er verder mee komen. Degenen die big data kunnen analyseren, omzeilen daarmee immers de vooroordelen en het conventionele denken, niet omdat ze slimmer zijn, maar omdat ze over de gegevens beschikken. (En als buitenstaander zijn ze geen partij in eventuele kibbelarijen op het betreffende gebied waardoor de blik van deskundigen, die wel een standpunt hebben ingenomen, vernauwd kan worden.) Dat doet vermoeden dat ook de eigenschappen veranderen die een werknemer voor een bedrijf waardevol maken. Wat je moet weten verandert, wie je moet kennen verandert, en dat geldt ook voor de dingen die je moet bestuderen om je op een beroep voor te bereiden.

Wiskunde en statistiek zullen, misschien aangevuld met een vleugje programmeren en netwerkkennis, voor de moderne werkomgeving even onmisbaar worden als rekenvaardigheid een eeuw geleden en belezenheid nog weer eerder. Wie in het verleden een uitmuntend bioloog wilde zijn, moest heel veel andere biologen kennen. Dat is nog steeds wel een beetje zo, maar big data-vaardigheden zijn nu ook belangrijk, niet alleen een uitgebreide vakkennis. Het oplossen van een moeilijk biologisch probleem zou net zo makkelijk kunnen gebeuren door samenwerking met een astrofysicus of een presentatievormgever.

De game-industrie is een bedrijfstak waarin de luitenants van de big data zich al een plaats naast de generaals van de expertise hebben veroverd, waarmee de hele bedrijfstak is veranderd. De game-industrie is big business; er is jaarlijks meer geld mee gemoeid dan met de wereldwijde recettes van Hollywood-films. In het verleden ontwierpen bedrijven een game, brachten hem uit en hoopten dat hij een succes zou worden. Op basis van verkoopcijfers staken ze daarna geld in een sequel of een nieuw project. De beslissingen over de speelsnelheid en spelelementen zoals figuren, plot, objecten en gebeurtenissen hingen af van de creativiteit van de ontwerpers, die hun werk even serieus opvatten als Michelangelo het schilderen van de Sixtijnse Kapel. Het was een kunst, geen wetenschap; een wereld vol intuïties en instincten, net als die van de honkbalscouts in *Moneyball*.



Maar die tijd is voorbij. FarmVille, FrontierVille, FishVille en andere games van Zynga zijn online speelbaar en interactief. Omdat de spelers online zijn, kan Zynga gebruiksgegevens bekijken en de games aan de hand van de manier waarop ze in de praktijk worden gespeeld, bijstellen. Als spelers bijvoorbeeld moeite hebben om een volgend level te bereiken of op een gegeven moment de neiging hebben af te haken omdat de vaart eruit raakt, kan Zynga die problemen uit de gegevens distilleren en ze verhelpen. Tot zover is alles duidelijk. Minder evident is dat het bedrijf games ook kan toesnijden op karaktertrekken van individuele spelers. Er is niet één versie van FarmVille, er zijn er honderden.

De big data-analisten van Zynga onderzoeken of de verkoop van virtuele goederen wordt beïnvloed door de kleur, of doordat spelers zien dat vrienden ze gebruiken. Toen bijvoorbeeld uit de gegevens bleek dat FishVille-spelers een doorschijnende vis zesmaal zo vaak kochten als andere dieren, introduceerde Zynga nog meer doorschijnende soorten en maakte daarmee een flinke winst. In de game Mafia Wars bleek op dezelfde manier dat de spelers een voorkeur hadden voor wapens met gouden randjes en tijgers die helemaal wit waren.

Dat is niet het soort kennis dat gameontwerpers die in een studio zitten te zwoegen hadden kunnen bezitten, maar de gegevens spraken duidelijke taal. 'Zynga is een analysebedrijf vermomd als gamebedrijf. Alles hangt af van de getallen,' aldus Ken Rudin, voormalig chef analyses bij Zynga, die later overstapte naar dezelfde functie bij Facebook. Gegevens analyseren biedt geen garantie voor zakelijk succes, maar laat zien wat er mogelijk is. 

De verschuiving naar beslissingen op basis van gegevens is een ingrijpende verandering. De meeste mensen baseren hun beslissingen op een combinatie van feiten en redeneringen, aangevuld met een fikse dosis gokwerk. 'Een orgie van subjectieve visioenen – gevoelens in de zonnevlecht', in de memorabele woorden van de dichter W.H. Auden. Thomas Davenport, hoogleraar bedrijfskunde aan het Babson College in Massachusetts en schrijver van vele boeken over bedrijfsanalyse, noemt dat 'de gouden intuïtie'. Leidinggevenden zijn puur op grond van hun intuïtie zeker van zichzelf, dus varen ze daar blind op. Maar dat gaat veranderen nu beleidsbeslissingen steeds meer worden genomen, of althans ondersteund, door voorspellingsmodellen en big data-analyses.

Zo gebruikt The-Numbers.com enorme hoeveelheden gegevens en een hoop complexe wiskunde om onafhankelijke Hollywood-producenten al ruim voordat de eerste scène wordt opgenomen te vertellen hoeveel inkomsten een film waarschijnlijk zal genereren. De database van het bedrijf werkt met circa 30 miljoen records die alle commercieel uitgebrachte Amerikaanse films van de afgelopen decennia bestrijken. Hij bevat voor elke film het budget, het genre, de acteurs, de leden van de filmploeg en eventueel gewonnen prijzen, naast de opbrengst (uit onder meer Amerikaanse en internationale recettes, buitenlandse rechten, videoverkoop en -verhuur) en nog veel meer. De database bevat ook een kluwen van onderlinge menselijke verbindingen als 'deze scenarioschrijver heeft samengewerkt met die regisseur; deze regisseur heeft samengewerkt met die acteur', licht Bruce Nash, de oprichter en directeur van het bedrijf, toe.

The-Numbers.com is in staat subtiele correlaties op te sporen die de inkomsten uit filmprojecten voorspellen. Producenten gaan met die informatie naar studio's of investeerders om zich van financiële steun te verzekeren. Het bedrijf kan zelfs met de waarde van variabelen experimenteren om klanten te tonen hoe ze de opbrengsten kunnen vergroten (of hoe ze het risico op verliezen zo



klein mogelijk kunnen maken). In één geval bleek uit de analyse dat een project een veel betere kans van slagen had als de mannelijke hoofdrol zou worden gespeeld door een topacteur, meer specifiek een voor een Oscar genomineerde acteur met een honorarium van circa vijf miljoen dollar. In een ander geval wist Nash de IMAX-studio te vertellen dat een documentaire over zeilen waarschijnlijk alleen winstgevend zou zijn als het budget van twaalf miljoen dollar werd teruggebracht tot acht miljoen. 'Daar was de producent blij mee – de regisseur minder,' aldus Nash.

De verschuivingen in het zakelijke beslissingsproces – of het nu gaat om de vraag of een film wel of niet moet worden gemaakt of met welke korte stop een honkbalclub een contract moet tekenen – beginnen ook zichtbaar te worden in de winstcijfers. Erik Brynjolfsson, hoogleraar bedrijfskunde aan de Sloan School of Management van het MIT, en zijn collega's hebben de prestaties bekeken van bedrijven die uitblinken op het gebied van beslissingen op basis van gegevensanalyse en die vergeleken met de prestaties van andere bedrijven. Ze ontdekten dat de productiviteit bij big data-bedrijven wel 6 procent hoger lag dan bij bedrijven die niet op grote schaal met gegevensanalyse werkten. Daarmee zijn big data-bedrijven dus significant in het voordeel, hoewel ook dat – net als het voordeel van de juiste instelling en expertise – van korte duur zou kunnen zijn als steeds meer bedrijven de big databenadering op hun bedrijfsprocessen gaan toepassen.

## EEN KWESTIE VAN BRUIKBAARHEID

Als big data voor veel bedrijven een bron van concurrentievoordeel wordt, zal de structuur van hele bedrijfstakken ingrijpend veranderen. De winstgroei zal echter ongelijk verdeeld zijn. En de winnaars zullen zowel grote als kleine bedrijven zijn, ten koste van de grote meerderheid in het midden.

De grootste spelers, zoals Amazon en Google, zal het wel voor de wind blijven gaan. Maar anders dan in het industriële tijdperk zal hun concurrentievoordeel niet gebaseerd zijn op grootschaligheid. De gigantische technische infrastructuur van gegevenscentra die ze beheren is wel belangrijk, maar niet hun meest cruciale voordeel. Nu digitale opslag en verwerking in overvloed goedkoop te huren en binnen luttele minuten uitbreidbaar zijn, kunnen bedrijven hun hoeveelheid computerkracht en opslagcapaciteit aanpassen aan de reële behoefte. Doordat de kosten hiervan, die vroeger vast waren, nu variabel zijn, holt deze verandering de schaalvoordelen uit die bedrijven met een grote technische infrastructuur tot voor kort hadden.



Schaalgrootte is nog steeds van belang, maar op een andere manier. Wat nu telt, is schaalgrootte op gegevensgebied: het aanhouden van grote gegevenscorpora en de mogelijkheid er daar met weinig moeite steeds meer van te verzamelen. De bezitters van grote hoeveelheden gegevens zullen daarom floreren naarmate ze meer ruw materiaal op hun specifieke terrein verzamelen en opslaan, dat ze vervolgens kunnen hergebruiken om extra economische waarde te creëren.

De uitdaging voor de winnaars van de small data-wereld en offline-uitblinkers – bedrijven als Walmart, Proctor & Gamble, General Electric, Nestlé en Boeing – is het potentieel van big data te erkennen en gegevens op een strategischer manier in te zetten. De vliegtuigmotorenfabrikant Rolls-Royce heeft zijn bedrijfsmodel de afgelopen tien jaar ingrijpend herzien door niet alleen meer producten te maken, maar er ook gegevensanalyses op los te laten. Vanuit zijn operationele centrum in Derby in Groot-Brittannië houdt het bedrijf de prestaties van meer dan 3700 straalmotoren overal ter wereld continu in de gaten om problemen te signaleren voordat er storingen optreden. Met behulp van big data heeft het bedrijf zichzelf getransformeerd van een puur productiebedrijf in een bedrijf dat ook het onderhoud verzorgt: Rolls-Royce verkoopt de motoren, maar biedt ook aan ze te onderhouden (en de motoren in geval van problemen te repareren of te vervangen), waarbij de klanten betalen afhankelijk van het aantal gebruiksuren. De onderhoudsservice is nu verantwoordelijk voor ongeveer 70 procent van de jaarlijkse inkomsten van de divisie vliegtuigmotoren voor de burgerluchtvaart.



Nieuwe bedrijven en oudgedienden in nieuwe zakelijke sectoren positioneren zich zodanig dat ze enorme gegevensstromen kunnen vastleggen. Apples agressieve entree op de mobieletelefoonmarkt is daar een voorbeeld van. Vóór de iPhone verzamelden mobieletelefoonbedrijven potentieel waardevolle gebruiksgegevens van abonnees, maar deden ze er niets mee. Apple eiste daarentegen in zijn contracten met telefoonbedrijven dat het een groot deel van de meest waardevolle informatie zou krijgen. Door zo gegevens van tientallen telefoonbedrijven overal ter wereld binnen te halen, krijgt Apple een veel veelzijdiger beeld van het gebruik van mobiele telefoons dan enig bedrijf op zichzelf kan krijgen.

Big data biedt ook aan de andere kant van het spectrum interessante mogelijkheden. Slimme en snel reagerende kleine spelers kunnen profiteren van 'schaalgrootte zonder volume', in de beroemde woorden van professor Brynjolfsson. Dat wil zeggen: ze kunnen een grote virtuele rol spelen zonder zware fysieke bedrijfsmiddelen en innovaties tegen lage kosten op grote schaal verspreiden. Omdat een aantal van de beste big data-diensten primair op innovatieve ideeën stoelt, zijn er niet altijd grote startinvesteringen voor nodig, en dat is een belangrijk voordeel. Kleine bedrijven kunnen de gegevens in licentie nemen in plaats van ze zelf te bezitten, hun analyses op goedkope online-computerplatforms laten draaien en de licenties betalen met een percentage van de gegenereerde inkomsten.

Er is een grote kans dat die voordelen aan de beide uiteinden van het spectrum niet beperkt zullen blijven tot de gebruikers van gegevens, maar zich ook zullen uitbreiden naar de bezitters. Bezitters van grote hoeveelheden gegevens zijn sterk gemotiveerd om hun schatkamers steeds voller te pakken, omdat ze daarmee tegen minimale kosten grotere winsten kunnen maken. Ten eerste beschikken ze al over de infrastructuur in termen van opslagruimte en verwerkingskracht. Ten tweede heeft het combineren van gegevensverzamelingen een duidelijke meerwaarde. En ten derde is het ook voor gebruikers makkelijk als er één bedrijf is waar ze alle gegevens kunnen krijgen. En, nog intrigerender, aan het extreme uiteinde van het spectrum kan zich ook een geheel nieuwe groep bezitters aandienen: individuele burgers. Nu de waarde van gegevens steeds duidelijker wordt, zouden mensen de informatie die op henzelf betrekking heeft – bijvoorbeeld hun aankoopvoorkeuren, hun mediaconsumptiegewoontes en wellicht ook medische gegevens – wel eens kunnen gaan afschermen.



Het bezit van persoonlijke gegevens kan individuele consumenten een vorm van macht geven waarvan ze zich vroeger niet bewust waren. Misschien willen mensen zelf beslissen aan wie ze hun gegevens in licentie geven, en tegen welke prijs. Natuurlijk zal niet iedereen zijn bits aan de hoogste bieder verkopen; veel mensen zullen ze graag gratis afstaan voor hergebruik als ze in ruil daarvoor betere service krijgen, bijvoorbeeld nauwkeurige boekaanbevelingen van Amazon en een betere gebruikerservaring op

Pinterest, de digitale prikbord- en bestandenuitwisselingsdienst. Maar voor een aanzienlijk aantal digitaal bedreven consumenten wordt het op de markt brengen en verkopen van hun persoonlijke informatie misschien wel net zo gewoon als bloggen, twitteren of het wijzigen van een Wikipedia-artikel.

Voor het zover is, is er echter wel meer nodig dan alleen een verschuiving in de vaardigheden en voorkeuren van consumenten. Op dit moment zou het voor burgers veel te gecompliceerd en kostbaar zijn om hun persoonlijke gegevens in licentie te geven, en zou het voor bedrijven te gecompliceerd en kostbaar zijn om met iedereen individueel te onderhandelen om ze in handen te krijgen. Het is waarschijnlijker dat er nieuwe bedrijven zullen komen die gegevens van een heleboel consumenten verzamelen, een makkelijke manier bieden om ze in licentie te geven en de transacties automatiseren. Als de kosten laag genoeg zijn en genoeg mensen er vertrouwen in hebben, is het voorstelbaar dat er een markt voor persoonlijke gegevens ontstaat. Bedrijven als Mydex in Groot-Brittannië en groepen als ID3, mede opgericht door Sandy Pentland, de MIT-goeroe op het gebied van analyse van persoonsgegevens, zijn al bezig dat visioen werkelijkheid te laten worden.



Maar totdat die makelaars operationeel zijn en gebruikers van hun diensten gebruik zullen gaan maken, zijn de mogelijkheden voor mensen die graag bezitters van hun eigen gegevens willen worden zeer beperkt. In de tussentijd is het misschien verstandig als burgers minder in plaats van meer over zichzelf prijsgeven, anders verschieten ze hun kruit voordat de infrastructuur en de makelaars er zijn.

Voor middelgrote bedrijven is big data minder interessant. Er zijn schaalvoordelen voor heel grote bedrijven en kosten- en innovatieve voordelen voor de kleintjes, zo betoogt Philip Evans van de Boston Consulting Group, iemand met visionaire ideeën over technologie en het bedrijfsleven. In traditionele sectoren kunnen middelgrote bedrijven bestaan omdat ze een bepaalde, voor het behalen van schaalvoordelen minimaal benodigde grootte combineren met een zekere flexibiliteit die grote spelers missen. Maar in een big data-wereld is er geen minimale grootte die een bedrijf moet hebben om zijn investeringen in de productie-infrastructuur terug te verdienen. Big data-gebruikers die flexibel maar toch succesvol willen zijn, zullen merken dat ze niet meer een bepaalde minimale grootte hoeven te hebben. Ze kunnen klein blijven en toch floreren (of ze worden overgenomen door een big data-gigant).

Big data oefent dus druk uit op het middensegment van bedrijfstakken en dwingt bedrijven om óf heel groot óf klein en snel te worden – worden ze dat niet, dan gaan ze ten onder. Veel traditionele sectoren zullen uiteindelijk tot big data-sectoren worden getransformeerd, van financiële diensten tot farmaciebedrijven tot fabrieken. Niet in alle sectoren zullen door de komst van big data de middelgrote bedrijven verdwijnen, maar er zal wel meer druk komen op sectoren die gevoelig zijn voor ingrijpende veranderingen door de kracht van big data.



Big data zal ook de concurrentievoordelen van landen diepgaand beïnvloeden. In een tijd waarin we de fabricage van onderdelen grotendeels aan ontwikkelingslanden zijn kwijtgeraakt en innovatie voor het grijpen lijkt te liggen, zijn geïndustrialiseerde landen in het voordeel omdat ze beschikken over de gegevens en de knowhow om ze te gebruiken. Het slechte nieuws is dat dat voordeel niet blijvend is. Net als op het gebied van computers en internet zal de aanvankelijke voorsprong van het Westen kleiner worden naarmate meer andere delen van de wereld de technologie gaan gebruiken. Maar het goede nieuws voor de huidige succesvolle bedrijven in ontwikkelde landen is dat de sterke en zwakke punten van bedrijven waarschijnlijk zullen worden versterkt door big data. Als een bedrijf het werken met big data dus goed onder de knie heeft, maakt het een goede kans om het niet alleen beter te doen dan zijn concurrenten, maar zijn leiderspositie ook te consolideren.

De race is begonnen. Zoals het zoekalgoritme van Google de gegevensuitstoot van gebruikers nodig heeft om goed te werken, en zoals de Duitse leverancier van auto-onderdelen leerde hoe belangrijk gegevensanalyse is voor het verbeteren van zijn producten, zo kunnen álle bedrijven hun voordeel doen met een slim gebruik van gegevens.

Maar ondanks de rooskleurige perspectieven die opdoemen, zijn er ook redenen om ons zorgen te maken. Nu er met big data steeds nauwkeuriger voorspellingen worden gedaan over de wereld en onze plaats daarin, blijken we misschien niet goed voorbereid te zijn op de gevolgen voor onze privacy en ons gevoel van vrijheid. Onze inzichten en instellingen zijn ontstaan in een tijd waarin er informatieschaarste was, en geen informatieoverdaad zoals nu. In het volgende hoofdstuk bekijken we de duistere kanten van big data.

# 8

# Risico's

212 Bijna veertig jaar lang, tot de val van de Berlijnse Muur in 1989, bespioneerde de Oost-Duitse geheime dienst, de Stasi, miljoenen mensen. De dienst telde ongeveer honderdduizend fulltimemedewerkers en observeerde vanuit auto's en op straat. Hij opende brieven en bekeek bankrekeningen, plaatste microfoons in woningen en luisterde telefoons af. En hij zette geliefden en echtparen, ouders en kinderen ertoe aan elkaar te bespioneren, waarmee ze het diepste vertrouwen dat mensen in elkaar stellen verraadden. In de daaruit resulterende archieven – waaronder minstens 39 miljoen archiefkaarten en meer dan 100 kilometer aan documenten – waren de intiemste aspecten van de levens van gewone mensen tot in alle details vastgelegd. De DDR was een van de best geoutilleerde politiestaten die ooit hebben bestaan.

Twintig jaar na het verdwijnen van de DDR worden er over ons allemaal meer gegevens verzameld en opgeslagen dan ooit tevoren. We worden voortdurend in de gaten gehouden: als we iets betalen met onze creditcard, mobiel telefoneren of ons burgerservicenummer opgeven om ons te identificeren. In 2007 meldden de Britse media het pikante feit dan er binnen een straal van 200 meter van het huis in Londen waar George Orwell *Nineteen Eighty-Four* schreef meer dan dertig bewakingscamera's hingen. Al ruim voor de komst van internet verzamelden en ordenden gespecialiseerde bedrijven als Equifax, Experian en Acxiom persoonlijke informatie over honderden miljoenen mensen overal ter wereld en boden derden daar toegang toe. Internet heeft het volgen van personen makkelijker, goedkoper en nuttiger gemaakt. En geheime overheidsdiensten die zich achter afkortingen verschuilen, zijn niet de enigen die ons bespioneren. Amazon houdt onze aankoopvoorkeuren bij en Google onze surfgewoontes, terwijl Twitter weet wat ons bezighoudt. Facebook schijnt al die informatie ook te verzamelen, samen met onze sociale relaties. Mobieletelefoonbedrijven weten niet alleen met wie we praten, maar ook wie er verder nog in de buurt zijn.

Gezien de waardevolle inzichten die big data degenen belooft te bieden die de gegevens analyseren, lijkt alles te wijzen op een verdere sterke toename van het verzamelen, opslaan en hergebruiken van onze persoonlijke gegevens door derden. De omvang en schaalgrootte van gegevensverzamelingen zal met grote sprongen stijgen terwijl de kosten van gegevensopslag maar blijven dalen en de instrumenten voor analyse steeds krachtiger worden. Zal onze privacy, die al werd bedreigd door het internettijdperk, door big data nog meer in het nauw worden gedreven? Is dat de duistere kant van big data?



Ja, en het is niet de enige. Ook hier is het cruciale punt dat een verandering van schaalgrootte tot een essentieel andere situatie leidt. Zoals we zullen zien, maakt die verandering niet alleen het beschermen van de privacy veel moeilijker, maar leidt ze ook tot een geheel nieuwe bedreiging: straffen op basis van neigingen in plaats van feiten. Met voorspellingen over mensen op basis van big data wordt het mogelijk hen te beoordelen en te straffen nog voordat ze iets hebben gedaan. Dat is in directe tegenspraak met concepten als gelijke behandeling, rechtvaardigheid en vrije wil.

Naast privacyproblemen en straffen op basis van neigingen bestaat er nog een derde gevaar. We lopen het risico slachtoffer te worden van een gegevensdictatuur waarin we een overdreven ontzag krijgen voor informatie, voor de uitkomsten van onze analyses, en die uiteindelijk misbruiken. In verantwoordelijke handen is big data een nuttig instrument voor het nemen van rationele beslissingen. Maar indien onverstandig gebruikt, kan het een instrument voor machthebbers worden, die het tot een hulpmiddel voor onderdrukking kunnen maken, ofwel door klanten en werknemers simpelweg te frustreren, ofwel, nog erger, door burgers schade te berokkenen.

Er staat meer op het spel dan meestal wordt beseft. De gevaren van een verkeerd gebruik van big data met betrekking tot privacy en voorspellingen, of van een verkeerde interpretatie van de betekenis van gegevens, reiken veel verder dan relatief onschuldige zaken als gepersonaliseerde reclame. De geschiedenis van de twintigste eeuw is vergeven van bloederige situaties waarin



gegevens bijdroegen aan de afschuwelijke afloop. In 1943 stelde het Amerikaanse Census Bureau blokadressen (maar, om de illusie van privacybescherming in stand te houden, geen straatnamen en huisnummers) van Japanse Amerikanen ter beschikking om hun internering te vergemakkelijken. In de Tweede Wereldoorlog maakten de nazi's dankbaar gebruik van de gegevens in de Nederlandse burgerlijke stand, die beroemd is om zijn gedetailleerdheid, om Joden op te sporen. De getallen van vijf cijfers die op de onderarmen van de gevangenen in naziconcentratiekampen werden getatoeëerd, correspondeerden aanvankelijk met IBM Hollerith-ponskaartnummers; geautomatiseerde gegevensverwerking faciliteerde de moord op miljoenen.

Ondanks de bedrevenheid van de Stasi in informatieverwerking was er ook veel wat de Oost-Duitse geheime dienst niet kon. Hij kon niet zonder grote inspanningen nagaan waar iedereen op ieder willekeurig moment was of wie met wie praatte. Tegenwoordig wordt veel van die informatie echter automatisch verzameld door mobieletelefoonbedrijven. De Oost-Duitse staat kon niet voorspellen welke mensen dissidenten zouden worden, en dat kunnen wij evenmin – maar politiekorpsen beginnen wel gebruik te maken van algoritmische modellen om te beslissen waar en wanneer ze moeten patrouilleren, wat een indicatie is van de kant die we uit gaan. Als gevolg van deze trends zijn de risico's die in big data schuilen even groot als de gegevensverzamelingen zelf.

## DE PRIVACY IN HET NAUW GEDREVEN

Het is verleidelijk in het gevaar dat de groei van de digitale gegevensopslag voor onze privacy betekent parallellen te zien met George Orwells politiestaatdystopie *Nineteen Eighty-Four*. De situatie ligt echter wat gecompliceerder. Om te beginnen bevatten niet alle big data-gegevens persoonlijke informatie. Dat geldt bijvoorbeeld niet voor sensormetingen uit raffinaderijen of gegevens over fabrieksmachines, exploderende putdeksels of het weer op vliegvelden. BP en Con Edison hoeven geen persoonlijke informatie te hebben (wíllen dat niet eens) om profijt te hebben van de analyses die ze uitvoeren. Big data-analyses van die typen informatie vormen praktisch geen bedreiging voor de privacy.



Maar veel gegevens die op dit moment worden gegenereerd, bevatten wél persoonlijke informatie. En bedrijven hebben een heleboel redenen om er nog meer te verzamelen, ze langer te bewaren en vele malen opnieuw te gebruiken. De gegevens hoeven er niet eens expliciet uit te zien als persoonlijke informatie; met big dataprocessen zijn ze vaak makkelijk te traceren naar degene op wie ze betrekking hebben. Of er kunnen intieme details over iemands leven uit worden afgeleid.

Energiebedrijven in de Verenigde Staten en Europa plaatsen bijvoorbeeld 'slimme' elektriciteitsmeters die de hele dag gegevens verzamelen, soms wel om de zes seconden – veel meer dan alleen het totale energieverbruik dat de traditionele meters maten. En, nog belangrijker, de manier waarop elektrische apparaten stroom trekken zorgt voor een 'belastingskarakteristiek' die uniek is voor elk apparaat. Een waterkoker heeft een andere karakteristiek dan een computer, die weer sterk verschilt van die van groeilampen voor wietplantages. Zodoende onthult het energieverbruik van een huishouden privacygevoelige informatie, of het nu om de dagelijkse leefpatronen, de gezondheidstoestand van de bewoners of illegale activiteiten gaat.

Waar het om gaat, is echter niet of big data de gevaren voor de privacy vergroot (dat is het geval), maar of het de aard van die gevaren verandert. Als de bedreiging alleen maar groter is, zijn de wetten en regels die de privacy beschermen wellicht ook in het tijdperk van de big data nog effectief; we hoeven dan alleen maar onze bestaande inspanningen te verdubbelen. Maar verandert de hele aard van het probleem, dan zijn er misschien nieuwe oplossingen nodig.

Helaas is de aard van het probleem inderdaad veranderd. Bij big data ligt de waarde van informatie niet meer alleen in het primaire gebruik ervan, maar ook in secundaire toepassingen, zoals we hebben gezien.



Die verandering ondermijnt de centrale rol die het individu in de huidige privacywetgeving speelt. Op dit moment krijg je te horen welke informatie er wordt opgeslagen, en met welk doel, op het moment dat dat gebeurt; je krijgt dan de gelegenheid om daar al of niet toestemming voor te geven. Hoewel dit principe van 'informeren en om toestemming vragen' niet de enige wettige manier is om persoonlijke gegevens te verzamelen en te verwerken, is hiervan volgens Fred Cate, privacy-expert aan de Indiana-universiteit, wel overal ter wereld een hoeksteen van de privacywetgeving gemaakt. (In de praktijk heeft dit tot vele pagina's lange privacywaarschuwingen geleid die zelden worden gelezen, laat staan begrepen – maar dat is een ander verhaal.)

Het cruciale punt is dat de meeste innovatieve secundaire toepassingen in het tijdperk van de big data nog niet werden voorzien toen de gegevens oorspronkelijk werden verzameld. Hoe kunnen bedrijven mensen informeren over een toepassing die nog niet eens bestaat? Hoe kunnen burgers toestemming geven voor iets onbekends? Maar bij ontbreken van die toestemming kan het voor elke big data-analyse die persoonlijke informatie bevat nodig zijn iedereen afzonderlijk opnieuw te benaderen en om toestemming voor hergebruik te vragen. Stel je voor dat Google probeert van honderden miljoenen gebruikers toestemming te krijgen voor het hergebruik van hun oude zoekopdrachten om aantallen griepgevallen te voorspellen! Geen enkel bedrijf zou de kosten van zoiets kunnen dragen, als het al technisch haalbaar zou zijn.

Ook het alternatief, de gebruikers meteen bij registratie van de gegevens om toestemming vragen voor elk eventueel toekomstig hergebruik, is zinloos. Zo'n allesomvattende toestemming maakt het hele concept 'informeren en om toestemming vragen' inhoudsloos. In de context van big data is dat oude vertrouwde concept vaak ofwel te beperkend om de sluimerende waarde van de gegevens te kunnen ontsluiten, ofwel te zeer een dode letter om de privacy van de burger te beschermen.



Ook andere manieren om de privacy te beschermen falen. Als er informatie over iedereen in een gegevensverzameling zit, kan zelfs de keuze om niet mee te doen sporen nalaten. Neem bijvoorbeeld Google Street View. De auto's van Google verzamelen afbeeldingen van straten en huizen in vele landen. In Duitsland werd Google geconfronteerd met grootschalige protesten op straat en in de media. Mensen waren bang dat afbeeldingen van hun huizen en tuinen door inbrekersbendes zouden worden gebruikt om lucratieve doelwitten uit te zoeken. Onder druk van bestaande regels stemde Google ermee in huiseigenaren de mogelijkheid te geven hun huizen op de foto's vaag te laten maken. Maar die vage huizen zijn nog steeds zichtbaar in Street View – je ziet de vage kleurvlekken – en inbrekers zouden dat als teken kunnen opvatten dat er juist in die huizen voor hen iets te halen valt.

Een technische benadering van privacybescherming – anonimisering – is in veel gevallen evenmin effectief. Anonimisering houdt in dat alle verwijzingen naar personen, zoals namen, adressen, creditcardnummers, geboortedata of burgerservicenummers, uit gegevensverzamelingen worden gewist. De gegevens kunnen vervolgens worden geanalyseerd zonder dat iemands privacy in gevaar komt. Zo werkt het althans in een small data-wereld. Maar met big data is door de toename van de kwantiteit en variëteit van de informatie hernieuwde identificatie veel makkelijker. Denk daarbij bijvoorbeeld aan schijnbaar niet tot personen herleidbare zoekacties en filmbeoordelingen.

In augustus 2006 publiceerde AOL een massa oude zoekopdrachten, in de goedbedoelde veronderstelling dat onderzoekers die konden analyseren om tot belangwekkende inzichten te komen. De gegevensverzameling, bestaande uit 20 miljoen zoekopdrachten van 657.000 gebruikers, ingevoerd tussen 1 maart en 31 mei van dat jaar, was zorgvuldig geanonimiseerd. Persoonlijke informatie zoals gebruikersnamen en IP-adressen was gewist en vervangen door unieke numerieke codes. Het idee was dat onderzoekers zo zoekopdrachten van één persoon bij elkaar konden zoeken, maar geen informatie hadden over diens identiteit.



Maar binnen een paar dagen had *The New York Times* door het slim combineren van zoekopdrachten als '60 mannelijke singles', 'thee voor goede gezondheid' en 'landschapsarchitecten in Lilburn, Ga' gebruiker nummer 4417749 naar waarheid geïdentificeerd als Thelma Arnold, een tweeënzestigjarige weduwe uit Lilburn, Georgia. 'Lieve help, dat is mijn hele privéleven,' zei ze toen de *New York Times*-verslaggever bij haar aan de deur kwam. 'Ik had geen idee dat er iemand over mijn schouder meekeek.' De daaropvolgende publieke verontwaardiging leidde tot het ontslag van de technisch directeur en twee andere werknemers van AOL.

Maar slechts twee maanden later, in oktober 2006, deed het filmverhuurbedrijf Netflix iets vergelijkbaars met het uitloven van de 'Netflix-prijs'. Het bedrijf publiceerde 100 miljoen verhuurrecords van bijna een half miljoen gebruikers, en loofde een prijs van een miljoen dollar uit aan het team dat erin slaagde de resultaten van het filmaanbevelingssysteem met ten minste 10 procent

te verbeteren. Ook hier waren alle verwijzingen naar personen zorgvuldig uit de gegevens verwijderd. En toch werd er wederom een gebruiker indirect geïdentificeerd: een moeder uit het conservatieve Amerikaanse midwesten, die in het geheim lesbienne was en Netflix vanwege dat laatste onder het pseudoniem 'Jane Doe' voor de rechter daagde.

Onderzoekers aan de universiteit van Texas in Austin vergeleken de Netflix-gegevens met andere openbare informatie. Ze ontdekten al snel dat de beoordelingen van één bepaalde geanonimiseerde gebruiker overeenkwamen met die van een bijdrager aan de website Internet Movie Database (IMDb). Meer in het algemeen bleek uit het onderzoek dat een beoordeling van slechts zes minder gangbare films (uit de bovenste 500) de identiteit van een Netflix-klant in 84 procent van de gevallen kon onthullen. En als je ook wist op welke datum iemand films had beoordeeld, kon diegene met een nauwkeurigheid van 99 procent uniek worden geïdentificeerd in de gegevensverzameling van bijna een half miljoen klanten.



In het geval van AOL werd de identiteit van gebruikers onthuld door de inhoud van hun zoekopdrachten. Bij Netflix kwam de identiteit aan het licht door een vergelijking van de gegevens met andere bronnen. In beide gevallen hadden de bedrijven niet beseft hoe makkelijk gegevens met behulp van big data tot personen kunnen worden herleid. Dat heeft twee redenen: we leggen meer gegevens vast en we combineren meer gegevens.

Paul Ohm, hoogleraar rechten aan de universiteit van Colorado in Boulder en expert op het gebied van schade door de-anonimisering, legt uit dat er geen makkelijke oplossing voor dit probleem bestaat. Als er maar genoeg gegevens zijn is perfecte anonimisering onmogelijk, hoezeer je ook je best doet. En wat nog erger is: onlangs hebben onderzoekers aangetoond dat niet alleen conventionele gegevens kwetsbaar zijn voor de-anonimisering, maar dat dit ook geldt voor de sociale grafiek – de onderlinge banden tussen mensen.

In het tijdperk van de big data hebben de drie kernstrategieën die vele jaren zijn gebruikt voor het garanderen van de privacy – informeren en om toestemming vragen, gelegenheid bieden tot weigeren en anonimisering – veel van hun effectiviteit verloren. Nu al hebben veel gebruikers het idee dat hun privacy wordt geschonden. Dat zal nog veel erger worden als big data-praktijken meer gemeengoed worden.

In vergelijking met de DDR van een kwart eeuw geleden is het observeren van burgers alleen maar makkelijker, goedkoper en krachtiger geworden. Het vermogen om persoonlijke gegevens vast te leggen is vaak onverbrekelijk geïntegreerd in de hulpmiddelen die we dagelijks gebruiken, van websites tot smartphone-apps. Gegevens van de datarecorders die in de meeste auto's zijn ingebouwd om alle acties van een voertuig gedurende de paar seconden voorafgaand aan een activering van de airbags vast te leggen, zijn al in de rechtszaal als bewijs tegen automobilisten

gebruikt bij meningsverschillen rond de toedracht van ongelukken.

Uiteraard hoeven we niet te vrezen voor dezelfde gevolgen als de Oost-Duitse burgers die door de Stasi werden geobserveerd als bedrijven gegevens verzamelen om hun bedrijfsresultaten te verbeteren. We gaan heus niet naar de gevangenis als Amazon ontdekt dat we graag in het rode boekje van voorzitter Mao lezen. Google zal ons niet verbannen als we iets met Bing hebben opgezocht. Bedrijven zijn soms wel machtig, maar ze kunnen niet dezelfde macht uitoefenen als de staat.

Hoewel bedrijven van allerlei pluimage ons dus niet in het holst van de nacht van ons bed lichten, verzamelen ze wel massa's persoonlijke informatie over alle aspecten van ons leven, delen die buiten ons medeweten met anderen en gebruiken ze op manieren waarvan we ons nauwelijks een voorstelling kunnen maken.

De particuliere sector is niet de enige plek waar spierballenvertoon met big data te zien is. Ook overheden doen daaraan mee. Zo

zou het Amerikaanse National Security Agency (NSA) volgens een onderzoek van *The Washington Post* uit 2010 dagelijks 1,7 miljard e-mails, telefoongesprekken en overige communicatie-interacties onderscheppen. William Binney, een voormalige ambtenaar van NSA, schat dat de overheid gegevens over 20 biljoen 'transacties' tussen Amerikaanse burgers en anderen heeft verzameld – wie met wie belt, e-mails uitwisselt, geld overmaakt enzovoort.

Om al die gegevens op een zinvolle manier te verwerken bouwt de VS gigantische gegevenscentra, zoals een NSA-computercentrum in Fort Williams, Utah, dat 1,2 miljard dollar heeft gekost. En alle onderdelen van de overheid eisen meer informatie dan vroeger, niet alleen geheimzinnige diensten die zich met contraterrorisme bezighouden. Als de gegevensverzameling wordt uitgebreid met informatie als financiële transacties, medische dossiers en Facebook-statusupdates, wordt het te onderzoeken volume onvoorstelbaar groot. Zoveel gegevens kan de overheid niet verwerken. Waarom worden ze dan verzameld?



Het antwoord geeft aan hoe de bewaking van burgers in het tijdperk van de big data is veranderd. In het verleden bevestigden onderzoekers krokodillenklemmen om telefoondraden om zoveel mogelijk over een verdachte te weten te komen. Het ging erom diep in iemands leven door te dringen en hem goed te leren kennen. De moderne benadering is anders. In de geest van Google of Facebook is het nieuwe denkbeeld dat mensen gelijk zijn aan de som van hun relaties, online-interacties en bindingen met content. Om iemand volledig te onderzoeken dienen analisten naar de breedst mogelijke halfschaduw van gegevens rondom de betreffende persoon te kijken – niet alleen naar wie hij of zij kent, maar ook naar wie die mensen kennen, enzovoort. In het verleden was dat technisch heel moeilijk; tegenwoordig is het een fluitje van een cent. En aangezien de overheid nooit weet wie ze ooit nog eens onder de loep zal willen nemen, verzamelt en bewaart ze informatie (of verzekert ze zich van toegang tot informatie), niet omdat die noodzakelijk is om iedereen te allen tijde in de gaten te houden, maar om onmiddellijk met het onderzoek te kunnen beginnen als iemand onder verdenking komt te staan, zodat men dan niet meer bij nul hoeft te beginnen.

De Amerikaanse overheid is niet de enige die bergen gegevens over mensen verzamelt, en waarschijnlijk evenmin degene die dat op de grootste schaal doet. Maar hoe zorgwekkend de mate waarin bedrijven en overheden toegang hebben tot onze persoonlijke informatie ook mag zijn, er doemt nu een nog recenter probleem met big data op: het gebruik van voorspellingen om ons te veroordelen.

## WAARSCHIJNLIJKHEID EN STRAF

John Anderton is chef van een speciale politie-eenheid in de stad Washington. Vanochtend stormt hij een huis in een buitenwijk binnen, vlak voor het moment dat Howard Marks in een toestand van razernij een schaar in de borst van zijn vrouw wil steken, die hij in bed heeft aangetroffen met een andere man. Voor Anderton is het op deze manier voorkomen van misdrijven dagelijkse routine. 'In opdracht van de afdeling misdaadpreventie van het District of Columbia,' dreunt hij op, 'arresteer ik u voor de beoogde moord op Sarah Marks, die u vandaag had willen plegen.'



Andere politiemensen houden Marks in bedwang, die schreeuwt: 'Ik heb niks gedáán!'

De openingsscène van de film *Minority Report* schetst een beeld van een samenleving waarin voorspellingen kennelijk zo exact zijn dat de politie mensen voor misdaden arresteert nog voordat ze zijn gepleegd. Mensen worden niet gevangengezet om wat ze hebben gedaan, maar om wat ze van plan waren te doen, ook al hebben ze hun voornemen nooit uitgevoerd. In de film is deze vooruitziende en preventieve manier van wetshandhaving gebaseerd op de visioenen van drie helderzienden, niet op gegevensanalyses. Maar de verontrustende toekomst die ons in *Minority Report* wordt voorgeschoteld, dreigt wel ons voorland te worden als big data-analyses ongebreideld kunnen doorgaan; schuldigverklaringen zouden dan

gebaseerd kunnen worden op geïndividualiseerde voorspellingen over toekomstig gedrag.

We zien de eerste aanzetten hiertoe nu al. Paroolcommissies in meer dan de helft van de Amerikaanse deelstaten laten voorspellingen op basis van gegevensanalyse meewegen bij de beslissing of iemand voorwaardelijk in vrijheid kan worden gesteld of in de gevangenis moet blijven. Op steeds meer plekken in de VS – van bepaalde districten van Los Angeles tot steden als Richmond, Virginia – wordt 'voorspellend gesurveilleerd': met behulp van big data-analyse wordt bepaald welke straten, groepen en personen extra in de gaten worden gehouden, simpelweg omdat een algoritme heeft uitgewezen dat er een verhoogde kans is dat zij misdaden zullen plegen.

In de stad Memphis, Tennessee geeft een programma dat Blue CRUSH heet (het acroniem staat voor Crime Reduction Utilizing Statistical History) politieagenten relatief exacte aanwijzingen voor aandachtsgebieden, zowel wat betreft plaats (een paar huizenblokken) als tijd (enkele uren op een bepaalde dag van de week). Het systeem helpt de politie ogenschijnlijk om haar schaarse middelen effectiever in te zetten. Sinds de start van het systeem in 2006 is het aantal vermogens- en geweldsdelicten volgens onderzoek met een kwart gedaald (hoewel dat uiteraard niets over de causaliteit zegt; het is geenszins onomstotelijk aangetoond dat die daling te danken is aan Blue CRUSH).

In Richmond, Virginia, vergelijkt de politie gegevens over criminaliteit met andere gegevensverzamelingen, bijvoorbeeld informatie over het moment dat grote bedrijven in de stad hun werknemers betalen of de data van concerten of sportevenementen. Daardoor werden vermoedens van politiemensen over misdaadtrends bevestigd en bleek soms dat de zaak genuanceerder lag. De agenten in Richmond hadden bijvoorbeeld allang het idee dat er na wapenshows een scherpe stijging van de criminaliteit optrad; de big data-analyse gaf hun gelijk, maar met een nuance: de piek kwam twee weken later, niet direct na het evenement.

Dergelijke systemen beogen misdrijven te voorkomen door, uiteindelijk tot op individueel niveau, te voorspellen wie ze zou kunnen gaan plegen. Dat betekent een geheel nieuwe toepassing van big data: preventieve misdaadbestrijding.

Sciencefiction komt weer een stapje dichter bij de banaliteit van de dagelijkse stress op vliegvelden. In het kader van een onderzoeksproject van het Amerikaanse ministerie van Binnenlandse Veiligheid, FAST (Future Attribute Screening Technology), wordt geprobeerd potentiële terroristen aan te wijzen door het registreren van de vitale lichaamsfuncties, de lichaamstaal en andere fysiologische patronen van personen. Het idee is dat observeren van het gedrag van mensen kwade bedoelingen aan het licht zou kunnen brengen. Bij tests bleek het systeem volgens het ministerie een nauwkeurigheid van 70 procent te hebben. (Wat dat betekent, is onduidelijk; werden proefpersonen geïnstrueerd te doen alsof ze terroristen waren om te kijken of hun 'kwade bedoelingen' zouden worden opgemerkt?) Deze systemen lijken nog in de kinderschoenen te staan, maar de wetshandhavers nemen ze desondanks uiterst serieus.



Het voorkomen van misdaden voor ze worden gepleegd, lijkt een aanlokkelijk vooruitzicht. Is voorkomen niet veel beter dan het achteraf straffen van de plegers? Is het niet zo dat het vooruitlopen op toekomstige misdaden niet alleen gunstig is voor degenen die er anders misschien het slachtoffer van waren geworden, maar ook voor de samenleving als geheel?

Misschien, maar we begeven ons daarmee wel op een hellend vlak. Als we met behulp van big data kunnen voorspellen wie er mogelijk een misdaad gaat plegen, zullen we ons wellicht niet tevredenstellen met het simpelweg voorkomen van die misdaad; het ligt voor de hand dat we de waarschijnlijke pleger ook zullen willen straffen. Dat is niet meer dan logisch. Als we volstaan met ingrijpen om te voorkomen dat deze ene onwettige handeling wordt gepleegd, kan de vermeende dader het straffeloos nog een keer proberen. Als we hem daarentegen met behulp van big data verantwoordelijk stellen voor zijn (toekomstige) daden, kunnen we hem daar misschien van afhouden.

Zulke op voorspellingen gebaseerde straffen lijken een verbetering ten opzichte van bepaalde praktijken die we al hebben geaccepteerd. Het voorkomen van ongezond, gevaarlijk of onwettig gedrag is een hoeksteen van de moderne samenleving. We hebben roken bemoeilijkt om longkanker te voorkomen; we hebben autogordels verplicht gesteld om het aantal doden bij auto-ongelukken terug te dringen; we staan niet toe dat mensen met wapens in vliegtuigen stappen om kapingen te verhinderen. Dergelijke preventieve maatregelen beperken onze vrijheid, maar veel mensen zien ze als de prijs die we moeten betalen om veel ernstiger rampen te voorkomen.

In veel contexten worden data-analyses al uit naam van de preventie toegepast. Ze worden gebruikt om ons bij groepen vergelijkbare personen in te delen, en vaak worden we op grond daarvan beoordeeld. Uit verzekeringsstatistieken blijkt dat mannen van boven de vijftig een grotere kans op prostaatkanker hebben, en daarom kan aan leden van die groep een hogere ziektekostenpremie worden berekend, ook al krijgen ze nooit prostaatkanker. Middelbarescholieren die hoge cijfers halen, hebben als groep een geringere kans om bij auto-ongelukken betrokken te raken, en daarom moeten sommige van hun minder goed lerende klasgenoten een hogere verzekeringspremie betalen. Personen met bepaalde kenmerken moeten op vliegvelden extra veiligheidscontroles ondergaan.



Dat is het idee achter 'profilering' in onze huidige small datawereld. Je zoekt een gemeenschappelijke correlatie in de gegevens, definieert een groep waarop die correlatie van toepassing is en bekijkt de betreffende personen extra kritisch. Het is een generaliseerbare regel die voor iedereen in de groep geldt. Uiteraard is 'profilering' een beladen woord en heeft deze methode ernstige nadelen. Als ze op de verkeerde manier wordt toegepast, kan ze niet alleen tot discriminatie van bepaalde groepen leiden, maar ook tot 'schuld door associatie'.

Big data-voorspellingen over mensen werken heel anders. Terwijl huidige voorspellingen over vermoedelijk gedrag – bijvoorbeeld bij het bepalen van verzekeringspremies of kredietwaardigheidsscores – gewoonlijk gebaseerd zijn op een beperkt aantal factoren die zijn afgeleid uit een mentaal model van de relevante kwestie (eerdere gezondheidsproblemen of iemands schuldaflossingsverleden), vissen we bij niet-causale big data-analyses gewoon de geschiktste voorspellers uit de zee van informatie.

Het belangrijkste verschil is dat we met big data individuele personen hopen te kunnen aanwijzen in plaats van groepen; daarmee zijn we verlost van de tekortkoming van de profileringsmethode die iedere voorspelde verdachte tot een geval van 'schuld door associatie' maakt. In een big data-wereld wordt iemand met een Arabische naam die een eersteklasticket zonder retourvlucht contant heeft betaald, op het vliegveld misschien niet meer extra gecontroleerd als het op grond van andere gegevens over deze specifieke persoon zeer onwaarschijnlijk is dat hij een terrorist is. Met big data ontsnappen we aan het keurslijf van het groepsdenken en vervangen we dat door veel gedetailleerdere, op iedereen individueel toegesneden voorspellingen.



De belofte van big data is dat we doen wat we altijd al deden – profileren – maar dan beter, minder discriminerend en meer geïndividualiseerd. Dat klinkt acceptabel als het er simpelweg om gaat ongewenste handelingen te verhinderen. Maar het wordt heel gevaarlijk als we big data-voorspellingen gebruiken om te beslissen of iemand schuldig is en gestraft moet worden voor gedrag dat nog niet is geconstateerd.

Alleen al het idee van straffen op grond van neigingen is misselijkmakend. Iemand beschuldigen van een toekomstige gedraging komt neer op het ontkennen van het grondbeginsel van de rechtspraak: dat iemand iets moet hebben gedaan voordat we hem daar verantwoordelijk voor kunnen stellen. Tenslotte is niet het dénken, maar het dóén van verboden dingen strafbaar. Het is een fundamenteel beginsel van onze samenleving dat individuele verantwoordelijkheid gekoppeld is aan individuele keuzevrijheid. Wie onder bedreiging met een vuurwapen wordt gedwongen de kluis van het bedrijf te openen, heeft geen keus en kan dus niet verantwoordelijk worden gehouden.

Als big data-voorspellingen perfect waren, als algoritmes onze toekomst met absolute zekerheid konden voorzien, zouden we in de toekomst geen keuzevrijheid meer hebben. We zouden ons precies zo gedragen als voorspeld. Als perfecte voorspellingen mogelijk waren, zouden ze de vrije wil van de mens, ons vermogen om ons leven in vrijheid te leiden, ontkennen. Ironisch genoeg zouden ze ons, door ons van onze keuzevrijheid te beroven, ook van elke verantwoordelijkheid vrijpleiten.

Natuurlijk zijn perfecte voorspellingen onbestaanbaar. Big data-analyses voorspellen alleen maar dat er een bepaalde waarschijnlijkheid bestaat dat een specifieke persoon in de toekomst bepaalde gedragingen zal vertonen. Laten we bijvoorbeeld eens kijken naar een onderzoek dat is gedaan door Richard Berk, hoogleraar statistiek en criminologie aan de universiteit van Pennsylvania. Hij beweert dat zijn methode kan voorspellen of iemand die voorwaardelijk is vrijgelaten betrokken zal raken bij een moord (als dader of slachtoffer). Als invoer gebruikt hij een hele rits individueel bepaalde variabelen, onder andere de reden van de gevangenisstraf en de datum van de eerste wetsovertreding, maar ook demografische gegevens zoals leeftijd en geslacht. Berk suggereert dat hij met 75 procent waarschijnlijkheid een toekomstige moordenaar kan aanwijzen onder alle voorwaardelijk vrijgelaten gevangenen. Dat is niet slecht. Maar het betekent ook dat paroolcommissies die op Berks analyses afgaan, het één op de vier keer mis zullen hebben.



Maar het voornaamste probleem met afgaan op zulke voorspellingen is niet dat ze de samenleving aan risico's blootstellen. De grootste narigheid is dat we mensen met een dergelijk systeem in feite straffen *voordat* ze iets slechts doen. En door in te grijpen voordat zij tot handelen overgaan (bijvoorbeeld door hen niet voorwaardelijk vrij te laten als uit voorspellingen blijkt dat er een grote kans is dat ze zullen gaan moorden), komen we nooit te weten of ze de voorspelde misdaad werkelijk zouden hebben gepleegd. We laten het lot niet de vrije loop, maar toch stellen we mensen verantwoordelijk voor wat ze volgens onze voorspellingen zouden hebben gedaan. Zulke voorspellingen kunnen nooit worden weerlegd.

Dit is in directe tegenspraak met het idee van onschuld tot het tegendeel bewezen is, het principe waarop ons rechtsstelsel, en ook ons gevoel van rechtvaardigheid, gebaseerd is. En als we mensen verantwoordelijk stellen voor voorspelde toekomstige daden, die ze misschien wel nooit zullen plegen, ontkennen we ook dat mensen het vermogen hebben morele keuzes te maken.

Het gaat hier níét puur om wetshandhaving. Het gevaar reikt veel verder dan het strafrecht; het strekt zich uit tot alle gebieden van de samenleving, alle gevallen van beoordelingen waarbij big data-voorspellingen worden gebruikt om te beslissen of mensen aansprakelijk zijn voor toekomstige daden of niet. Daaronder valt alles, van de beslissing van een bedrijf om een werknemer te ontslaan tot een arts die een patiënt een operatie weigert of een partner die echtscheiding aanvraagt.



Misschien zou de samenleving met zo'n systeem veiliger en efficiënter zijn, maar een wezenlijk deel van datgene wat ons tot mensen maakt – ons vermogen om zelf te verkiezen wat we doen en daar verantwoordelijk voor te worden gesteld – zou erdoor worden vernietigd. Big data zou een middel zijn geworden om menselijke keuzes te collectiviseren en de vrije wil in onze samenleving af te schaffen.

Natuurlijk biedt big data talloze voordelen. Wat het tot een instrument van ontmenselijking maakt, is geen tekortkoming van de big data zelf, maar van de manier waarop we de voorspellingen gebruiken. De crux is dat er bij het schuldig verklaren van mensen aan voorspelde daden voordat ze ze kunnen plegen, gebruik wordt gemaakt van op correlaties gebaseerde big data-voorspellingen om causale beslissingen te nemen met betrekking tot individuele verantwoordelijkheid.

Big data is nuttig om huidige en toekomstige risico's te doorgronden en ons handelen daarbij aan te passen. Big data-voorspellingen helpen patiënten en verzekeraars, leninggevers en consumenten. Maar big data vertelt ons niets over causaliteit. Voor het 'schuldig' verklaren – individueel aansprakelijk stellen – is het echter vereist dat degenen die we veroordelen zelf hebben gekozen voor een bepaalde handelwijze. Hun beslissing moet causaal gerelateerd zijn aan de handeling die erop volgde. Juist het feit dat big data op correlaties gebaseerd is, maakt het tot een volkomen ongeschikt instrument voor het beoordelen van causaliteit en daarmee het individueel aansprakelijk stellen.

Het probleem is dat mensen zijn toegerust om de wereld door de bril van oorzaak en gevolg te bekijken. Zodoende loopt big data voortdurend het risico voor causale doeleinden te worden misbruikt, te worden verbonden met rooskleurige visioenen over de enorm verbeterde effectiviteit van onze oordelen, onze menselijke beslissingsprocessen bij het toekennen van aansprakelijkheid, als we maar over big data-voorspellingen kunnen beschikken.



Het is een schoolvoorbeeld van een hellend vlak – en aan het eind daarvan wacht de samenleving die wordt geschetst in *Minority Report*, een wereld waarin individuele keuzes en de vrije wil zijn afgeschaft, waarin ons individuele morele kompas is vervangen door voorspellingsalgoritmes en burgers blootstaan aan het ongeclausuleerde toppunt van het collectieve fiat. Als big data zo wordt toegepast, dreigen we – misschien wel letterlijk – gevangen te raken in waarschijnlijkheden.

## DE DICTATUUR VAN GEGEVENS

Big data holt de privacy uit en bedreigt de vrijheid. Maar daarnaast verergert het tevens een heel oud probleem: het vertrouwen op getallen, die in werkelijkheid veel feilbaarder zijn dan we denken. Niets illustreert de gevolgen van een uit de hand gelopen gegevensanalyse beter dan het verhaal van Robert Strange McNamara.

McNamara was een getallenfreak. Hij werd tot minister van Defensie van de VS benoemd toen de spanningen in Vietnam begin jaren zestig toenamen en stond erop dat hij waar mogelijk over alles cijfers kreeg. Hij meende dat beleidsmakers alleen met streng statistische analyses in staat waren complexe situaties te begrijpen en de juiste keuzes te maken. De wereld was in zijn optiek een massa weerspannige informatie die, mits duidelijk omschreven, afgebakend en gekwantificeerd, door mensenhand kon worden getemd en zich dan naar de menselijke wil zou schikken. McNamara zocht de waarheid, en die waarheid was in gegevens te vinden. Een van de getallen die hij terugkreeg, was het 'aantal lijken' (van Vietcong-strijders).

McNamara ontwikkelde zijn liefde voor cijfers als student en  later, op zijn vierentwintigste, als jongste docent aan de Harvard Business School. Hij bracht zijn strenge eisen tijdens de Tweede Wereldoorlog in praktijk als lid van een eliteteam van het Pentagon, Statistical Control, dat 's werelds grootste bureaucratie voorzag van op gegevens gebaseerde beslissingsprocessen. Vóór die tijd was het leger blind. Het wist bijvoorbeeld niets van type, hoeveelheid of locatie van reserveonderdelen voor vliegtuigen. De gegevens kwamen te hulp. Alleen al door de aankoop van wapens efficiënter te maken werd in 1943 3,6 miljard dollar bespaard. Bij de moderne oorlogvoering was de efficiënte toekenning van middelen cruciaal; het werk van het team was een verbijsterend succes.

Aan het eind van de oorlog besloten de leden van de groep bij elkaar te blijven en hun expertise aan het Amerikaanse bedrijfsleven aan te bieden. De Ford Motor Company hield met moeite het hoofd boven water en de wanhopige Henry Ford II droeg de teugels aan de groep over. Evenmin als ze iets van militaire zaken wisten toen ze het leger hielpen de oorlog te winnen, hadden ze enig benul van fabricage van auto's. Niettemin slaagden de 'whizkids' erin de neergaande lijn om te buigen.

McNamara's ster steeg snel, want hij had in elke situatie een gegevenspunt paraat. Gekwelde fabrieksdirecteuren gaven hem de cijfers die hij vroeg – of ze nu klopten of niet. Toen er een verordening werd uitgevaardigd dat alle nog in voorraad zijnde onderdelen voor een bepaald automodel moesten worden gebruikt voordat er een nieuw model in productie mocht worden genomen, gooiden boze productiechefs overtollige onderdelen gewoon in een rivier in de buurt. De directie in het hoofdkwartier knikte goedkeurend toen de voormannen cijfers terugstuurden die bevestigden dat de verordening was uitgevoerd. Maar in de fabriek deed de grap de ronde dat je over het water kon lopen – over verroeste onderdelen van auto's uit 1950 en 1951.

McNamara was het schoolvoorbeeld van de manager uit het midden van de twintigste eeuw, de hyperrationele leidinggevende die liever op cijfers vertrouwde dan op gevoelens en die zijn kwantitatieve expertise in elke branche waar hij zich bewoog, kon toepassen. In 1960 werd hij tot directeur van Ford benoemd, een positie die hij slechts een paar weken bekleedde voordat president Kennedy hem tot minister van Defensie benoemde.



Naarmate het Vietnam-conflict escaleerde en de VS steeds meer troepen stuurde, werd duidelijk dat het in deze oorlog om wilskracht ging en niet om grondgebied. De Amerikaanse strategie was om net zolang op de Vietcong in te beuken tot die wel aan de onderhandelingstafel móést komen. De vorderingen konden derhalve worden afgemeten aan het aantal gedode vijanden. Het aantal lijken werd dagelijks in de kranten bekendgemaakt. Voor de voorstanders van de oorlog was dat het bewijs dat er vooruitgang werd geboekt, voor de critici dat de oorlog immoreel was. Het aantal lijken was het gegevenspunt dat een symbool werd voor een heel tijdperk.

In 1977, twee jaar nadat de laatste helikopter van het dak van de Amerikaanse ambassade in Saigon was opgestegen, publiceerde

Douglas Kinnard, een legergeneraal in ruste, een geruchtmakend boek over de visie van de toenmalige generaals, *The War Managers*. In het boek werd het moeras van de kwantificatie blootgelegd. Slechts 2 procent van de Amerikaanse generaals beschouwde het aantal lijken als een goede maatstaf voor de geboekte vooruitgang. Ongeveer tweederde zei dat het aantal vaak werd overdreven. 'Nep, totaal onbruikbaar,' schreef een van de generaals. 'Vaak flagrante leugens,' schreef een ander. 'De aantallen werden door veel eenheden schromelijk overdreven, vooral vanwege de bovenmatige belangstelling die mensen als McNamara ervoor hadden,' aldus een derde.

Zoals de productiechefs uit de Ford-fabriek motoronderdelen in de rivier gooiden, zo gaven onderofficieren hun superieuren soms indrukwekkende cijfers door om het commando te behouden of hun eigen carrière te bevorderen – ze zeiden gewoon wat de hoge pieten wilden horen. McNamara en de mannen om hem heen vertrouwden blind op die cijfers, aanbaden ze. Met zijn onberispelijk achterovergekamde haar en zijn perfect gestrikte das meende McNamara dat hij de gebeurtenissen op het slagveld kon doorgronden door naar een tabel te kijken – naar al die keurige rijen en kolommen, die berekeningen en grafieken, die hij feilloos doorzag en die hem één standaarddeviatie dichter bij God brachten.



Het gebruik en misbruik van gegevens door het Amerikaanse leger tijdens de Vietnam-oorlog is een verontrustende les over de beperkingen van informatie in het tijdperk van de small data, een les die we ons goed ter harte moeten nemen nu de wereld zich richting big data spoedt. De kwaliteit van de onderliggende gegevens kan slecht zijn. Ze kunnen vertekend zijn. Ze kunnen verkeerd geanalyseerd worden of op een misleidende manier gebruikt. En, wat nog veel ernstiger is, ze kunnen iets heel anders weergeven dan datgene wat ze beweren te kwantificeren.

We zijn vatbaarder voor de 'dictatuur van gegevens' – de neiging ons door gegevens te laten sturen op een manier die evenveel kwaad als goed kan doen – dan we misschien denken. Het gevaar is dat we ons klakkeloos verbinden aan de uitkomsten van onze analyses, zelfs wanneer we goede redenen hebben om te vermoeden dat er iets niet klopt. Of dat we geobsedeerd raken door het verzamelen van feiten en cijfers puur omwille van de gegevens. Of dat we een groter waarheidsgehalte aan de gegevens toekennen dan ze verdienen.

Naarmate steeds meer aspecten van ons leven gedataficeerd worden, is de eerste oplossing waar beleidsmakers en zakenmensen naar zullen grijpen het verzamelen van meer gegevens. 'Wij vertrouwen op God – van alle anderen willen we gegevens,' is de mantra van de moderne manager, te horen op werkplekken in Silicon Valley, op fabrieksvloeren en in de wandelgangen van overheidsinstellingen. Dat standpunt is wijdverbreid, maar gegevens kunnen je makkelijk op een dwaalspoor brengen.

Gaat het bergafwaarts met het onderwijs? Voer gestandaardiseerde tests in om prestaties te meten en straf docenten of scholen  die daar niet aan voldoen. Of die tests werkelijk de vaardigheden van schoolkinderen, de kwaliteit van de lessen of de behoeften van een creatieve, flexibele moderne werknemer meten staat te bezien – maar die kanttekening zullen de gegevens zelf nooit maken.

Wil je terrorisme voorkomen? Creëer talloze observatielijsten en vliegverboden om het luchtruim te bewaken. Of zulke gegevensverzamelingen de bescherming bieden die ze beloven, valt te betwijfelen. Bij een beroemd incident werd de inmiddels overleden senator Ted Kennedy van Massachusetts aangehouden wegens een vliegverbod en ondervraagd, simpelweg omdat hij dezelfde naam had als iemand in de database.

Mensen die met gegevens werken, hebben een term voor dat soort problemen: *garbage in, garbage out* – als je ergens rotzooi in stopt, komt er ook rotzooi uit. In sommige gevallen komt dat door de kwaliteit van de onderliggende informatie, maar vaak is de reden een verkeerde toepassing van de analysetechniek. Bij big data kunnen dat soort problemen vaker gaan optreden of vérstrekkender gevolgen hebben.

Zoals we al in vele eerdere voorbeelden hebben gezien, doet Google alles aan de hand van gegevens. Aan die strategie is onmiskenbaar een groot deel van het succes van het bedrijf te danken. Maar Google struikelt ook wel eens. De oprichters, Larry Page en Sergey Brin, beweerden lange tijd dat ze de SAT-score en het gemiddelde eindexamencijfer van alle sollicitanten kenden. In hun optiek stond het eerste getal voor hun potentieel en was het tweede een maat voor hun prestaties. Managers van in de veertig met een productief arbeidsverleden werden tot hun verbijstering achter de vodden gezeten om hun scores in te leveren. Het bedrijf bleef zelfs om de getallen vragen toen uit intern onderzoek allang was gebleken dat er geen correlatie bestond tussen de scores en arbeidsprestaties.



Google zou beter moeten weten dan zich door de valse bekoring van gegevens te laten verleiden. De scores laten weinig ruimte voor ontwikkeling tijdens iemands leven. Ze verdisconteren geen praktijkkennis, alleen boekenwijsheid. En ze geven de kwalificaties mogelijk niet goed weer bij mensen uit de alfawetenschappen, waar knowhow wellicht minder goed kwantificeerbaar is dan in de exacte wetenschappen en de techniek. Googles obsessie met het gebruik van zulke gegevens voor personeelszaken is des te vreemder als je bedenkt dat de oprichters van het bedrijf op montessorischolen hebben gezeten, waar de nadruk niet op cijfers ligt maar op leren. Het bedrijf verviel hiermee in dezelfde fouten die oudere technologiebedrijven maakten door meer waarde te hechten aan cv's dan aan werkelijke vaardigheden. Zouden Larry en Sergey, die geen van beiden hun studie afmaakten, ook maar enige kans hebben gemaakt managers te worden in de legendarische Bell Labs? Volgens de criteria van Google zou noch Bill Gates, noch Mark Zuckerberg, noch Steve Jobs daar in dienst zijn genomen, want zij hebben geen van allen universitaire diploma's.

Het vertrouwen van het bedrijf in gegevens lijkt soms overtrokken. Marissa Mayer, die er vroeger een van de hoogste leidinggevenden was, gaf haar ondergeschikten een keer de opdracht eenenveertig tinten blauw te testen om te kijken welke mensen het meest gebruikten en zo de kleur van een werkbalk op de site te bepalen. De eerbied voor gegevens is bij Google wel eens te extreem. En dat heeft ook tot protesten geleid.

In 2009 nam Douglas Bowman, topontwerper bij Google, nijdig ontslag omdat hij de permanente kwantificatie van alles niet meer uithield. 'Ik had pasgeleden een discussie over de vraag of een rand drie, vier of vijf pixels breed moest zijn en kreeg het verzoek mijn visie met bewijzen te staven. In zo'n omgeving kan ik niet werken,' schreef hij in een blogstuk waarin hij zijn ontslag bekendmaakte. 'Als een bedrijf vergeven is van de technici, gebruikt het techniek om problemen op te lossen. Alle beslissingen worden herleid tot simpele logische problemen. Die gegevens vormen uiteindelijk de basis voor alle beslissingen, en dat verlamt het bedrijf.'

Briljantheid is niet afhankelijk van gegevens. Het mag zo zijn dat Steve Jobs de Mac-laptop in de loop der jaren voortdurend aan de hand van onderzoeksrapporten heeft verbeterd, maar hij gebruikte zijn intuïtie, geen gegevensanalyse, om de iPod, de iPhone en de iPad te lanceren. Hij vertrouwde op zijn zesde zintuig. 'Het is niet de taak van de consument te weten wat hij wil,' is een beroemde uitspraak van hem tegen een journalist aan wie hij wilde uitleggen waarom Apple geen marktonderzoek had gedaan voordat het de iPad introduceerde.



In zijn boek *Seeing like a State* zet de antropoloog James Scott van de Yale-universiteit de manieren uiteen waarop overheden met hun kritiekloze aanbidding van kwantificatie en gegevens het leven van hun burgers beroerder maken in plaats van beter. Ze gebruiken kaarten om te bepalen hoe plaatsen moeten worden gereorganiseerd in plaats van meer te weten te komen over de mensen die er wonen. Ze gebruiken lange tabellen met gegevens over oogsten om te beslissen dat de landbouw wordt gecollectiviseerd zonder enig verstand van het boerenbedrijf te hebben. Ze analyseren alle gebrekkige, spontane manieren waarop mensen in de loop van de tijd contact met elkaar hebben gehad en plooien de gegevens zoals het hun uitkomt, soms puur vanuit een verlangen naar kwantificeerbare orde. Het gebruik van gegevens dient in Scotts ogen vaak om de machtigen nog machtiger te maken.

Dat is de dictatuur van gegevens par excellence. Het was vanuit een vergelijkbare hoogmoed dat de VS de Vietnam-oorlog voor een deel op basis van aantallen lijken liet escaleren in plaats van zijn beslissingen op betekenisvoller feiten te baseren. 'Het is maar al te waar dat niet elke denkbare complexe menselijke situatie zich volledig laat reduceren tot lijnen in een grafiek, percentages in een diagram of cijfers in een balans,' zei McNamara in 1967 in een toespraak als reactie op de groeiende binnenlandse protesten. 'Maar over elke werkelijkheid kan rationeel worden gepraat. En als je niet kwantificeert wat kwantificeerbaar is, stel je je tevreden met minder dan het volledige scala aan rationele feiten.' Ja, mits de juiste gegevens op de juiste manier worden gebruikt en niet gerespecteerd puur omdat het gegevens zijn.



Robert Strange McNamara werd in de jaren zeventig president van de Wereldbank en schilderde zichzelf vervolgens in de jaren tachtig af als duif. Hij ontpopte zich tot een onverbloemde criticus van kernwapens en een voorstander van milieubescherming. Later in zijn leven onderging hij een intellectuele bekering en schreef hij een autobiografie, *In Retrospect*, waarin hij de gedachte achter de oorlog en zijn eigen beslissingen als minister van Defensie bekritiseerde. 'We hadden het mis, verschrikkelijk mis,' schreef hij. Maar hij doelde op de algehele strategie van de oorlog. Wat betreft de gegevens, en met name het aantal lijken, bleef hij koppig aan zijn oude standpunt vasthouden. Hij gaf toe dat de statistieken 'misleidend of onjuist' waren. 'Maar je moet alles tellen wat telbaar is. Het aantal gesneuvelden valt daaronder.' McNamara stierf in 2009 op drieënnegentigjarige leeftijd; hij was intelligent, maar niet wijs.

Big data kan ons ertoe verleiden in de zonde van McNamara

te vervallen: zozeer op de gegevens gefixeerd te raken, en zo geobsedeerd door de macht en wijsheid die ze beloven, dat we de beperkingen ervan niet meer zien. Om een glimp op te vangen van het big data-equivalent van het aantal lijken hoeven we alleen nog maar eens naar het Google-grieponderzoek te kijken. Denk aan een – niet geheel ondenkbare – situatie waarin een dodelijke griepstam een vernietigend spoor door het land trekt. Medici zouden dan dankbaar zijn als ze de grootste griephaarden realtime zouden kunnen voorspellen door middel van zoekopdrachten. Dan wisten ze waar ze het eerst hulp moesten gaan bieden.

Maar stel dat de politieke leiders in tijden van crisis redeneren dat het niet voldoende is alleen maar te weten waar de ziekte waarschijnlijk erger zal worden en te proberen haar daar de pas af te snijden. En dat ze daarom opdracht geven tot algemene quarantaine – zij het niet voor álle mensen in de betreffende gebieden, wat onnodig en veel te zwaar geschut zou zijn. Nee, dankzij big data kunnen ze veel preciezer te werk gaan. Daarom geldt de quarantaine alleen voor de individuele internetgebruikers wier zoektermen de hoogste correlatie hadden met het hebben van griep. De politieke leiders beschikken over de gegevens van degenen om wie het gaat. FBI-agenten drijven de individuele webzoekers aan de hand van lijsten met IP-adressen en informatie van mobiele gps'en bijeen in quarantainecentra.



Maar hoe redelijk dit scenario voor sommigen misschien ook klinkt, het deugt van geen kanten. Correlaties betekenen niet dat er een causaal verband bestaat. De betreffende mensen kunnen griep hebben of niet. Daar zouden ze op getest moeten worden. Ze zouden gevangenen zijn van een voorspelling, en, nog belangrijker, ze zouden het slachtoffer zijn van een kijk op gegevens die blijk geeft van onbegrip voor de werkelijke betekenis van de informatie. De clou van het echte Google-grieponderzoek is dat bepaalde zoektermen een *correlatie* hebben met de griepepidemie – maar die correlatie kan om allerlei redenen bestaan, bijvoorbeeld omdat gezonde collega's iemand op kantoor horen niezen en online gaan om te weten te komen hoe ze zichzelf kunnen beschermen – niet omdat die zoekers zelf ziek zijn.

## DE DUISTERE KANT VAN BIG DATA

Zoals we hebben gezien maakt big data een intensievere observatie van ons leven mogelijk, terwijl een deel van de wettelijke middelen om de privacy te beschermen er vrijwel betekenisloos door is geworden. Big data holt ook de belangrijke techniek van het anonimiseren van gegevens uit. Even verontrustend is het dat big data-voorspellingen over individuele burgers effectief gebruikt kunnen worden om mensen voor hun neigingen in plaats van voor hun daden te straffen. Dat ontkent het bestaan van de vrije wil en tast de menselijke waardigheid aan.

Tegelijkertijd bestaat er een reëel risico dat de voordelen van big data mensen ertoe zullen verleiden de technieken op plaatsen in te zetten waar ze niet echt geschikt zijn, of een bovenmatig vertrouwen te stellen in de resultaten van de analyses. Als big data-voorspellingen beter worden, zal die verleiding alleen maar toenemen, wat kan leiden tot een obsessie met gegevens 'omdat je er zoveel mee kunt'. Dat was de vloek van McNamara en het is de les die je uit zijn verhaal kunt trekken.

We moeten op onze hoede zijn voor een te groot vertrouwen in gegevens en niet in dezelfde fout vervallen als Icarus, die verzot was op zijn technische vliegkunst, maar die op een verkeerde manier gebruikte en in zee viel. In het volgende hoofdstuk bekijken we manieren om controle te houden over big data, opdat de gegevens ons niet gaan controleren.

# 9

# Controle

Veranderingen in de manier waarop we informatie produceren en ermee in interactie staan, leiden tot veranderingen in de regels die we gebruiken om onszelf te sturen en in de waarden die de samenleving moet beschermen. Laten we eens naar een voorbeeld kijken uit de tijd van de vorige gegevenszondvloed, die werd ontketend door de boekdrukkunst.

Voordat Johannes Gutenberg rond 1450 de drukpers uitvond, beperkte de verspreiding van ideeën zich bijna geheel tot persoonlijke contacten. Boeken waren bijna alleen te vinden in bibliotheken van kloosters, streng bewaakt door monniken die namens de katholieke kerk optraden om haar heerschappij te beschermen en te handhaven. Buiten de kerk waren boeken uiterst zeldzaam. Een paar universiteiten hadden enkele tientallen of honderden boeken verzameld. De universiteit van Cambridge had aan het begin van de vijftiende eeuw slechts 122 boekdelen.

Binnen enkele decennia na Gutenbergs uitvinding stonden er overal in Europa drukpersen, waarmee de massaproductie van boeken en pamfletten mogelijk werd. Toen Maarten Luther de

Latijnse Bijbel in de Duitse volkstaal vertaalde, hadden mensen opeens een reden om te leren lezen: ze konden de Bijbel zelf lezen en buiten priesters om kennisnemen van het woord van God. De Bijbel werd een bestseller. En als mensen eenmaal konden lezen, bleven ze dat doen. Sommigen besloten zelfs te gaan schrijven. Binnen één mensenleeftijd was de informatiestroom van een dun straaltje aangezwollen tot een stortvloed.

Die ingrijpende verandering baande ook de weg voor nieuwe regels om de door de drukpers ontketende informatie-explosie in de hand te houden. De seculiere staat bestendigde zijn macht en voerde censuur en vergunningen in om het gedrukte woord in bedwang te houden en te controleren. Het auteursrecht werd ingesteld om schrijvers een wettelijke en economische motivatie tot scheppen te bieden. Later drongen intellectuelen aan op regels om drukwerk tegen beteugeling van overheidswege te beschermen; in de negentiende eeuw werd de vrijheid van drukpers in steeds meer landen grondwettelijk verankerd. Maar die rechten gingen gepaard met verantwoordelijkheden. Toen venijnige kranten de privacy met voeten traden of reputaties belasterden, werden er regels ingesteld om de privésfeer van mensen af te schermen en hun de mogelijkheid te bieden anderen wegens smaad voor de rechter te dagen.



Maar die veranderingen op bestuurlijk gebied weerspiegelen ook een dieper liggende, fundamentelere verandering van de onderliggende waarden. In de schaduw van Gutenberg gingen we voor het eerst de kracht van het geschreven woord beseffen – en uiteindelijk het belang van informatie die zich op grote schaal door de samenleving verspreidt. Naarmate de eeuwen verstreken, kozen we voor steeds meer in plaats van minder informatiestromen en voor het beteugelen van uitwassen, niet door middel van censuur maar met regels die misbruik van informatie aan banden legden.

Nu de wereld zich in de richting van big data beweegt, zal er in de samenleving een vergelijkbare tektonische verschuiving optreden. Big data heeft al invloed op allerlei aspecten van ons leven en onze manieren van denken, en dwingt ons basisprincipes opnieuw te overdenken om de groei ervan te bevorderen en de potentiële schade te beperken. Maar anders dan onze voorouders tijdens en na de uitvinding van de boekdrukkunst hebben we geen eeuwen om ons aan te passen, maar misschien slechts een paar jaar.

Een paar kleine veranderingen aan bestaande regels zijn niet voldoende om de gevolgen van de opkomst van big data in de hand te houden en de duistere kant ervan te temmen. De situatie vraagt niet om een parametrische, maar om een paradigmatische verandering. Voor de bescherming van de privacy is het nodig dat big data-gebruikers meer verantwoordelijkheid nemen voor hun daden. Tegelijk zal de samenleving het hele rechtsstelsel moeten aanpassen om de menselijke handelingsvrijheid te garanderen (en mensen verantwoordelijk te kunnen stellen voor hun daden). En ten slotte zullen er nieuwe instellingen en deskundigen nodig zijn om de complexe algoritmes te interpreteren die aan big data-bevindingen ten grondslag liggen en mensen te steunen die schade zouden kunnen lijden als gevolg van big data.



## VAN PRIVACY NAAR AANSPRAKELIJKHEID

Decennialang was het een basisprincipe van privacywetgeving overal ter wereld om individuele burgers zelf te laten bepalen of, hoe en door wie hun persoonlijke informatie mag worden verwerkt. In het internettijdperk is dat prijzenswaardige ideaal vaak verworden tot een formulair systeem van 'informeren en om toestemming vragen'. In het tijdperk van de big data, waarin een groot deel van de waarde van de gegevens gelegen is in secundaire toepassingen die vaak nog niet werden voorzien toen de gegevens werden verzameld, is zo'n mechanisme niet meer geschikt voor het garanderen van de privacy.

Wij stellen ons voor het big data-tijdperk een totaal ander privacykader voor, dat minder nadruk legt op de toestemming van de burger ten tijde van de registratie en meer op het verantwoordelijk stellen van gebruikers voor wat ze doen. In een dergelijke wereld maken bedrijven een formele inschatting van een bepaald hergebruik van gegevens op basis van de gevolgen die dat heeft voor burgers wier persoonlijke informatie wordt verwerkt. Dat hoeft niet in alle gevallen tot in alle details te worden uitgewerkt, want toekomstige privacywetten zullen brede gebruikscategorieën definiëren, waaronder categorieën die zijn toegestaan zonder of met beperkte, gestandaardiseerde veiligheidsmaatregelen. Voor riskantere initiatieven zullen regelgevers basisregels opstellen voor de manieren waarop gebruikers van de gegevens de gevaren van een geplande toepassing dienen te taxeren, en zullen ze kunnen bepalen wat de potentiële schade het best voorkomt of inperkt. Dat stimuleert een creatief hergebruik van gegevens terwijl het tegelijkertijd garandeert dat er voldoende maatregelen worden genomen om te zorgen dat individuele burgers geen schade lijden.



Als gebruikers van gegevens op de correcte manier een formele inschatting maken en de bevindingen daarvan nauwkeurig implementeren, hebben ze daar merkbaar voordeel van: ze zullen in veel gevallen vrij zijn om secundaire toepassingen uit te voeren zonder naar de individuele burger terug te hoeven gaan om diens expliciete toestemming te vragen. Anderzijds kunnen gebruikers die toepassingen slordig taxeren of veiligheidsmaatregelen slecht implementeren te maken krijgen met aanklachten, represailles zoals bevelschriften en boetes, en zelfs strafrechtelijke vervolging. De aansprakelijkheid van gegevensgebruikers werkt alleen als die ook streng wordt gehandhaafd.

Om een idee te krijgen hoe dat in de praktijk zou kunnen gaan, kun je denken aan het voorbeeld van de dataficatie van achterwerken uit hoofdstuk 5. Stel dat een bedrijf een diefstalbeveiliging voor een auto heeft verkocht met het zitvlak van de bestuurder als unieke identificatie. Later voert het bedrijf een nieuwe gegevensanalyse uit om de ‘alertheidstoestand’ van de bestuurder te kunnen voorspellen, bijvoorbeeld of hij slaperig, aangeschoten of kwaad is, en aan de hand daarvan waarschuwingen aan andere weggebruikers in de omgeving te sturen om ongelukken te voorkomen. Onder de huidige privacyregels zou het bedrijf kunnen denken dat er een nieuw rondje 'informeren en om toestemming vragen' nodig is, omdat het eerder geen toestemming heeft gekregen om de informatie op die manier te gebruiken. Maar onder het systeem van aansprakelijkheid van de gegevensgebruiker zou het bedrijf een inschatting maken van de gevaren van de beoogde toepassing, en als het die minimaal achtte kon het zijn plan gewoon ten uitvoer brengen – en en passant de verkeersveiligheid vergroten.

Het verplaatsen van de last van de verantwoordelijkheid van het publiek naar de gebruikers van de gegevens is om een aantal redenen zinnig. Zij weten veel meer dan ieder ander, en zeker meer dan consumenten of regelgevers, over hun intenties met het  gebruik van de gegevens. Door de inschatting zelf uit te voeren (of deskundigen in te huren om dat te doen) omzeilen ze het probleem dat ze geen vertrouwelijke bedrijfsstrategieën aan buitenstaanders willen onthullen. En, misschien wel het belangrijkste, de gebruikers van de gegevens profiteren het meest van de secundaire toepassing, dus het is niet meer dan billijk dat zij ook aansprakelijk worden gesteld voor hun daden en dat zij zelf belast worden met dit onderzoek.

Binnen zo'n alternatief privacykader zullen gegevensgebruikers niet meer wettelijk verplicht zijn om persoonlijke informatie te wissen nadat die aan haar primaire doel heeft beantwoord, zoals de meeste privacywetten op dit moment eisen. Dat is een belangrijke verandering, want zoals we hebben gezien, kunnen de Maury's van onze tijd alleen volledig tot bloei komen door de sluimerende waarde van gegevens aan te boren en zichzelf – en de samenleving – zo optimaal van de gegevens te laten profiteren. Gegevensgebruikers zullen persoonlijke informatie nu langer mogen bewaren, zij het niet onbeperkt. De samenleving dient de voordelen van hergebruik zorgvuldig af te wegen tegen het risico van te veel ongewenste onthullingen.

Om het juiste evenwicht te vinden kunnen regelgevers ervoor kiezen verschillende tijdslimieten voor hergebruik vast te stellen, afhankelijk van het inherente risico van de gegevens en de vigerende waarden van verschillende samenlevingen. Sommige landen kunnen behoedzamer zijn dan andere, net zoals sommige soorten gegevens als gevoeliger kunnen worden beschouwd dan andere. Die benadering verdrijft ook het spook van het 'onfeilbare geheugen' – het risico dat je nooit meer aan je verleden kunt ontsnappen omdat de digitale archieven altijd weer kunnen worden opgediept. In dat laatste geval hangen onze persoonlijke gegevens als een zwaard van Damocles boven ons en dreigen ze ons vele jaren na nu te doorboren met een zeer persoonlijk detail of een betreurenswaardige aankoop. Tijdslimieten vormen voor de gebruikers ook een prikkel om de gegevens te gebruiken voordat ze ze weer kwijt zijn. Daarmee wordt naar onze overtuiging een beter evenwicht bereikt voor het tijdperk van de big data: bedrijven krijgen het recht om persoonlijke gegevens langer te gebruiken, maar in ruil daarvoor moeten ze verantwoordelijkheid nemen voor de toepassingen ervan en de verplichting aangaan persoonlijke gegevens na een bepaalde periode te wissen.



Naast de verschuiving in de regelgeving van 'privacy door het vragen van toestemming' naar 'privacy door aansprakelijkheid' voorzien wij ook technische innovaties die in bepaalde gevallen helpen bij het beschermen van de privacy. Een voorbeeld van zo'n innovatieve benadering is het concept 'differentiële privacy': hierbij worden de gegevens opzettelijk vervaagd zodat een zoekopdracht in een grote gegevensverzameling geen exacte resultaten oplevert, maar alleen resultaten die bij benadering juist zijn. Dat maakt het moeilijk en kostbaar om specifieke gegevenspunten aan bepaalde personen te koppelen.

Het lijkt alsof door het vervagen van informatie waardevolle inzichten verloren zouden kunnen gaan. Maar dat hoeft niet zo te zijn – althans, het compromis kan gunstig uitvallen. Deskundigen op het gebied van technologiebeleid wijzen er bijvoorbeeld op dat Facebook een vorm van differentiële privacy toepast als het bedrijf informatie over gebruikers aan potentiële adverteerders doorgeeft: de gemelde getallen zijn benaderingen, zodat er geen individuele gebruikers mee te identificeren zijn. Een zoekactie naar Aziatische vrouwen in Atlanta die geïnteresseerd zijn in ashtanga-yoga zal een resultaat opleveren als 'circa 400' in plaats van een exact aantal, zodat het onmogelijk is de informatie statistisch te herleiden tot één specifieke persoon.

De verschuiving van de controle van de toestemming van individuele burgers naar aansprakelijkstelling van de gebruikers van de gegevens is een fundamentele en cruciale verandering die noodzakelijk is voor een effectief beheer van big data. Maar het is niet de enige.



## MENSEN CONTRA VOORSPELLINGEN

Rechtbanken stellen mensen verantwoordelijk voor hun daden. Wanneer rechters na een eerlijk proces hun onpartijdige beslissing bekendmaken, heeft het recht zijn loop gehad. Maar in het tijdperk van de big data moet ons begrip van de rechtspraak opnieuw worden geijkt om het idee van de menselijke vrije wil tot handelen in stand te houden: het principe dat mensen zelf bepalen wat ze doen. Dat is het simpele idee dat personen verantwoordelijk kunnen en moeten worden gesteld voor hun gedragingen, niet voor hun neigingen.

Vóór het big data-tijdperk was die fundamentele vrijheid vanzelfsprekend. Zo vanzelfsprekend zelfs dat er meestal niets over hoefde te worden gezegd. Zo werkt ons rechtsstelsel uiteindelijk: we stellen mensen verantwoordelijk voor hun daden door vast te stellen wat ze hebben gedaan. Maar met big data zijn we in staat menselijk handelen steeds nauwkeuriger te voorspellen. Daardoor komen we in de verleiding mensen niet te veroordelen voor wat ze hebben gedaan, maar voor wat we hebben voorspeld dat ze zouden doen.

In het big data-tijdperk zullen we ons begrip van rechtspraak moeten uitbreiden en moeten eisen dat het garanties omvat voor erkenning van de vrijheid van het menselijk handelen, net zoals we nu de eerlijkheid van het proces bewaken. Zonder zulke garanties kan het hele begrip rechtspraak volkomen worden uitgehold.

Door de vrije wil van de mens te garanderen, zorgen we ervoor dat beoordelingen van ons gedrag door de overheid gebaseerd zijn op werkelijke daden, niet simpelweg op een big data-analyse. De overheid dient ons uitsluitend verantwoordelijk te stellen voor onze handelingen in het verleden, niet voor statistische voorspellingen van toekomstige. En als de overheid handelingen in het verleden beoordeelt, moet voorkomen worden dat ze daarbij uitsluitend op big data afgaat. Zie bijvoorbeeld het geval van negen bedrijven die werden verdacht van prijsafspraken. Het is volkomen acceptabel om big data-analyses te gebruiken om mogelijke geheime afspraken op het spoor te komen, zodat regelgevers met de traditionele middelen een onderzoek kunnen instellen en juridisch bewijs kunnen verzamelen. Maar de bedrijven kunnen niet schuldig worden bevonden enkel en alleen omdat op grond van big data kan worden vastgesteld dat ze waarschijnlijk een delict hebben gepleegd.



Een vergelijkbaar principe dient ook op andere dan overheidsterreinen te gelden, namelijk als bedrijven belangrijke beslissingen over ons nemen – om ons in dienst te nemen of te ontslaan, ons een hypotheek aan te bieden of een creditcard te weigeren. Als ze die beslissingen hoofdzakelijk op big data-voorspellingen baseren, adviseren wij bepaalde waarborgen in te bouwen. Ten eerste openheid: het beschikbaar stellen van de gegevens en het algoritme dat aan de voorspelling ten grondslag ligt die betrekking heeft op een individuele persoon. Ten tweede certificatie: het algoritme voor bepaalde gevoelige toepassingen door een onafhankelijke deskundige laten certificeren als compleet en correct. En ten derde weerlegbaarheid: concrete manieren aangeven waarop mensen een voorspelling over henzelf kunnen ontzenuwen. (Dit is analoog aan de wetenschappelijke traditie om alle factoren te vermelden die de resultaten van een onderzoek eventueel zouden kunnen ondergraven.)

Het belangrijkste is dat het veiligstellen van de menselijke vrije wil ons beschermt tegen een gegevensdictatuur waarin we de gegevens meer betekenis en gewicht toekennen dan ze verdienen.

Net zo belangrijk is het beschermen van de individuele verantwoordelijkheid. De samenleving zal aan een sterke verleiding blootstaan om individuele burgers niet langer aansprakelijk te stellen en in plaats daarvan over te stappen op risicobeheer, dat wil zeggen: op het baseren van beslissingen over mensen op berekende kansen en waarschijnlijkheden van potentiële uitkomsten. Nu er zoveel ogenschijnlijk objectieve gegevens beschikbaar zijn, kan het aanlokkelijk lijken om het beslissingsproces te ontdoen van alle emotionele en persoonlijke elementen, om op algoritmes te vertrouwen in plaats van op subjectieve beoordelingen door rechters, en om taxateurs en beslissingen niet te formuleren in termen van persoonlijke verantwoordelijkheid, maar van 'objectievere' risico's en het voorkomen daarvan.



Er gaat bijvoorbeeld een sterke verleiding uit van het idee om met big data te voorspellen welke mensen waarschijnlijk misdaden zullen plegen en hen aan een speciale behandeling te onderwerpen, hen uit naam van de risicoreductie telkens opnieuw te onderzoeken. Mensen die in deze groep worden ingedeeld zouden, zeer terecht, het gevoel kunnen krijgen dat ze worden gestraft zonder ooit te zijn aangesproken op en verantwoordelijk gesteld voor iets wat ze echt hebben gedaan. Stel dat een algoritme bepaalt dat er een grote kans is dat een bepaalde tiener ergens in de komende drie jaar een ernstig misdrijf zal plegen. Als gevolg daarvan regelt de overheid dat hij maandelijks bezoek krijgt van een maatschappelijk werker die hem in de gaten houdt en probeert hem op het rechte pad te houden.

Als die tiener en zijn familie, vrienden, docenten of werkgevers die bezoeken als stigmatiserend ervaren, wat heel goed denkbaar is, heeft de overheidsinterventie het effect van een straf voor iets wat nooit is gebeurd. En het wordt er niet veel beter van als de bezoeken niet als een straf worden gezien, maar gewoon als een poging de kans op toekomstige problemen te verkleinen – als een manier om een risico te minimaliseren (in dit geval het risico op een misdrijf dat de openbare veiligheid zou aantasten). Hoe meer we opschuiven van aansprakelijk stellen van mensen voor hun daden in de richting van vertrouwen op interventies op grond van gegevensanalyses om de risico's voor de samenleving te reduceren, hoe meer we het ideaal van de individuele verantwoordelijkheid uithollen. De voorspellende staat is de overtreffende trap van de betuttelende staat. Als je mensen de verantwoordelijkheid voor hun daden ontzegt, beroof je hen van de fundamentele vrijheid om zelf te bepalen wat ze doen.



Als de staat veel van zijn beslissingen baseert op voorspellingen en de wens tot het reduceren van risico's, doen onze individuele keuzes – en daarmee onze individuele vrijheid van handelen – er niet meer toe. Zonder schuld kan er ook geen onschuld zijn. Bezwijken voor de verleiding van die benadering zou onze samenleving niet sterker, maar zwakker maken.

Een fundamentele pijler van big data-beheer moet de garantie zijn dat we mensen zullen blijven beoordelen op grond van hun persoonlijke verantwoordelijkheid en hun daadwerkelijke gedrag, en dat we niet door 'objectieve' gegevensanalyse gaan bepalen of ze mogelijk misdadigers zijn. Alleen dan behandelen we hen als mensen: als personen die de vrijheid hebben hun handelingen zelf te kiezen en het recht om daarop te worden beoordeeld.

## HET OPENBREKEN VAN DE BLACK BOX

Computersystemen nemen hun beslissingen op dit moment aan de hand van regels die er expliciet in zijn geprogrammeerd. Als een beslissing verkeerd uitpakt, wat onvermijdelijk af en toe het geval is, kunnen we dus precies nagaan waarom de computer die beslissing heeft genomen. We kunnen bijvoorbeeld vragen onderzoeken als: 'Waarom zette de automatische piloot een met vijf graden stijgende koers in toen een externe sensor een plotselinge piek in de luchtvochtigheid mat?' De huidige computercode kan worden geopend en geïnspecteerd, en de mensen die die code kunnen interpreteren, kunnen de herkomst van de beslissingen van de computer traceren en doorgronden, hoe complex die ook zijn.

Maar bij big data-analyses zal die traceerbaarheid veel lastiger worden. De basis van de voorspellingen van een algoritme zal voor de meeste mensen te ingewikkeld zijn om te ontrafelen.

Toen computers nog expliciet werden geprogrammeerd om een reeks instructies op te volgen, zoals in het oude vertaalprogramma Russisch-Engels in 1954 van IBM, kon een mens makkelijk doorzien waarom de software het ene woord door het andere verving.

Maar Google Translate betrekt miljarden pagina's met vertalingen bij zijn beslissing of op een bepaalde plaats het Engelse woord *light* in het Frans moet worden vertaald als *lumière* (licht in de zin van 'schijnsel') of als *léger* (licht van gewicht). Het is voor een mens onmogelijk om de exacte redenen te traceren waarom het programma een bepaald woord kiest, omdat die beslissing gebaseerd is op gigantische hoeveelheden gegevens en enorme statistische berekeningen.

Big data werkt op een schaal die ons gewone begrip te boven gaat. Zo was de correlatie die Google aanwees tussen een handvol zoektermen en de griep het resultaat van het uitproberen van 450 miljoen wiskundige modellen. Anderzijds definieerde Cynthia Rudin aanvankelijk 106 voorspellers voor het al dan niet in brand vliegen van een put, en ze kon aan de directie van Con Edison uitleggen waarom haar programma bepaalde inspectielocaties als urgent aanwees. 'Verklaarbaarheid', zoals het in kunstmatige-intelligentiekringen wordt genoemd, is belangrijk voor mensen, die graag willen weten waaróm, niet alleen wát. Maar stel nu eens dat het systeem niet 106 voorspellers had geïdentificeerd maar 601, waarvan het merendeel een erg lage weging had maar die allemaal bij elkaar de nauwkeurigheid van het systeem vergrootten – de basis van een voorspelling kan verbijsterend complex zijn. Wat had ze dan tegen de directie moeten zeggen om die te overtuigen dat ze de beperkte beschikbare middelen in bepaalde inspecties moesten investeren en niet in andere?

In dit soort scenario's zien we het risico dat big data-voorspellingen en de algoritmes en gegevensverzamelingen erachter black boxes worden die geen aansprakelijkheid, traceerbaarheid of zekerheid meer bieden. Om dat te voorkomen moeten voor big data controle en transparantie verplicht worden, en daarvoor zullen nieuwe soorten expertise en nieuwe instanties nodig zijn. Die nieuwe spelers bieden steun op gebieden waar de samenleving de behoefte heeft om big data-voorspellingen kritisch te onderzoeken en om mensen die zich erdoor tekortgedaan voelen in staat te stellen schadeloosstelling te eisen.



Als samenleving hebben we zulke instituten vaak zien ontstaan wanneer er door een plotselinge stijging van de complexiteit en specialisatie op een bepaald gebied een sterke behoefte bestond aan experts die met de nieuwe technieken overweg konden. Op gebieden als rechtspraak, geneeskunde, boekhoudkunde en techniek heeft die verandering zich al meer dan een eeuw geleden voltrokken. In recentere tijden zijn er specialisten gekomen op het gebied van computerbeveiliging en privacy om te garanderen dat bedrijven zich aan de richtlijnen houden die zijn vastgesteld door instellingen als de International Organization for Standards (die zelf is opgericht om te voldoen aan de nieuwe behoefte aan richtlijnen op dat gebied).

Voor big data zal een nieuwe groep mensen die rol op zich moeten nemen. Misschien zullen ze 'algoritmisten' worden genoemd. Er kunnen twee vormen ontstaan: onafhankelijke controleurs die bedrijven van buitenaf in de gaten houden; en werknemers of afdelingen die dat van binnenuit doen, net zoals bedrijven accountants in dienst hebben maar hun boeken ook door externe auditors laten controleren.

## DE OPKOMST VAN DE ALGORITMIST

Deze nieuwe experts beschikken over knowhow op de gebieden informatica, wiskunde en statistiek; ze treden op als controleurs van big data-analyses en -voorspellingen. Algoritmisten leggen een gelofte van onpartijdigheid en vertrouwelijkheid af, net zoals accountants en bepaalde anderen dat nu doen. Ze beoordelen de keus van de gegevensbronnen, de keus van analytische en voorspellende hulpmiddelen, waaronder algoritmes en modellen, en de interpretatie van de resultaten. In geval van een meningsverschil hebben ze toegang tot de algoritmes, statistische methodes en gegevensverzamelingen die tot een bepaalde beslissing hebben geleid.

Als er in 2004 een algoritmist bij het Amerikaanse ministerie van Binnenlandse Veiligheid had gewerkt, zou die misschien hebben voorkomen dat er een lijst met criteria voor een vliegverbod werd uitgegeven die zo slecht was dat ook senator Kennedy eronder viel. Recentere gevallen waarin algoritmisten een rol hadden kunnen spelen, vonden plaats in Japan, Frankrijk, Duitsland en Italië, waar mensen hebben geklaagd dat ze in hun goede naam waren aangetast door de automatische aanvulfunctie van Google, die een lijst met veelgebruikte zoektermen geeft als je een bepaalde naam intikt. Die lijst is hoofdzakelijk gebaseerd op de frequentie van eerdere zoekopdrachten: de termen worden gerangschikt op wiskundige waarschijnlijkheid. Maar wie zou niet kwaad worden als er 'veroordeeld' of 'prostituee' achter zijn of haar naam verscheen als potentiële zakenpartners of geliefden op het web zochten om meer over hem of haar te weten te komen?



Wij stellen ons algoritmisten voor als mensen die een marktgerichte benadering van dit soort problemen bieden die wellicht ingrijpender vormen van regelgeving voorkomt. Ze zullen voorzien in een behoefte die lijkt op die waarop accountants en auditors begin twintigste eeuw inspeelden om de nieuwe stortvloed aan financiële informatie in de hand te houden. De lawine van getallen was moeilijk te behappen; er was een nieuw soort specialisten nodig die op een flexibele, zelfregelende manier georganiseerd waren. De markt reageerde met het ontstaan van een nieuw soort bedrijven die gespecialiseerd waren in financieel toezicht. Door die dienst aan te bieden bestendigden de nieuwe deskundigen het vertrouwen van de samenleving in de economie. Big data zou kunnen en moeten profiteren van eenzelfde soort vertrouwensbestendiging, en algoritmisten zouden daarvoor kunnen zorgen.

## EXTERNE ALGORITMISTEN

Wij zien externe algoritmisten als onpartijdige auditors die de nauwkeurigheid of geldigheid van big data-voorspellingen beoordelen wanneer de overheid daarom vraagt, via een juridische procedure of door regelgeving. Ze kunnen ook big data-bedrijven als klant hebben en controles uitvoeren voor bedrijven die externe expertise zoeken. En ze kunnen de correctheid van big data-toepassingen zoals technieken voor fraudebestrijding of systemen voor aandelenhandel certificeren. Ten slotte zijn externe algoritmisten bereid om overheidsinstellingen te raadplegen over het beste gebruik van big data in de particuliere sector.



Net als op het gebied van geneeskunde, rechtspraak en andere terreinen verwachten wij dat het nieuwe beroep zelf een gedragscode zal opstellen. De onpartijdigheid, vertrouwelijkheid, vakkundigheid en professionele instelling van de algoritmisten worden afgedwongen met strenge aansprakelijkheidsregels; als ze niet aan die criteria voldoen, kunnen ze voor de rechter worden gedaagd. Ze kunnen ook als getuigen-deskundige in rechtszaken worden opgeroepen of optreden als 'assistent-deskundige', als door de rechter benoemde expert die hem of haar bijstaat in technische kwesties in bijzonder complexe zaken.

Bovendien kunnen mensen die menen dat ze schade hebben

geleden door big data-voorspellingen – een patiënt aan wie een operatie is geweigerd, een gevangene die niet voorwaardelijk wordt vrijgelaten, iemand die geen hypotheek kan krijgen – algoritmisten inschakelen, ongeveer op de manier zoals ze dat al met advocaten deden: om hen te helpen die beslissingen te begrijpen en ertegen in beroep te gaan.

## INTERNE ALGORITMISTEN

Interne algoritmisten werken binnen een organisatie en bewaken de big data-activiteiten. Ze houden niet alleen de belangen van het bedrijf in de gaten, maar ook die van mensen op wie de big data-analyses betrekking hebben. Ze houden toezicht op big data-bewerkingen en zijn het eerste aanspreekpunt voor mensen die zich tekortgedaan voelen door de big data-voorspellingen van hun organisatie. Ze controleren big data-analyses bovendien op compleetheid en juistheid voordat ze worden vrijgegeven. Om de eerste van die twee rollen te kunnen spelen, moeten algoritmisten een zekere mate van vrijheid en onpartijdigheid hebben binnen de organisatie waar ze voor werken.



Het idee dat iemand voor een bedrijf werkt en onpartijdig blijft wat betreft de acties die het uitvoert lijkt misschien tegenintuïtief, maar dat soort situaties komt in werkelijkheid vrij vaak voor. Zie bijvoorbeeld de toezichthoudende afdelingen van grote financiële instellingen, of de raad van bestuur bij veel bedrijven, die verantwoordelijkheid heeft jegens de aandeelhouders, niet jegens de directie. En veel mediabedrijven, waaronder *The New York Times* en *The Washington Post*, hebben ombudsmannen in dienst wier primaire taak het is te ijveren voor het vertrouwen van het publiek. Die functionarissen behandelen klachten van lezers en bekritiseren hun werkgever vaak publiekelijk als ze constateren dat die iets fout heeft gedaan.

En er bestaat een functie die nog dichter bij die van de interne algoritmist ligt – die van een werknemer wiens taak het is ervoor te zorgen dat persoonlijke informatie binnen de context van het bedrijf niet wordt misbruikt. In Duitsland is het bijvoorbeeld verplicht dat bedrijven vanaf een bepaalde grootte (doorgaans als er tien of meer mensen in dienst zijn die met persoonlijke informatie werken) een functionaris voor gegevensbescherming benoemen. Sinds de jaren zeventig hebben die interne controleurs een eigen beroepsethiek en korpsgeest ontwikkeld. Ze komen regelmatig bijeen om richtlijnen en opleidingen te bespreken en ze hebben hun eigen gespecialiseerde media en congressen. Daarnaast zijn ze erin geslaagd hun dubbele loyaliteit, aan hun werkgever én aan hun taak als onpartijdige controleur, in stand te houden, en tegelijkertijd als ombudsman voor gegevensbescherming op te treden en richtlijnen voor informatieprivacy aan te houden bij alle procedures in het bedrijf waarvoor ze werken. Wij denken dat interne algoritmisten hetzelfde kunnen bereiken.



## DE GEGEVENSBARONNEN KOEST HOUDEN

Gegevens zijn voor de informatiemaatschappij wat olie voor de industriële economie was: de cruciale grondstof waar de innovaties waar mensen van afhankelijk zijn op draaien. Zonder een rijke, krachtige aanvoer van gegevens en een grote markt voor diensten kunnen de creativiteit en productiviteit die mogelijk zijn, worden gesmoord.

In dit hoofdstuk hebben we drie fundamentele nieuwe strategieën geschetst voor een big data-beleid, respectievelijk op het gebied van privacy, aansprakelijkheid en het controleren van algoritmes. Wij zijn ervan overtuigd dat door implementatie van deze strategieën de duistere kant van big data onder controle kan worden gehouden. Maar naarmate de jonge big data-branche zich verder ontwikkelt, zal het een extra lastige uitdaging zijn om concurrerende big data-markten te waarborgen. We moeten de opkomst voorkomen van eenentwintigste-eeuwse gegevensbaronnen – de moderne tegenhangers van de negentiende-eeuwse industriebaronnen die de Amerikaanse spoorwegen, staalfabrieken en telegraafnetwerken in handen hadden.

Om die vroegere industriëlen in bedwang te houden werden er in de VS antitrustwetten ingesteld die zeer flexibel waren. Ze werden oorspronkelijk bedacht voor de spoorwegen in de negentiende eeuw, maar later toegepast op bedrijven die de poortwachters waren van de informatiestroom waar de bedrijven van afhankelijk waren, van National Cash Register in het eerste decennium van de twintigste eeuw tot IBM in de jaren zestig en later, Xerox in de jaren zeventig, AT&T in de jaren tachtig, Microsoft in de jaren negentig en Google in de eenentwintigste eeuw. De technologieën waarvoor de bedrijven een voortrekkersrol vervulden, werden cruciale componenten van de 'informatie-infrastructuur' van de economie en hadden behoefte aan wettelijke regulering om ongezonde marktdominantie tegen te gaan.

Om te garanderen dat de omstandigheden gunstig blijven voor



een bedrijvige big data-markt zullen vergelijkbare maatregelen voor toezicht en tegen concurrentievervalsing nodig zijn als op die oudere technologische gebieden. We moeten gegevenstransacties faciliteren, bijvoorbeeld via licentiëring en interoperabiliteit. Dat werpt de vraag op of de samenleving baat zou kunnen hebben bij een zorgvuldig geformuleerd en evenwichtig 'uitsluitingsrecht' voor gegevens (vergelijkbaar met een intellectueel eigendomsrecht, hoe provocatief dat ook mag klinken!). Zoiets zou uiteraard een hele kluif voor beleidsmakers zijn – en de nodige risico's voor alle anderen in zich bergen.

Het is per definitie onmogelijk om te voorspellen hoe een technologie zich zal ontwikkelen; zelfs met big data-analyses valt niet te voorzien welke kant het met big data op zal gaan. Regelgevers zullen een compromis moeten zien te vinden tussen omzichtig en doortastend optreden – en uit de geschiedenis van de antitrustwetgeving kunnen we een manier leren waarop dat kan worden verwezenlijkt.

Antitrustregels legden machtsmisbruik aan banden. Maar

opmerkelijk genoeg waren de principes heel goed van de ene bedrijfstak naar de andere te vertalen, ook naar andere delen van de netwerkeconomie. Precies dat soort strenge regelgeving – waardoor de ene soort technologie geen voorkeur geniet boven de andere – is nuttig, want ze garandeert de concurrentie zonder dat ze pretendeert veel meer te doen dan dat. Zodoende helpt antitrustwetgeving big data wellicht bij zijn opmars, net zoals ze dat ooit met de spoorwegen deed. Verder dienen overheden, die tot de grootste bezitters van gegevens ter wereld behoren, hun eigen gegevens voor iedereen vrij te geven. Het is bemoedigend dat sommige overheden beide al doen – althans tot op zekere hoogte.

De les van de antitrustwetgeving is dat de regelgevers, zodra er overkoepelende principes zijn vastgelegd, die kunnen implementeren om de juiste mate van waarborg en ondersteuning te garanderen. Evenzo kunnen de drie strategieën die we hebben voorgesteld – het verschuiven van de privacybescherming van individuele toestemming door de gegevensleverancier naar aansprakelijkheid van de gegevensgebruiker; vastleggen van het primaat van de menselijke vrije wil boven voorspellingen; en het instellen van een nieuwe groep big data-auditors, de algoritmisten – wellicht dienen als fundament voor een effectief en eerlijk beheer van informatie in het big data-tijdperk.



Op vele terreinen, van nucleaire technologie tot biotechnologie, bouwen we eerst hulpmiddelen waarvan we ontdekken dat ze ons schade kunnen toebrengen en ontwerpen we pas later veiligheidsmechanismes om ons tegen die nieuwe hulpmiddelen te beschermen. In dat opzicht schaart big data zich bij de andere samenlevingsgebieden waar we te maken krijgen met uitdagingen waarvoor geen absolute oplossingen bestaan, alleen voortdurende vragen over hoe we onze wereld moeten ordenen. Elke generatie moet deze kwesties opnieuw aan de orde stellen. Het is onze taak de gevaren van deze krachtige technologie te doorgronden, de ontwikkeling ervan te steunen – en ervan te profiteren.

Net zoals de boekdrukkunst heeft geleid tot veranderingen in de manier waarop de samenleving zichzelf reguleert, zo doet ook big data dat. Big data dwingt ons oude uitdagingen op nieuwe manieren te lijf te gaan en nieuwe problemen onder ogen te zien met behulp van oude, eerbiedwaardige principes. Om te garanderen dat mensen worden beschermd terwijl tegelijkertijd de technologie wordt bevorderd, moeten we zorgen dat big data zich niet zodanig ontwikkelt dat het ons vermogen om de technologie te sturen te boven gaat.

# 10

# Straks

260 Mike Flowers was begin jaren nul jurist op het kantoor van de officier van justitie in Manhattan en hield zich bezig met alles: van moorden tot vermogensdelicten op Wall Street; later stapte hij over naar een chic advocatenkantoor. Na een saai jaar achter een bureau besloot hij het ook daar voor gezien te houden. Hij wilde iets zinvollers doen en bedacht dat hij misschien kon helpen bij de wederopbouw van Irak. Een vriendelijke collega belde een paar mensen op hoge posten, en voordat Flowers het wist, was hij op weg naar de Groene Zone, het beveiligde district voor Amerikaanse troepen in het centrum van Bagdad, als lid van een team juristen voor het proces tegen Saddam Hoessein.

Zijn werk bleek grotendeels logistiek van aard te zijn, niet juridisch. Hij moest plekken aanwijzen waar vermoedelijk massagraven lagen, zodat onderzoekers wisten waar ze moesten gaan graven. Hij moest getuigen naar de Groene Zone escorteren zonder dat ze omkwamen bij een van de vele gruwelijke aanslagen met geïmproviseerde explosieven die helaas aan de orde van de dag waren. Het viel hem op dat het leger deze taken als informatieproblemen beschouwde en gegevensanalyse gebruikte om ze op te lossen. Militaire informatieanalisten combineerden veldrapporten met details over de plaats, tijd en slachtoffers van eerdere aanslagen om te voorspellen wat die dag de veiligste route was.

Toen Flowers een paar jaar later terug was in New York, besefte hij dat die methodes een veel krachtiger middel voor misdaadbestrijding waren dan hij ooit als openbaar aanklager tot zijn beschikking had gehad. En hij vond een ware zielsverwant in Michael Bloomberg, de burgemeester van New York, die rijk was geworden met het verstrekken van financiële informatie aan banken. Flowers werd benoemd tot lid van een speciale taskforce die met behulp van gegevensanalyse moest proberen de boeven van het subprime-hypotheekschandaal in 2009 te ontmaskeren. Die eenheid was zo succesvol dat Bloomberg haar een jaar later verzocht haar werkterrein uit te breiden. Flowers werd de eerste 'chef gegevensanalyse' van de stad. Zijn opdracht: een team samenstellen met de beste informatici die hij kon vinden en de gegevens uit de tot dan toe ongebruikte informatieschatkamers van de stad in stelling brengen om alles wat los en vast zat efficiënter te maken.



Flowers zocht in alle hoeken en gaten om de juiste mensen te vinden. 'Ik was niet geïnteresseerd in zeer ervaren statistici,' vertelt hij. 'Ik was een beetje bang dat zij niet veel zouden voelen voor deze nieuwe manier van probleemoplossing.' Eerder, toen hij voor het fraudeproject sollicitatiegesprekken had gevoerd met traditionele statistici, hadden die vaak ondoorgrondelijke bezwaren geuit tegen bepaalde wiskundige methodes. 'Ik was totaal niet bezig met de vraag welk model ik zou gebruiken. Ik wilde bruikbare inzichten, dat was alles wat me interesseerde,' zegt hij. Uiteindelijk koos hij een team van vijf mensen die hij 'de kids' noemt. Op één na waren het allemaal economen die nog maar een paar jaar afgestudeerd waren en weinig ervaring hadden met het wonen in een grote stad, en ze hadden op de een of andere manier allemaal iets creatiefs.

Een van de eerste problemen die het team aanpakte, was dat van de illegale woningsplitsingen – de praktijk van het verdelen van eén woning in een heleboel kleinere woonruimtes, zodat er soms wel tienmaal zoveel mensen konden wonen als waarvoor het huis bedoeld was. De betreffende panden waren zeer brandgevaarlijk en criminaliteit, drugs, ziektes en ongedierte tierden er welig. Een wirwar van verlengsnoeren slingert zich over muren en kookplaatjes staan wankel op beddenspreien. Mensen die zo dicht op elkaar gepakt wonen, komen vaak om bij branden. In 2005 hadden nog twee brandweermannen de dood gevonden tijdens een poging om bewoners te redden. De stad New York krijgt per jaar zo'n 25.000 klachten over illegale woningsplitsing, maar beschikt maar over tweehonderd inspecteurs om die te behandelen. Er leek geen goede manier te zijn om de gevallen van simpele burenoverlast te onderscheiden van de echt brandgevaarlijke situaties. Flowers en zijn kids hadden echter het idee dat dit probleem met een vracht gegevens wel op te lossen moest zijn.



Ze begonnen met een lijst van alle percelen in de hele stad – in totaal 900.000. Vervolgens voegden ze gegevensverzamelingen van negentien verschillende gemeentelijke diensten toe, waaruit bijvoorbeeld bleek of de eigenaar van het gebouw had verzuimd zijn onroerendgoedbelasting te betalen, of er executieverkopen waren geweest en of er abnormaliteiten waren geweest wat betreft het gebruik van gas en licht, of onbetaalde rekeningen die tot afsluitingen hadden geleid. Ze gebruikten ook informatie over het soort gebouw, het bouwjaar, ambulancebezoeken, criminaliteitscijfers, klachten over ratten en muizen en nog veel meer. Vervolgens legden ze al die informatie naast vijf jaar statistieken over branden, geordend op ernst, en zochten ze naar correlaties om een systeem te bouwen dat kon voorspellen welke klachten het dringendst onderzocht dienden te worden.

Aanvankelijk waren de meeste gegevens niet zonder meer bruikbaar. De archivarissen van de stad gebruikten bijvoorbeeld geen vaste standaardmethode voor het beschrijven van locaties;

elk bureau en iedere afdeling leek een eigen benadering te hebben. De afdeling bouw kent aan ieder pand een uniek gebouwnummer toe. De dienst huisvesting had een ander codesysteem. De afdeling gemeentebelastingen kent aan elk gebouw een aanduiding toe die gebaseerd is op stadswijk, huizenblok en perceel. De politie gebruikt cartesische coördinaten. De brandweer werkt met een systeem dat kijkt naar de afstand tot de dichtstbijzijnde 'meldingskast' ten opzichte van de locatie van kazernes, ook al worden de meldingskasten niet meer gebruikt. De kids van Flowers gebruikten die rommeligheid door een systeem te bedenken dat gebouwen identificeert door een klein gebied vóór het gebouw aan te wijzen op basis van cartesische coördinaten en daar geolocatiegegevens uit de databases van de andere diensten aan toe te voegen. Hun methode was inherent onnauwkeurig, maar de gigantische hoeveelheid gegevens die ze ter beschikking hadden, compenseerde de onvolkomenheden ruimschoots.

Maar de teamleden lieten het niet bij het verwerken van de getallen. Ze gingen ook met de inspecteurs mee en keken hoe die werkten. Ze maakten een heleboel aantekeningen en vroegen de praktijkdeskundigen de oren van het hoofd. Toen een chef met grijs haar bromde dat het gebouw dat ze op dat moment wilden betreden geen probleem zou zijn, wilden de nerds weten hoe hij dat zo zeker wist. Dat kon hij niet precies zeggen, maar de kids kwamen er langzamerhand achter dat zijn intuïtie gebaseerd was op het nieuwe metselwerk aan de buitenkant, dat bij hem de indruk wekte dat de eigenaar het gebouw goed onderhield.



De kids gingen terug naar hun werkplekken en vroegen zich af hoe ze 'nieuw metselwerk' als signaal in hun model konden inpassen. Bakstenen zijn immers niet gedataficeerd – nóg niet. Maar er is wel een gemeentelijke vergunning nodig voor het verrichten van metselwerk aan de buitenzijde van gebouwen. Ze voegden informatie over vergunningen toe en verbeterden de voorspellende kracht van hun systeem door aan te geven dat enkele verdachte panden waarschijnlijk géén groot risico vormden.

Uit de analyses bleek soms dat bepaalde procedures die al heel lang werden gevolgd niet de beste aanpak waren, net zoals ook de scouts in *Moneyball* de beperkingen van hun intuïtie moesten accepteren. Zo werd het aantal telefoontjes naar de gemeentelijke klachtenlijn 311 als een indicatie beschouwd welke gebouwen het dringendst bezocht moesten worden. Hoe meer telefoontjes, hoe meer ernstige problemen. Maar dat bleek een misleidende voorspeller te zijn. Een rat die aan de chique Upper East Side was gesignaleerd, zorgde soms voor wel dertig telefoontjes per uur, terwijl er een heel bataljon knaagdieren moest aanrukken voordat bewoners van de Bronx zich geroepen voelden 311 te bellen. Ook ging het merendeel van de klachten over een illegale splitsing soms over geluidsoverlast, niet over gevaarlijke toestanden.

In juni 2011 namen Flowers en zijn kids hun systeem in bedrijf. Alle klachten die betrekking hadden op illegale woningsplitsingen werden wekelijks verwerkt. Ze verzamelden de klachten die bij



de bovenste 5 procent scoorden wat betreft brandgevaar en gaven ze aan de inspecteurs door, zodat die meteen actie konden ondernemen. Toen de resultaten werden teruggemeld, stond iedereen perplex.

Vóór de big data-analyse maakten de inspecteurs werk van de klachten die zijzelf het dringendst achtten, maar slechts in 13 procent van de gevallen beoordeelden ze de toestand als zo ernstig dat een ontruimingsbevel gerechtvaardigd was. Nu gaven ze bij meer dan 70 procent van de gebouwen die ze inspecteerden een ontruimingsbevel. Door af te gaan op de gevallen die volgens de big data-analyse het dringendst waren, hadden ze hun efficiëntie in één keer met een factor vijf verbeterd. En hun werk gaf meer voldoening: ze concentreerden zich nu op de grootste problemen. De nieuw verworven effectiviteit leverde ook nog secundaire voordelen op. Bij branden in illegaal gesplitste panden bestaat er een vijftien maal zo grote kans op doden of gewonden onder de brandweerlieden, dus de brandweer was ook blij. Flowers en zijn kids leken tovenaars met een kristallen bol waarmee ze in de toekomst konden kijken en konden voorspellen welke panden het grootste gevaar vormden. Ze gebruikten enorme hoeveelheden gegevens die jarenlang ergens hadden gelegen en vrijwel nooit meer waren geraadpleegd nadat ze waren verzameld, en hadden die op een nieuwe manier geanalyseerd en er iets zeer nuttigs mee gedaan. Door een groot informatiecorpus te gebruiken konden ze verbanden opsporen die in kleinere hoeveelheden gegevens niet aanwijsbaar waren – de essentie van big data.

In de ervaringen van de analytische alchemisten uit New York komen vele thema's uit dit boek samen. Ze gebruikten een gigantische hoeveelheid gegevens, niet maar een handjevol; hun lijst van gebouwen in de stad omvatte niets minder dan N = alles. De gegevens – bijvoorbeeld de locatie-informatie en de ambulancegegevens – waren rommelig, maar daardoor lieten ze zich niet afschrikken. Sterker nog, de voordelen van het gebruik van meer gegevens wogen op tegen de nadelen van de geringere zuiverheid van de informatie. Ze konden hun opmerkelijke prestatie neerzetten omdat er zoveel aspecten van de stad waren gedataficeerd (hoe inconsequent ook), waardoor ze al die informatie konden verwerken.



De intuïties van experts moesten het afleggen tegen de op gegevensanalyse gebaseerde benadering. Tegelijkertijd toetsten Flowers en zijn kids hun systeem voortdurend aan de oordelen van de door de wol geverfde inspecteurs en maakten ze van de ervaring van die inspecteurs gebruik om de prestaties van het systeem te verbeteren. Maar de belangrijkste reden van het succes van het programma was dat het niet zocht naar causale verbanden, maar naar correlaties.

'Ik ben niet geïnteresseerd in causale verbanden, behalve als je er iets concreets mee kunt doen,' legt Flowers uit. 'Laten anderen zich daar maar mee bezighouden; om eerlijk te zijn denk ik zelfs dat het heel link is om het over causaliteit te hebben. Ik geloof niet dat er een causaal verband bestaat tussen de dag dat iemand een executieverkoop van een pand aanvraagt en de vraag of dat gebouw historisch gezien een grote kans heeft op een ernstige brand. Volgens mij zou het absurd zijn om dat te denken. En niemand zou dat ooit hardop zeggen. Iedereen denkt dat het aan ondergeschikte factoren ligt. Maar zelfs daar wil ik geen uitspraak over doen. Ik moet een specifiek gegevenspunt hebben waarover ik beschik en een uitspraak doen over de significantie daarvan. Als het significant is, ondernemen we actie, zo niet, dan niet. Het gaat om reële, ernstige problemen die moeten worden opgelost. Ik kan niet een beetje gaan zitten knutselen met andere dingen zoals causaliteit.'

## ALS GEGEVENS SPREKEN

De impact van big data is in praktische zin groot, aangezien de technologie wordt gebruikt om lastige praktijkproblemen op te lossen. Maar dat is nog maar het begin. Big data staat op het punt de manier te veranderen waarop we leven, werken en denken.  De veranderingen waar we voor staan zijn in sommige opzichten zelfs groter dan die als gevolg van eerdere baanbrekende innovaties waardoor het bereik en de schaalgrootte van informatie in de samenleving ingrijpend werden vergroot. De grond onder onze voeten verschuift. Oude zekerheden gaan op de helling. Big data maakt een hernieuwde gedachtewisseling over de aard van beslissingsprocedures, het noodlot en rechtspraak noodzakelijk. Een wereldbeeld dat in het teken stond van causaliteit wordt verdrongen door een hegemonie van correlaties. Het bezit van kennis, dat vroeger stond voor het doorgronden van het verleden, zal straks staan voor het vermogen de toekomst te voorspellen.

Deze kwesties zijn veel ingrijpender dan die waarvoor we stonden toen we ons opmaakten om de voordelen van e-commerce te benutten, internet te gebruiken, het computertijdperk te betreden of met de abacus te rekenen. Het idee dat we op onze zoektocht naar kennis oorzaken misschien hebben overschat – dat het in veel gevallen voordeliger kan zijn om niet naar het waaróm te zoeken, maar naar het wát – doet vermoeden dat het om kwesties gaat die fundamenteel zijn voor onze samenleving en ons bestaan. Voor de uitdagingen waarvoor big data ons stelt bestaan waarschijnlijk evenmin pasklare antwoorden. Ze maken veeleer deel uit van de eeuwige discussie over de plaats van de mens in het heelal en zijn zoektocht naar betekenis te midden van het rumoer van een chaotische, ondoorgrondelijke wereld.

Uiteindelijk markeert big data het moment waarop de 'informatiemaatschappij' eindelijk de belofte inlost waaraan ze haar naam dankt. De gegevens gaan de hoofdrol spelen. Alle digitale brokjes die we hebben verzameld kunnen nu op nieuwe manieren worden benut om nieuwe doeleinden te dienen en nieuwe vormen van economische waarde te ontsluiten. Maar daarvoor is een nieuwe manier van denken nodig, en onze bestaande instellingen en zelfs onze identiteit zullen erdoor op de proef worden gesteld. Het enige wat zeker is, is dat de hoeveelheid gegevens zal blijven groeien, evenals de rekenkracht om ze te verwerken. Maar terwijl de meeste mensen big data tot nu toe hebben beschouwd als een technologische kwestie en zich op de hardware of de software hebben gericht, geloven wij dat we onze aandacht moeten richten op wat er gebeurt als de gegevens gaan spreken.



We kunnen meer informatie vastleggen en analyseren dan ooit tevoren. Gegevensschaarste is niet langer bepalend voor onze pogingen om de wereld te interpreteren. We kunnen onvergelijkelijk veel meer gegevens verwerken dan vroeger, in sommige gevallen zelfs bijna alles. Maar dat dwingt ons tevens op onconventionele manieren te werk te gaan en, met name, onze ideeën over wat nuttige informatie is bij te stellen.

In plaats van veel nadruk te leggen op de nauwkeurigheid, exactheid, zuiverheid en rigiditeit van de gegevens kunnen we wat speelruimte toelaten. We mogen geen gegevens accepteren die totaal verkeerd of onjuist zijn, maar enige rommeligheid kan acceptabel zijn als we in ruil daarvoor kunnen beschikken over een veel omvangrijker gegevensverzameling. Sterker nog, in sommige gevallen kan veel en rommelig zelfs heilzaam zijn, want toen we nog met een geringe hoeveelheid exacte gegevens werkten, misten we de gedetailleerde breedte waaruit zoveel nuttige kennis te halen valt.

Aangezien correlaties veel sneller en goedkoper op te sporen zijn dan causale verbanden, verdienen die vaak de voorkeur. Er zal in bepaalde gevallen wel behoefte blijven aan causale onderzoeken en gecontroleerde experimenten met zorgvuldig geprepareerde gegevens, bijvoorbeeld als we een cruciaal vliegtuigonderdeel ontwerpen. Maar voor vele dagelijkse behoeften is het kennen van het wát in plaats van het waaróm goed genoeg. En big data-correlaties kunnen de weg wijzen naar veelbelovende gebieden waar onderzoek kan worden gedaan naar causale relaties.

Met die snelle correlaties kunnen we geld besparen op vliegtickets, griepepidemieën voorspellen en bepalen welke putten of overvolle gebouwen we moeten inspecteren in een wereld met beperkte middelen. Ze kunnen ziektekostenverzekeraars in staat stellen om mensen aan te nemen zonder ze lichamelijk te onderzoeken en zieken tegen lagere kosten waarschuwen dat ze hun medicijnen moeten innemen. Teksten worden vertaald en auto's besturen zichzelf op basis van voorspellingen via big data-correlaties. Walmart kan erachter komen welke smaak Pop-Tarts er voor in de winkel voor het grijpen moet liggen als er een storm op komst is. (Antwoord: aardbeien.) Natuurlijk zijn causale verbanden mooi als je ze kunt achterhalen. Het probleem is dat ze vaak moeilijk te vinden zijn en dat we onszelf vaak voor de gek houden als we ze gevonden menen te hebben.



Nieuwe hulpmiddelen, van snellere processoren en meer geheugen tot slimmere software en algoritmes, zijn maar een deel van de reden dat we dit allemaal kunnen doen. Uiteraard zijn de hulpmiddelen belangrijk, maar een fundamentelere reden is dat we meer gegevens hebben, aangezien steeds meer aspecten van de wereld worden gedataficeerd. Overigens dateert de menselijke ambitie om de wereld te kwantificeren al van lang voor de computerrevolutie. Maar digitale hulpmiddelen maken dataficatie veel makkelijker. Niet alleen kunnen mobiele telefoons bijhouden wie we bellen en waar we naartoe gaan, maar de gegevens die ze verzamelen kunnen ook worden gebruikt om na te gaan of we ziek worden. Binnenkort is misschien wel met big data na te gaan of we verliefd worden.

Ons vermogen om nieuwe dingen en meer dingen beter en sneller te doen bergt het potentieel in zich een enorme economische waarde te ontketenen, met als gevolg nieuwe winnaars en verliezers. Veel van de waarde van gegevens zal van secundaire toepassingen komen, van de optiewaarde, en niet alleen maar van het primaire gebruik, zoals we tot nu toe gewend waren. Als gevolg daarvan is het voor de meeste soorten gegevens zinvol er zoveel mogelijk van te verzamelen en ze zo lang te bewaren als er extra waarde aan te ontlenen valt, en anderen de gelegenheid te bieden ze te analyseren als zij beter toegerust zijn om de waarde eruit te distilleren (in ruil voor een deel van de winst die met de analyse wordt behaald).



Bedrijven die zich midden in informatiestromen kunnen plaatsen en daar gegevens kunnen verzamelen, zullen floreren. Het effectief profiteren van big data vergt technische expertise en veel verbeeldingskracht – je moet helemaal denken in termen van big data. Maar de crux van de waarde gaat misschien wel naar degenen die de gegevens bezitten. En soms is een belangrijk bezit niet alleen de voor iedereen zichtbare informatie, maar de gegevensuitstoot die wordt gecreëerd door de interacties van mensen met informatie. Een slim bedrijf kan deze gegevensuitstoot gebruiken om een bestaande dienst te verbeteren of een geheel nieuwe te lanceren.

Tegelijkertijd brengt big data enorme risico's met zich mee. Het legt de centrale technische en wettelijke mechanismes lam waarmee we op dit moment de privacy proberen te beschermen. In het verleden was ondubbelzinnig duidelijk wat tot personen herleidbare informatie vormde – namen, burgerservicenummers, fiscale gegevens enzovoort – en die was daardoor relatief makkelijk te beschermen. Tegenwoordig kunnen zelfs de onschuldigste gegevens iemands identiteit prijsgeven als een gegevensverzamelaar er maar een voldoende groot volume van bezit. Anonimiseren of verbergen heeft geen zin meer. Bovendien impliceert het in de gaten houden van een individuele burger tegenwoordig een ingrijpender inbreuk op de privacy dan ooit, want de autoriteiten willen niet alleen zoveel mogelijk informatie over iemand zien, maar ook het breedst mogelijke scala aan relaties, verbindingen en interacties.

Deze toepassingen van big data brengen niet alleen de privacy in gevaar, maar werpen ook een ander uniek en zorgwekkend bezwaar op: het risico dat we mensen niet alleen beoordelen op hun daadwerkelijke gedragingen, maar op neigingen die ze volgens de gegevens waarschijnlijk hebben. Naarmate big data-voorspellingen nauwkeuriger worden, zou de samenleving ze kunnen gebruiken om mensen te straffen voor voorspeld gedrag – misdaden die

ze nog niet hebben gepleegd. Zulke voorspellingen zijn axiomatisch onmogelijk te weerleggen; daarom kunnen de mensen die erdoor worden beschuldigd zichzelf nooit vrijpleiten. Straffen op basis daarvan is een ontkenning van de vrije menselijke wil en de kans, hoe klein ook, dat iemand een andere weg kiest. Als de samenleving mensen individueel verantwoordelijk stelt (en hun strafmaat bepaalt), dient de menselijke vrije wil als onaantastbaar te worden beschouwd. De toekomst moet iets blijven wat we volgens onze eigen ideeën kunnen vormgeven. Zo niet, dan heeft big data de essentie van het mens-zijn geperverteerd: het rationele denken en de vrije keus.

Er zijn geen onfeilbare manieren om ons op de wereld van de big data voor te bereiden; we zullen nieuwe principes moeten vaststellen om ons naar te richten. Een reeks belangrijke veranderingen in onze gewoontes kan ertoe bijdragen de samenleving vertrouwder te maken met de aard en de tekortkomingen van big data. We moeten de privacy beschermen door individuele burgers te ontheffen van verantwoordelijkheid en die bij de gebruikers van de gegevens te leggen – dat houdt in: hen aansprakelijk te stellen voor het gebruik. In een wereld van voorspellingen is het cruciaal dat we garanderen dat de menselijke vrije wil onaantastbaar blijft en dat niet alleen het menselijke vermogen om morele keuzes te maken intact blijft, maar ook de individuele verantwoordelijkheid voor individuele daden. En de samenleving moet waarborgen instellen om een nieuwe beroepsgroep mogelijk te maken, de 'algoritmisten', die big data-analyses taxeren – zodat een wereld die door de big data minder aselect is geworden niet in een black box verandert en de ene vorm van onkenbaarheid simpelweg door een andere wordt vervangen.

Big data zal onmisbaar worden voor het doorgronden en aanpakken van veel van onze dringende wereldwijde problemen. Om de klimaatverandering te kunnen aanpakken is het nodig dat we gegevens over vervuiling analyseren om te begrijpen waar we onze inspanningen het best op kunnen richten, en dat we manieren vinden om de problemen te verlichten. De sensoren die zich overal ter wereld bevinden, waaronder die in smartphones, voorzien in een stortvloed aan gegevens waarmee we de opwarming van de aarde veel gedetailleerder in kaart kunnen brengen. Ondertussen moeten we de gezondheidszorg verbeteren en de kosten ervan terugdringen, vooral voor de armen van deze wereld, en dat zal grotendeels een kwestie zijn van het automatiseren van taken waarvoor nu nog een beoordeling door mensen nodig is maar die door computers zouden kunnen worden gedaan, zoals het onderzoeken van biopsieën op kankercellen of het opsporen van infecties voordat alle symptomen zich voordoen.



Big data is al een poosje in gebruik voor economische ontwikkeling en conflictpreventie. Door verplaatsingen van mobieletelefoongebruikers te analyseren zijn delen van Afrikaanse sloppenwijken gevonden die bruisen van de economische activiteit. Er zijn ook gebieden gevonden die rijp zijn voor etnische confrontaties, en andere waar vluchtelingencrises zouden kunnen ontstaan. En naarmate de technologie op meer aspecten van het leven wordt losgelaten, zal het aantal toepassingen alleen maar toenemen.

Big data helpt ons datgene wat we al doen beter te doen en stelt ons in staat geheel nieuwe dingen te doen. Maar het is geen toverstaf. Big data zal niet voor wereldvrede zorgen, het armoedeprobleem niet oplossen en geen nieuwe Picasso opleveren. Je kunt er geen kinderen mee maken – maar het kan te vroeg geboren kinderen wel in leven houden. Mettertijd zullen we er waarschijnlijk op vrijwel alle gebieden van ons leven mee te maken krijgen, en misschien zullen we zelfs lichtelijk in paniek raken als het er niet is, net zoals we er nu op rekenen dat een arts een röntgenfoto laat maken om problemen aan het licht te brengen die met een gewoon lichamelijk onderzoek niet te vinden zijn.

Als big data steeds meer gemeengoed wordt, zou het heel goed ons denken over de toekomst kunnen beïnvloeden. Ongeveer vijfhonderd jaar geleden maakte de mensheid een ingrijpende verandering in haar tijdsbeleving mee als onderdeel van het ontstaan van een seculierder, op exacte wetenschap gebaseerd en verlicht Europa. Daarvoor werd de tijd als cyclisch ervaren, en het leven eveneens. Elke dag leek op de vorige en elk jaar op alle vorige jaren, en zelfs het einde van het leven leek op het begin als volwassenen weer kinds werden. Later werd de tijd gezien als lineair – een zich ontrollende reeks dagen waarin de wereld kon worden vormgegeven en het levenstraject beïnvloed. Waar verleden, heden en toekomst vroeger één onverbrekelijk geheel vormden, had de mensheid nu een verleden om op terug te kijken en een toekomst om naar uit te zien terwijl ze haar heden vormgaf.



Terwijl het heden naar believen kon worden vormgegeven, veranderde de toekomst van iets volkomen voorspelbaars in iets wat open en ongerept was – een enorm leeg schildersdoek dat mensen afhankelijk van hun eigen waarden en inspanningen konden invullen. Een van de essentiële kenmerken van de moderne tijd is het gevoel dat wij ons lot in eigen hand hebben; die instelling onderscheidt ons van onze voorouders, voor wie enige vorm van determinisme de norm was. Maar nu maken big data-voorspellingen de toekomst minder open, minder ongerept. Onze toekomst lijkt niet zozeer een leeg schildersdoek als wel iets wat al is geschetst in vage lijnen die te onderscheiden zijn voor wie over de technologie beschikt om ze zichtbaar te maken. Dat lijkt ons vermogen te verminderen om ons eigen lot vorm te geven. De onbegrensde mogelijkheden lijken te worden geofferd op het altaar van de waarschijnlijkheid.

Tegelijkertijd zou big data kunnen betekenen dat we voor eeuwig gevangenen zijn van onze eerdere daden, die tegen ons kunnen worden gebruikt in systemen die ons toekomstige gedrag beweren te voorspellen: we kunnen nooit meer ontsnappen aan wat eerder is gebeurd. 'Een stuk (...) waarvan 't gebeurde een voorspel (...) is,' schreef Shakespeare. Big data legt dat algoritmisch vast, ten kwade zowel als ten goede. Zal een wereld vol voorspellingen ons enthousiasme temperen om naar een zonsopgang te gaan kijken, en ons verlangen om ons eigen menselijk stempel op de wereld te drukken?



Het omgekeerde is waarschijnlijker. Als we weten hoe daden zich in de toekomst kunnen voltrekken, kunnen we preventieve stappen nemen om problemen te voorkomen of uitkomsten te verbeteren. We zullen studenten wier resultaten achteruitgaan lang voor het laatste examen signaleren. We zullen minuscule tumoren detecteren en ze behandelen voordat ze volledig tot ontwikkeling kunnen komen. We zullen de waarschijnlijkheid van een ongewenste tienerzwangerschap of een leven vol criminaliteit zien en ingrijpen om die voorspelde afloop indien mogelijk af te wenden. We zullen verhinderen dat dodelijke branden overvolle gebouwen in New York verwoesten door te weten welke gebouwen we als eerste moeten inspecteren.

Niets is voorbeschikt, want we kunnen altijd reageren en inspelen op de informatie die we krijgen. De voorspellingen van big data zijn niet in steen gebeiteld – het zijn slechts waarschijnlijke uitkomsten, en dat betekent dat we ze kunnen veranderen als we willen. We zullen leren inzien hoe we de toekomst het best kunnen begroeten en haar in de hand kunnen houden, net zoals Maury natuurlijke routes vond binnen de eindeloze weidsheid van wind en golven. En om dat te bereiken hoeven we de aard van de kosmos niet te doorgronden, noch het bestaan van goden te bewijzen – we zullen genoeg hebben aan big data.

## DE OVERTREFFENDE TRAP VAN BIG DATA

Als big data ons leven steeds meer beïnvloedt – het optimaliseert, verbetert, efficiënter maakt en eruit haalt wat erin zit – wat voor rol is er dan nog weggelegd voor intuïtie, geloof, onzekerheid originaliteit?

Als big data ons iets leert, dan is het dat het vaak volstaat om beter te handelen, verbeteringen aan te brengen, zonder dat we dingen beter begrijpen. Dat voortdurend doen is heilzaam. Zelfs als je niet weet waarom je inspanningen juist dat resultaat hebben, behaal je toch betere resultaten dan wanneer je je die inspanningen níét zou getroosten. Flowers en zijn kids in New York zijn dan misschien geen wijzen in de klassieke zin van het woord, maar ze redden wel levens.



Big data is geen ijskoude wereld van algoritmes en automaten. Er is een cruciale rol weggelegd voor mensen met al hun zwakheden, misvattingen en vergissingen, aangezien die karaktertrekken hand in hand gaan met creativiteit, instinct en genialiteit. Dezelfde rommelige geestelijke processen die soms tot vernedering of obstinaatheid leiden, zorgen ook voor successen en de toevallige ontdekking van grootsheid. Dat wijst erop dat we, net nu we rommelige gegevens leren accepteren omdat ze een hoger doel dienen, ook de onnauwkeurigheid zouden moeten omarmen die onverbrekelijk verbonden is met ons mens-zijn. Uiteindelijk is rommeligheid zowel een essentiële eigenschap van de wereld als van onze geest; in beide gevallen hebben we er alleen maar baat bij die rommeligheid te accepteren en er ons voordeel mee te doen.

Wat voor rol is er in een wereld waarin gegevens de basis vormen voor beslissingen nog weggelegd voor mensen, of voor intuïtie en tegen de feiten ingaan? Als iedereen bij de gegevens te rade gaat en big data-hulpmiddelen inzet, is de belangrijkste onderscheidende eigenschap wellicht onvoorspelbaarheid: het menselijke element van instincten, risico's nemen, ongelukken en fouten.

Als dat zo is, bestaat er een dringende noodzaak om een speciale plaats voor de mens te bevechten, om ruimte vrij te houden voor intuïtie, gezond verstand en serendipiteit, zodat die niet ondersneeuwen door gegevens en door machines gegenereerde antwoorden. Wat het indrukwekkendst is aan mensen is precies datgene wat de algoritmes en chips ons niet laten zien, wat ze niet kúnnen laten zien omdat het niet in gegevens vast te leggen valt. Het is niet 'dat wat is', maar 'dat wat niet is': de lege ruimte, de scheuren in de stoep, het onuitgesprokene en het nog niet gedachte.

Dat heeft belangrijke consequenties voor het begrip 'vooruitgang' in de samenleving. Big data stelt ons in staat sneller te experimenteren en meer aanwijzingen na te trekken. Die voordelen zouden tot meer innovatie moeten leiden. Maar de vonk van de ontdekking wordt datgene wat de gegevens niet zeggen. Het is iets wat gegevens nooit zullen kunnen bevestigen of staven, hoeveel het er ook zijn, aangezien het nog niet bestaat. Als Henry Ford big data-algoritmes had gevraagd wat zijn klanten wilden, zouden die hebben geantwoord: 'Een sneller paard' (om zijn beroemde uitspraak te parafraseren). In een big data-wereld moeten juist onze allermenselijkste waarden worden gekoesterd – onze creativiteit, intuïtie en intellectuele ambitie – aangezien onze vindingrijkheid de bron van onze vooruitgang is.



Big data is een hulpmiddel, een instrument. Het is bedoeld om te informeren, niet om te verklaren; het wijst ons in de richting van begrip maar kan ook tot wanbegrip leiden, afhankelijk van hoe goed of slecht het wordt ingezet. En hoe duizelingwekkend we de kracht van big data ook mogen vinden, we mogen nooit toestaan dat zijn verleidelijke glans ons blind maakt voor de inherente onvolkomenheden ervan.

Het totaal van alle informatie ter wereld – het ultieme N = alles – kan nooit door onze technologieën worden verzameld, opgeslagen of verwerkt. Zo verzamelt het CERN deeltjesfysicalaboratorium in Zwitserland minder dan 0,1 procent van de informatie die tijdens de experimenten wordt gegenereerd – de rest, die schijnbaar geen nut heeft, verdwijnt spoorloos in de ether. Maar dat is niet bepaald een nieuw inzicht. De samenleving is altijd belemmerd door de beperkingen van de hulpmiddelen die we gebruiken om de werkelijkheid te meten en te kennen, van kompas en sextant tot telescoop en radar tot de tegenwoordige gps. Onze instrumenten zijn morgen wellicht twee-, tien- of duizendmaal zo krachtig als vandaag, waardoor onze huidige kennis dan minuscuul lijkt. Onze huidige big data-wereld zal ons zeer binnenkort even curieus voorkomen als de vier kilobyte werkgeheugen van de geleidingscomputer aan

boord van de Apollo 11 nu.

Wat we kunnen verzamelen en verwerken, zal altijd slechts een fractie zijn van alle informatie die er op de wereld is. Het kan nooit meer dan een schim van de werkelijkheid zijn, als de schaduwen op de wand van Plato's grot. Omdat we nooit over perfecte informatie kunnen beschikken, zijn onze voorspellingen inherent feilbaar. Dat betekent niet dat ze fout zijn, alleen dat ze altijd onvolledig zijn. Dat is geen ontkenning van de inzichten die big data biedt, maar het zet big data op zijn plaats – als een instrument dat geen definitieve antwoorden geeft, alleen antwoorden die goed genoeg zijn om ons op dit moment te helpen, totdat er betere methodes en daarmee betere antwoorden komen. Het geeft ook aan hoe we dat instrument moeten gebruiken: met een grote mate van nederigheid – en menselijkheid.

# Noten

## 1. Nu



**Artikel over Google-grieponderzoek.** Jeremy Ginsburg e.a., 'Detecting Influenza Epidemics Using Search Engine Query Data', *Nature* 457 (2009), p. 1012-1014 (http://www.nature.com/nature/journal/v457/n7232/full/nature07634.html).
**Vervolgstudie naar Google-grieponderzoek door onderzoekers aan Johns Hopkins.** A.F. Dugas e.a., 'Google Flu Trends: Correlation with Emergency Department Influenza Rates and Crowding Metrics', CID Advanced Access (9 januari 2012); DOI 10.1093/cid/cir883.
**Vliegtickets kopen, Farecast.** De informatie is afkomstig uit Kenneth Cukier, 'Data, Data Everywhere', speciaal rapport van *The Economist* van 27 februari 2010, p. 1-14, en uit interviews met Etzioni tussen 2010 en 2012.
**Etzioni's Hamlet-project.** Oren Etzioni, C.A. Knoblock, R. Tuchinda & A. Yates, 'To Buy or Not to Buy: Mining Airfare Data to Minimize Ticket Purchase Price', SIGKDD '03, 24-27 augustus 2003 (http://knight.cis.temple.edu/~yates//papers/hamlet-kdd03.pdf).
**Prijs die Microsoft voor Farecast betaalde.** Uit mediarapporten, met name 'Secret Farecast Buyer Is Microsoft', Seattlepi.com, 17 april 2008 (http://blog.seattlepi.com/venture/2008/04/17/secret-farecast-buyer-is-microsoft/?source=mypi).
**Manier om tegen big data aan te kijken.** Er woedt een heftige en onvruchtbare discussie over de oorsprong van de term 'big data' en de perfecte definitie ervan. De twee woorden verschijnen al tientallen jaren lang af en toe naast elkaar. In een onderzoeksrapport van Doug Laney van Gartner uit 2001 werden volume, snelheid en variëteit als de drie voornaamste kenmerken van big data gedefinieerd, wat destijds nuttig was maar onvolledig.
**Astronomie en DNA-sequencing.** Cukier, 'Data, Data Everywhere'.
**DNA-sequencing.** Andrew Pollack, 'DNA Sequencing Caught in the Data Deluge',

*New York Times*, 30 november 2011 (http://www.nytimes.com/2011/12/01/business/dna-sequencing-caught-in-deluge-of-data.html?pagewanted=all).

**Miljarden aandelen verhandeld.** Rita Nazareth & Julia Leite, 'Stock Trading in U.S. Falls to Lowest Level Since 2008', *Bloomberg*, 13 augustus 2012 (http://www.bloomberg.com/news/2012-08-13/stock-trading-in-u-s-hits-lowest-level-since-2008-as-vix-falls.html).

**Google 24 petabyte.** Thomas H. Davenport, Paul Barth & Randy Bean, 'How "Big Data" Is Different', *Sloan Review*, 30 juli 2012, p. 43-46 (http://sloanreview.mit.edu/the-magazine/2012-fall/54104/how-big-data-is-different/).

**Facebook-cijfers.** Facebook-prospectus voor beursgang, Facebook, Form S-1 Registration Statement, U.S. Securities And Exchange Commission, 1 februari 2012 (http://sec.gov/Archives/edgar/data/1326801/000119312512034517/d287954ds1.htm).

**YouTube-cijfers.** Larry Page, 'Update from the CEO', Google, april 2012 (http://investor.google.com/corporate/2012/ceo-letter.html).

**Aantal tweets.** Tomio Geron, 'Twitter's Dick Costolo: Twitter Mobile Ad Revenue Beats Desktop on Some Days', Forbes, 6 juni 2012 (http://www.forbes.com/sites/tomiogeron/2012/06/06/twitters-dick-costolo-mobile-ad-revenue-beats-desktop-on-some-days/).

**Informatie over de hoeveelheid gegevens.** Martin Hilbert & Priscilla López, 'The World's Technological Capacity to Store, Communicate, and Compute Information', *Science*, 1 april 2011, p. 60-65; Martin Hilbert & Priscilla López, 'How to Measure the World's Technological Capacity to Communicate, Store and Compute Information?', *International Journal of Communication* 2012, p. 1042-1055 (http://www.ijoc.org/ojs/index.php/ijoc/article/viewFile/1562/742).



**Schatting van de hoeveelheid opgeslagen informatie in 2013.** Interview Cukier met Hilbert.

**Boekdrukkunst en acht miljoen boeken; meer dan geproduceerd sinds de stichting van Constantinopel.** Elizabeth L. Eisenstein, *The Printing Revolution in Early Modern Europe* (Canto/Cambridge University Press, 1993), p. 13-14.

**Analogie van Peter Norvig.** Uit Norvigs lezingen in verband met een veelgelezen artikel waarvan hij een van de auteurs is: A. Halevy, P. Norvig & F. Pereira, 'The Unreasonable Effectiveness of Data', *IEEE Intelligent Systems*, maart/april 2009, p. 8-12. (De titel is een woordspeling op de titel van Eugene Wigners beroemde artikel 'The Unreasonable Effectiveness of Mathematics in the Natural Sciences', waarin hij de vraag bespreekt waarom natuurkunde zich makkelijk laat uitdrukken met simpele wiskunde maar de alfawetenschappen niet in zulke elegante formules te vangen zijn. Zie E. Wigner, 'The Unreasonable Effectiveness of Mathematics in the Natural Sciences', *Communications on Pure and Applied Mathematics* 13, nr. 1 (1960), p. 1-14.) Een van Norvigs lezingen over het artikel is 'Peter Norvig – The Unreasonable Effectiveness of Data', lezing aan de universiteit van British Columbia, YouTube-video, 23 september 2010 (http://www.youtube.com/watch?v=yvDCzhbjYWs).

Over de belangrijke natuurkrachten in verband met de grootte wordt (hoewel niet geheel correct) vaak verwezen naar J.B.S. Haldane, 'On Being the Right Size', *Harper's Magazine*, maart 1926 (http://harpers.org/archive/1926/03/on-being-the-right-size/).

**Picasso over de grottekeningen van Lascaux.** David Whitehouse, 'UK Science Shows Cave Art Developed Early', BBC News Online, 3 oktober 2001 (http://news.bbc.co.uk/1/hi/sci/tech/1577421.stm).

## 2. Meer

**Over Jeff Jonas en de gegevens laten spreken.** Gesprek met Jeff Jonas, december 2010, Parijs.
**Geschiedenis van de Amerikaanse volkstellingen.** U.S. Census Bureau, 'The Hollerith Machine', Online history. (http://www.census.gov/history/www/innovations/technology/the_hollerith_tabulator.html.
**Bijdrage van Neyman.** William Kruskal & Frederick Mosteller, 'Representative Sampling, IV: The History of the Concept in Statistics, 1895-1939', *International Statistical Review* 48 (1980), p. 169-195, p. 187-188. Neymans beroemde artikel is Jerzy Neyman, 'On the Two Different Aspects of the Representative Method: The Method of Stratified Sampling and the Method of Purposive Selection', *Journal of the Royal Statistical Society* 97, nr. 4 (1934), p. 558-625.
**Steekproef van 1100 antwoorden is genoeg.** Earl Babbie, *Practice of Social Research* (12e druk, 2010), p. 204-207.
**Effect gebruik mobiele telefoons.** 'Estimating the Cellphone-Effect', 20 september 2008 (http://www.fivethirtyeight.com/2008/09/estimating-cellphone-effect-22-points.html); zie voor meer informatie over vertekeningen bij enquêtes en andere statistische inzichten Nate Silver, *The Signal and the Noise: Why So Many Predictions Fail – But Some Don't* (Penguin, 2012).
**Genen-sequencing Steve Jobs.** Walter Isaacson, *Steve Jobs* (Het Spectrum, 2011), p. 635-638.
**Google-grieponderzoek kon op stadsniveau voorspellen.** Dugas e.a., 'Google Flu Trends'.
**Etzioni over tijdgerelateerde gegevens.** Interview door Cukier, oktober 2011.
**De directeur van Xoom.** Jonathan Rosenthal, 'Special Report: International Banking', *The Economist*, 10 mei 2012, p. 7-8.



**Gemanipuleerde wedstrijduitslagen bij sumoworstelen.** Mark Duggan & Steven D. Levitt, 'Winning Isn't Everything: Corruption in Sumo Wrestling', *American Economic Review* 92 (2002), p. 1594-1605 (http://pricetheory.uchicago.edu/levitt/Papers/DugganLevitt2002.pdf).
**Lytro-camera legt elf miljoen lichtstralen vast.** van de Lytro-website (http://www.lytro.com).
**Vervanging van de steekproefmethode in de alfawetenschappen.** Mike Savage & Roger Burrows, 'The Coming Crisis of Empirical Sociology', *Sociology* 41 (2007), p. 885-899.
**Analyseren van grote hoeveelheden gegevens van een mobieletelefoonbedrijf.** J.-P. Onnela e.a., 'Structure and Tie Strengths in Mobile Communication Networks', *Proceedings of the National Academy of Sciences of the United States of America (PNAS)* 104 (mei 2007), p. 7332-7336 (http://nd.edu/~dddas/Papers/PNAS0610245104v1.pdf).

## 3. Rommeligheid

**Crosby.** Alfred W. Crosby, *The Measure of Reality: Quantification and Western Society* (1997).
**Citaten Kelvin en Bacon.** Deze aforismen worden dikwijls aan deze twee mannen toegeschreven, hoewel ze in hun geschriften iets anders worden geformuleerd. Bij Kelvin is de uitspraak onderdeel van een langer citaat over metingen uit zijn lezing 'Electrical Units of Measurement' (1883). In het geval van Bacon wordt het citaat beschouwd als een vrije vertaling uit het Latijn in *Meditationes Sacrae* (1597).

**Talloze manieren om IBM aan te duiden.** DJ Patil, 'Data Jujitsu: The Art of Turning Data into Product', *O'Reilly Media*, juli 2012 (http://oreillynet.com/oreilly/data/radarreports/data-jujitsu.csp?cmp=tw-strata-books-data-products).
**30.000 handelstransacties per seconde op de New Yorkse beurs.** Colin Clark, 'Improving Speed and Transparency of Market Data', blogpost NYSE EURONEXT, 9 januari 2011 (http://exchanges.nyx.com/cclark/improving-speed-and-transparency-market-data).
**Twee plus twee kan soms 3,9 zijn.** Brian Hopkins & Boris Evelson, 'Expand Your Digital Horizon with Big Data', Forrester, 30 september 2011.
**Verbeteringen aan algoritmes.** President's Council of Advisors on Science and Technology, 'Report to the President and Congress, Designing a Digital Future: Federally Funded Research and Development in Networking and Information Technology', december 2010, p. 71 (http://www.whitehouse.gov/sites/default/files/microsites/ostp/pcast-nitrd-report-2010.pdf).
**Tabellen met eindspelzetten.** De uitgebreidste eindspeltabel die openbaar toegankelijk is, de Nalimov-tabel (genoemd naar een van de makers ervan), bestrijkt alle eindspelen met zes of minder schaakstukken. De grootte ervan bedraagt meer dan zeven terabyte en het comprimeren van de informatie is een grote uitdaging. Zie E.V. Nalimov, G. McC. Haworth & E.A. Heinz, 'Space-efficient Indexing of Chess Endgame Tables', *ICGA Journal* 23, nr. 3 (2000), p. 148-162.
**Prestaties van algoritmes.** Michele Banko & Eric Brill, 'Scaling to Very Very Large Corpora for Natural Language Disambiguation', Microsoft Research, 2001, p. 3 (http://acl.ldc.upenn.edu/P/P01/P01-1005.pdf).
**Google-corpus van 95 miljard zinnen.** Alex Franz & Thorsten Brants, 'All Our N-gram are Belong to You', blogpost Google, 3 augustus 2006 (http://googleresearch.blogspot.co.uk/2006/08/all-our-n-gram-are-belong-to-you.html).
**Samenstelling en gebruik CPI.** Annie Lowrey, 'Economists' Programs Are Beating U.S. at Tracking Inflation', *Washington Post*, 25 december 2010 (http://www.washingtonpost.com/wp-dyn/content/article/2010/12/25/AR2010122502600.html).
**IBM-demo, woorden en citaat.** IBM, '701 Translator', persbericht, IBM-archieven, 8 januari 1954 (http://www-03.ibm.com/ibm/history/exhibits/701/701_translator.html). Zie ook John Hutchins, 'The First Public Demonstration of Machine Translation: The Georgetown-IBM System, 7th January 1954', november 2005 (http://www.hutchinsweb.me.uk/GU-IBM-2005.pdf).
**Candide (IBM).** Adam L. Berger e.a., 'The Candide System for Machine Translation', *Proceedings of the 1994 ARPA Workshop on Human Language Technology*, 1994 (http://aclweb.org/anthology-new/H/H94/H94-1100.pdf).
**Geschiedenis van machinevertalen.** Yorick Wilks, *Machine Translation: Its Scope and Limits* (Springer, 2008), p. 107.
**Miljoenen teksten Candide versus miljarden teksten Google.** Interview van Och met Cukier, december 2009.
**Meer dan zestig talen.** 'Inside Google Translate', Google (http://translate.google.com/about).
**Brown-corpus en de één miljard woorden van Google.** Halevy, Norvig & Pereira, 'The Unreasonable Effectiveness of Data' (http://www.computer.org/portal/cms_docs_intelligent/intelligent/homepage/2009/x2exp.pdf).
**Citaat uit artikel Norvig.** aldaar.
**Aantasting buizen in vijandige draadloze omgeving bij BP.** Jaclyn Clarabut, 'Operations Making Sense of Corrosion', *BP Magazine*, afl. 2 (2011) (http://www.bp.com/liveassets/bp_internet/globalbp/globalbp_uk_english/reports_and_

publications/bp_magazine/STAGING/local_assets/pdf/BP_Magazine_2011_issue2_text.pdf).

**Problemen met draadloze uitlezing.** Uit Cukier, 'Data, Data, Everywhere.' Het systeem is duidelijk niet onfeilbaar: een brand bij de BP-raffinaderij in Cherry Point in februari 2012 was te wijten aan een aangetaste buis.

**Billion Prices Project.** James Surowiecki, 'A Billion Prices Now', *The New Yorker*, 30 mei 2011; gegevens en details zijn te vinden op de website van het project (http://bp.mit.edu/); Annie Lowrey, 'Economists' Programs Are Beating U.S. at Tracking Inflation', Washington Post, 25 december 2010 (http://www.washingtonpost.com/wp-dyn/content/article/2010/12/25/AR2010122502600.html).

**PriceStats versus officiële statistieken.** 'Official Statistics: Don't Lie to Me, Argentina', *The Economist*, 25 februari 2012 (http://www.economist.com/node/21548242).

**Aantal foto's op Flickr.** Informatie afkomstig van Flickr-website (http://www.flick.com).

**Over de uitdaging om informatie te categoriseren.** Zie David Weinberger, *Everything Is Miscellaneous: The Power of the New Digital Disorder* (Times, 2007).

**Pat Helland.** Pat Helland, 'If You Have Too Much Data Then "Good Enough" Is Good Enough', Communications of the ACM, juni 2011, p. 40, 41. Binnen de databasewereld woedt een heftige discussie over de vraag welke modellen en concepten het geschiktst zijn om aan de eisen van big data tegemoet te komen. Helland vertegenwoordigt het kamp dat voor een radicale breuk met de hulpmiddelen uit het verleden pleit. Michael Rys van Microsoft betoogt in 'Scalable SQL', Communications of the ACM, juni 2011, p. 48, dat ingrijpend aangepaste versies van bestaande hulpmiddelen de klus ook kunnen klaren.



**Gebruik van Hadoop door Visa.** Cukier, 'Data, data everywhere'.

**Maar 5 procent van de databases 'gestructureerd'.** Abhishek Mehta, 'Big Data: Powering the Next Industrial Revolution', Tableau Software White Paper, 2011.

## 4. Correlaties

**Linden en 'de stem van Amazon'.** Interview van Linden met Cukier, maart 2012.

***The Wall Street Journal* over Amazon-critici.** Geciteerd in James Marcus, *Amazonia: Five Years at the Epicenter of the Dot.Com Juggernaut* (New Press, juni 2004), p. 128.

**Citaat Marcus.** Marcus, *Amazonia*, p. 199.

**Een derde inkomsten Amazon uit aanbevelingen.** Dit cijfer is door het bedrijf zelf nooit officieel bevestigd maar is in talloze analistenrapporten en artikelen in de media genoemd, onder meer in 'Building with Big Data: The Data Revolution Is Changing the Landscape of Business', *The Economist*, 26 mei 2011 (http://www.economist.com/node/18741392/). Ook in twee interviews van Cukier met voormalige stafleden van Amazon werd naar het cijfer verwezen.

**Netflix-aanbevelingen.** Xavier Amatriain & Justin Basilico, 'Netflix Recommendations: Beyond the 5 stars (Part 1)', Netflix-blog, 6 april 2012.

**'Voor de gek gehouden door schijnpatronen'.** Nassim Nicholas Taleb, *Fooled by Randomness* (Random House, 2008; Nederlandse vertaling: *Misleid door toeval: het onvoorziene in de economie en het leven*, Nieuwezijds, 2009); zie ook Nassim Nicholas Taleb, *The Black Swan: The Impact of the Highly Improbable* (2e druk, Random House, 2010; Nederlandse vertaling: *De Zwarte Zwaan: de impact van het hoogst onwaarschijnlijke*, Nieuwezijds, 2008).

**Walmart en Pop-Tarts.** Constance L. Hays, 'What Wal-Mart Knows About Customers' Habits', *New York Times*, 14 november 2004 (http://www.nytimes.com/2004/11/14/business/yourmoney/14wal.html).
**Voorbeelden van voorspellingsmodellen van FICO, Experian en Equifax.** Scott Thurm, 'Next Frontier in Credit Scores: Predicting Personal Behavior', *Wall Street Journal*, 27 oktober 2011 (http://online.wsj.com/article/SB10001424052970203687504576655182086300912.html).
**Voorspellingsmodellen Aviva.** Leslie Scism & Mark Maremont, 'Insurers Test Data Profiles to Identify Risky Clients', *Wall Street Journal*, 19 november 2010 (http://online.wsj.com/article/SB10001424052748704648604575620750998072986.html). Zie ook Leslie Scism & Mark Maremont, 'Inside Deloitte's Life-Insurance Assessment Technology', *Wall Street Journal*, 19 november 2010 (http://online.wsj.com/article/SB10001424052748704104104575622531084755588.html). Zie ook Howard Mills, 'Analytics: Turning Data into Dollars', *Forward Focus*, december 2011 (http://www.deloitte.com/assets/Dcom-UnitedStates/Local%20Assets/Documents/FSI/US_FSI_Forward%20Focus_Analytics_Turning%20data%20into%20dollars_120711.pdf).
**Target en de zwangere tiener.** Charles Duhigg, 'How Companies Learn Your Secrets', *New York Times*, 16 februari 2012 (http://www.nytimes.com/2012/02/19/magazine/shopping-habits.html). Het artikel is gebaseerd op Duhiggs book *The Power of Habit: Why We Do What We Do in Life and Business* (Random House, 2012, Nederlandse vertaling: *Macht der gewoonte: waarom we doen wat we doen en hoe we dat kunnen veranderen*, Ambo, 2012); Target heeft verklaard dat er onjuistheden in de weergave van de activiteiten van het bedrijf door de media zitten, maar weigert te zeggen wat die onjuistheden zijn. Toen wij een woordvoerder van Target er voor dit boek naar vroegen, zei die: 'Ons doel is gegevens van gasten te gebruiken om de relatie van de gasten met Target te verbeteren. Onze gasten willen veel waarde voor hun geld, relevante aanbiedingen en een superieure winkelervaring. Net als veel andere bedrijven gebruiken wij onderzoeksinstrumenten met behulp waarvan wij winkeltrends en voorkeuren van onze gasten beter kunnen begrijpen, zodat we onze gasten aanbiedingen en promotiecampagnes kunnen bieden die voor hen relevant zijn. Wij nemen onze verantwoordelijkheid voor het beschermen van de privacy van onze gasten zeer serieus. Dat doen we onder andere met een privacybeleid dat we op Target.com openlijk bekendmaken en door de leden van ons team regelmatig bij te scholen over het vertrouwelijk behandelen van informatie over onze gasten.'
**UPS-analyses.** Interviews van Cukier met Jack Levis, maart, april en juli 2012.
**Te vroeg geboren baby's.** Gebaseerd op interviews met McGregor in januari 2010 en april en juli 2012. Zie ook Carolyn McGregor, Christina Catley, Andrew James & James Padbury, 'Next Generation Neonatal Health Informatics with Artemis', in European Federation for Medical Informatics, *User Centred Networked Health Care*, ed. A. Moen e.a. (IOS Press, 2011), p. 117. Een deel van het materiaal is afkomstig uit Cukier, 'Data, Data, Everywhere'.
**De correlatie tussen geluk en inkomen.** R. Inglehart & H.-D. Klingemann, *Genes, Culture and Happiness* (MIT Press, 2000).
**Mazelen en uitgaven gezondheidszorg, nieuwe niet-lineaire hulpmiddelen voor correlatieanalyse.** David Reshef e.a., 'Detecting Novel Associations in Large Data Sets', *Science* 334 (2011), p. 1518-1524.
**Kahneman.** Daniel Kahneman, *Thinking, Fast and Slow* (2011), p. 74-75.
**Pasteur.** Lezers die geïnteresseerd zijn in Pasteurs algehele invloed op ons den-

ken, kunnen te rade gaan bij Bruno Latour, *The Pasteurization of France* (Harvard University Press, 1993).
**Risico om hondsdolheid te krijgen.** Melanie Di Quinzio & Anne McCarthy, 'Rabies Risk Among Travellers', *CMAJ* 178, nr. 5 (2008), p. 567.
**Causaliteit zelden te bewijzen.** De informaticus Judea Pearl, winnaar van de Turing Award, heeft een methode ontwikkeld om de causale dynamiek te formaliseren; dat is geen normaal bewijs, maar het biedt wel een pragmatische benadering voor het analyseren van mogelijke causale verbanden; zie Judea Pearl, *Models, Reasoning and Inference* (2009).
**Oranje auto's.** Quentin Hardy, 'Bizarre Insights from Big Data', nytimes.com, 28 maart 2012 (http://bits.blogs.nytimes.com/2012/03/28/bizarre-insights-from-big-data/); en Kaggle, 'Momchil Georgiev Shares His Chromatic Insight from Don't Get Kicked', blogpost, 2 februari 2012 (http://blog.kaggle.com/2012/02/02/momchil-georgiev-shares-his-chromatic-insight-from-dont-get-kicked/).
**Gewicht van putdeksels, aantal ontploffingen en hoogte tot waar de deksels omhoogvliegen.** Rachel Ehrenberg, 'Predicting the Next Deadly Manhole Explosion', *Wired*, 7 juli 2010 (http://www.wired.com/wiredscience/2010/07/manhole-explosions).
**Samenwerking van Con Edison met statistici van de Columbia-universiteit.** Dit voorbeeld wordt voor de leek beschreven in Cynthia Rudin e.a., '21st-Century Data Miners Meet 19th-Century Electrical Cables', *Computer*, juni 2011, p. 103-105. Technische beschrijvingen van het werk zijn beschikbaar in de vorm van wetenschappelijke artikelen van Rudin en haar medewerkers op hun websites, met name Cynthia Rudin e.a., 'Machine Learning for the New York City Power Grid', *IEEE Transactions on Pattern Analysis and Machine Intelligence* 34, nr. 2 (2012), p. 328-345 (http://hdl.handle.net/1721.1/68634).
**Rommeligheid van de term *service box* ('schakelkast').** Deze lijst is afkomstig uit Rudin e.a., '21st-Century Data Miners Meet 19th-Century Electrical Cables'.
**Citaat Rudin.** Uit interview met Cukier, maart 2012.
**Uitspraken Anderson.** Chris Anderson, 'The End of Theory: The Data Deluge Makes the Scientific Method Obsolete', *Wired*, juni 2008 (http://www.wired.com/science/discoveries/magazine/16-07/pb_theory/). Andersons afzwakking – National Public Radio, 'Search and Destroy', 18 juli 2008 (http://www.onthemedia.org/2008/jul/18/search-and-destroy/transcript/).
**Waardoor onze analyses worden beïnvloed.** Danah Boyd & Kate Crawford. 'Six Provocations for Big Data', artikel gepresenteerd op het symposium 'A Decade in Internet Time: Symposium on the Dynamics of the Internet and Society', Oxford Internet Institute, 21 september 2011 (http://ssrn.com/abstract=1926431).



## 5. Dataficatie

**Maury.** Details over Maury's leven zijn afkomstig uit allerlei boeken van en over hem, onder meer Chester G. Hearn, *Tracks in the Sea: Matthew Fontaine Maury and the Mapping of the Oceans* (International Marine/McGraw-Hill, juni 2002), http://books.google.co.uk/books?id=XasPAQAAIAAJ; Janice Beaty, *Seeker of Seaways: A Life of Matthew Fontaine Maury, Pioneer Oceanographer* (Pantheon Books, 1966), http://www.amazon.com/Seaways-Matthew-Fontaine-Pioneer-Oceanographer/dp/B0012NUKEU; Charles Lee Lewis, *Matthew Fontaine Maury: The Pathfinder of the Seas* (U.S. Naval Institute, 1927) (http://archive.org/details/matthewfontainem00lewi); en Matthew Fontaine Maury, *The Physical Geography of the Sea* (Harper, 1855) (http://books.google.co.uk/books?id=hlxDAAAAIAAJ).

**Citaten Maury.** Uit Maury, *Physical Geography of the Sea*, 'Introduction', p. xii, vi.
**Gegevens over autostoelen.** Nikkei, 'Car Seat of Near Future IDs Driver's Backside', 14 december 2011.
**Meten van de wereld.** Veel van de denkbeelden van de auteurs over de geschiedenis van de dataficatie zijn geïnspireerd door Crosby's boek *The Measure of Reality*. Citaten afkomstig van p. 111-113.
**Europeanen nooit in aanraking met de abacus.** aldaar, p. 112.
**Met Arabische cijfers zesmaal zo snel rekenen als met telborden.** Alexander Murray, *Reason and Society in the Middle Ages* (Oxford University Press, 1978), p. 166.
**Totaal aantal gepubliceerde boeken en Harvard-onderzoek naar het boekenscanproject van Google.** Jean-Baptiste Michel e.a., 'Quantitative Analysis of Culture Using Millions of Digitized Books', *Science* 331 (14 januari 2011), p. 176-182 (http://www.sciencemag.org/content/331/6014/176.abstract). Zie voor een videolezing over het artikel Erez Lieberman Aiden & Jean-Baptiste Michel, 'What We Learned from 5 Million Books', TEDX, Cambridge, MA, 2011 (http://www.ted.com/talks/what_we_learned_from_5_million_books.html).
**Draadloze modules in auto's en verzekeringen.** Zie Cukier, 'Data, Data Everywhere', *The Economist*, 27 februari 2010.
**Jack Levis (UPS).** Interview met Cukier, april 2012.
**Gegevens over besparingen UPS.** Institute for Operations Research and the Management Sciences (INFORMS), 'UPS Wins Gartner BI Excellence Award', 2011 (http://www.informs.org/Announcements/UPS-wins-Gartner-BI-Excellence-Award).

**Onderzoek Pentland.** Robert Lee Hotz, 'The Really Smart Phone', *Wall Street Journal*, 22 april 2011 (http://online.wsj.com/article/SB10001424052748704547604576263261679848814.html).
**Onderzoek Eagle naar sloppenwijken.** Nathan Eagle, 'Big Data, Global Development, and Complex Systems', Santa Fe Institute, 5 mei 2010 (http://www.youtube.com/watch?v=yaivtqlu7iM). Extra informatie uit interview met Cukier, oktober 2012.
**Gegevens Facebook.** Uit Facebook-prospectus voor beursgang, 2012 (http://sec.gov/Archives/edgar/data/1326801/000119312512034517/d287954ds1.htm).
**Gegevens Twitter.** Alexia Tsotsis, 'Twitter Is at 250 Million Tweets per Day, iOS 5 Integration Made Signups Increase 3x', *TechCrunch*, 17 oktober 2011, http://techcrunch.com/2011/10/17/twitter-is-at-250-million-tweets-per-day/.
**Gebruik Twitter door hedgefondsen.** Kenneth Cukier, 'Tracking Social Media: The Mood of the Market', *Economist.com*, 28 juni 2012 (http://www.economist.com/blogs/graphicdetail/2012/06/tracking-social-media).
**Twitter en voorspellingen Hollywood-recettes.** Sitaram Asur & Bernardo A. Huberman, 'Predicting the Future with Social Media', *Proceedings of the 2010 IEEE/WIC/ACM International Conference on Web Intelligence and Intelligent Agent Technology*, p. 492-499; een online versie is beschikbaar op http://www.hpl.hp.com/research/scl/papers/socialmedia/socialmedia.pdf.
**Twitter en wereldwijde stemmingen.** Scott A. Golder & Michael W. Macy, 'Diurnal and Seasonal Mood Vary with Work, Sleep, and Daylength Across Diverse Cultures', *Science* 333 (30 september 2011), p. 1878-1881.
**Twitter en griepinjecties.** Marcel Salathé & Shashank Khandelwal, 'Assessing Vaccination Sentiments with Online Social Media: Implications for Infectious Disease Dynamics and Control', *PLoS Computational Biology*, oktober 2011.

**IBM-patent.** Amerikaans patent nr. 8,138,882. Aanvraagdatum: 5 februari 2009.
**'Kwantificeer uzelf'.** 'Counting Every Moment', *The Economist*, 3 maart 2012.
**Apple-oordopjes voor metingen lichaamsfuncties.** Jesse Lee Dorogusker, Anthony Fadell, Donald J. Novotney & Nicholas R Kalayjian, 'Integrated Sensors for Tracking Performance Metrics', Amerikaanse patentaanvraag 20090287067. Rechtverkrijgende: Apple. Aanvraagdatum: 2009-07-23. Publicatiedatum: 2009-11-19.
**Derawi Biometrics.** 'Your Walk Is Your PIN-Code', persbericht, 21 februari 2011 (http://biometrics.derawi.com/?p=175).
**Informatie over iTrem.** Zie de iTrem-projectpagina van het Landmarc Research Center van Georgia Tech (http://eosl.gtri.gatech.edu/Capabilities/Landmarc ResearchCenter/LandmarcProjects/iTrem/tabid/798/Default.aspx) en mailwisseling.
**Onderzoekers in Kyoto over triaxiale accelerometers.** iMedicalApps Team, 'Gait Analysis Accuracy: Android App Comparable to Standard Accelerometer Methodology', *mHealth*, 23 maart 2012.
**Kranten schiepen voorwaarden voor natiestaat.** Benedict Anderson, *Imagined Communities: Reflections on the Origin and Spread of Nationalism* (Verso, 2006).
**Natuurkundigen vermoeden dat informatie de basis vormt van alles.** Hans Christian von Baeyer, *Information: The New Language of Science* (Harvard University Press, 2005).

## 6. Economische waarde

**Luis von Ahn.** Gebaseerd op interviews Cukier met Von Ahn in 2010 en 2011. Zie ook Luis von Ahn, 'Luis von Ahn: Expert Q&A', *NOVA scienceNOW*, 6 juli 2009 (http://www.pbs.org/wgbh/nova/tech/von-ahn-captcha.html); Clive Thompson, 'For Certain Tasks, the Cortex Still Beats the CPU', *Wired*, 25 juni 2007 (http://www.wired.com/techbiz/it/magazine/15-07/ff_humancomp?currentPage=all); Byron Spice, 'Brilliant Young Scientist Luis von Ahn Earns $ 500,000 MacArthur Foundation "Genius Grant"', *Carnegie Mellon Today*, 16 september 2006 (http://www.cmu.edu/cmnews/extra/060918_ahn.html); Jessie Scanlon, 'Luis von Ahn: The Pioneer of "Human Computation"', *Businessweek*, 3 november 2008 (http://www.businessweek.com/stories/2008-11-03/luis-von-ahn-the-pioneer-of-human-computation-businessweek-business-news-stock-market-and-financial-advice). Zijn technische beschrijving van reCaptchas staat in Luis von Ahn e.a., 'reCAPTCHA: Human-Based Character Recognition via Web Security Measures', *Science* 321 (12 september 2008), p. 1465-1468 (http://www.sciencemag.org/content/321/5895/1465.abstract).
**Smith en de speldenmaker.** Adam Smith, *The Wealth of Nations* (herdruk, Bantam Classics, 2003), boek I, hoofdstuk 1. (Elektronische versie kosteloos beschikbaar op http://www2.hn.psu.edu/faculty/jmanis/adam-smith/Wealth-Nations.pdf).
**Gegevensopslag.** Viktor Mayer-Schönberger, *Delete: The Virtue of Forgetting in the Digital Age* (Princeton University Press, 2011), 2e druk, p. 63.
**Stroomverbruik elektrische auto's.** IBM, 'IBM, Honda, and PG&E Enable Smarter Charging for Electric Vehicles', persbericht, 12 april 2012 (http://www-03.ibm.com/press/us/en/pressrelease/37398.wss). Zie ook Clay Luthy, 'Guest Perspective: IBM Working with PG&E to Maximize the EV Potential', *PGE Currents*, 13 april 2012 (http://www.pgecurrents.com/2012/04/13/ibm-working-with-pge-to-maximize-the-ev-potential).
**Gegevens Amazon en AOL.** Interview Cukier met Andreas Weigend, 2010.
**Nuance-software en Google.** Cukier, 'Data, Data Everywhere'.
**Logistiek bedrijf.** Brad Brown, Michael Chui & James Manyika, 'Are You Ready

for the Era of "Big Data"?' *McKinsey Quarterly*, oktober 2011, p. 10.
**Telefonica verkoopt mobiele informatie.** 'Telefonica Hopes "Big Data" Arm Will Revive Fortunes', BBC Online, 9 oktober 2012. (http://www.bbc.co.uk/news/technology-19882647).
**Onderzoek Deens Genootschap voor Kankeronderzoek.** Patrizia Frei e.a., 'Use of Mobile Phones and Risk of Brain Tumours: Update of Danish Cohort Study', *BMJ* 343 (2011) (http://www.bmj.com/content/343/bmj.d6387), en interview met Cukier, oktober 2012.
**Gps-records Google Street View en bestuurderloze auto.** Peter Kirwan, 'This Car Drives Itself', *Wired UK*, januari 2012 (http://www.wired.co.uk/magazine/archive/2012/01/features/this-car-drives-itself?page=all).
**Citaat spellchecker Google.** Interview met Cukier in het Googleplex in Mountain View, Californië, december 2009; een deel van het materiaal is ook verschenen in Cukier, 'Data, Data Everywhere'.
**Inzicht Hammerbacher.** Interview met Cukier, oktober 2012.
**Barnes & Noble analyseerde gegevens van zijn Nook-e-reader.** Alexandra Alter, 'Your E-Book Is Reading You', *Wall Street Journal*, 29 juni 2012 (http://online.wsj.com/article/SB10001424052702304870304577490950051438304.html).
**Andrew Ng en het Coursera-college.** Interview met Cukier, juni 2012.
**Obama en openbaarheid overheidsgegevens.** Barack Obama, 'Presidential memorandum', Witte Huis, 21 januari 2009.
**Waarde van Facebook-gegevens.** Zie voor een uitstekend onderzoek van het verschil tussen marktwaarde en boekwaarde rond de beursgang van Facebook Doug Laney, 'To Facebook You're Worth $ 80.95', *Wall Street Journal*, 3 mei 2012 (http://blogs.wsj.com/cio/2012/05/03/to-facebook-youre-worth-80-95/). Om de afzonderlijke Facebook-items te taxeren extrapoleerde Laney de groei van Facebook en maakte hij zo een schatting van de 2,1 biljoen stukjes content. In zijn artikel in *The Wall Street Journal* taxeerde hij de items op drie cent per stuk omdat hij een eerdere inschatting van de marktwaarde van Facebook gebruikte die 75 miljard dollar bedroeg. Uiteindelijk bleek het meer dan 100 miljard dollar te zijn, oftewel vijf cent per item, zoals wij op basis van zijn berekening extrapoleerden.



**Discrepantie tussen tastbare en onstoffelijke activa.** Steve M. Samek, 'Prepared Testimony: Hearing on Adapting a 1930's Financial Reporting Model to the 21st Century', U.S. Senate Committee on Banking, Housing and Urban Affairs, Subcommittee on Securities, 19 juli 2000.
**Waarde van onstoffelijke activa.** Robert S. Kaplan & David P. Norton, *Strategy Maps: Converting Intangible Assets into Tangible Outcomes* (Harvard Business Review Press, 2004), p. 4-5.
**Gegevens als activa voor Amerikaanse mobieletelefoonbedrijven.** Uit een interview met een hoge werknemer bij een intergouvernementeel bureau, die het even tevoren van zijn leidinggevende had gehoord. Interview met Cukier, november 2011.
**Citaat Tim O'Reilly.** Interview met Cukier, februari 2011.

## 7. Gevolgen

**Info over Decide.com.** Mailwisseling Cukier met Etzioni, mei 2012.
**McKinsey-rapport.** James Manyika e.a., 'Big Data: The Next Frontier for Innovation, Competition, and Productivity', McKinsey Global Institute, mei 2011 (http://www.mckinsey.com/insights/mgi/research/technology_and_innovation/big_data_the_next_frontier_for_innovation), p. 10.

**Citaat Hal Varain.** Interview met Cukier, december 2009.
**Citaat Carl de Marcken (ITA).** Mailwisseling met Cukier, mei 2012.
**MasterCard Advisors.** Interview Cukier met Gary Kearns, directielid van MasterCard Advisors, op de conferentie 'The Ideas Economy: Information' van *The Economist* in Santa Clara, Californië, op 8 juni 2011.
**Accenture en St. Louis, Missouri.** Interview Cukier met gemeenteambtenaren, februari 2007.
**Amalga-software van Microsoft.** 'Microsoft Expands Presence in Healthcare IT Industry with Acquisition of Health Intelligence Software Azyxxi', Microsoft-persbericht, 26 juli 2006 (http://www.microsoft.com/en-us/news/press/2006/jul06/07-26azyxxiacquisitionpr.aspx). Amalga maakt nu deel uit van Caradigm, de joint venture van Microsoft en General Electric.
**Bradford Cross.** Interviews met Cukier, maart-oktober 2012.
**Amazon en 'collaboratief filteren'.** Prospectus voor beursgang, mei 1997 (http://www.sec.gov/Archives/edgar/data/1018724/0000891020-97-000868.txt).
**Microprocessoren in auto's.** Nick Valery, 'Tech.View: Cars and Software Bugs', *Economist.com*, 16 mei 2010 (http://www.economist.com/blogs/babbage/2010/05/techview_cars_and_software_bugs).
**Maury noemde schepen 'drijvende observatoria'.** Maury, *The Physical Geography of the Sea*.
**Inrix.** Interview Cukier met leidinggevenden, mei en september 2012.
**Health Care Cost Institute.** Sarah Kliff, 'A Database That Could Revolutionize Health Care', *Washington Post*, 21 mei 2012.
**Google Street View en bestuurderloze auto's.** Kirwan, 'This Car Drives Itself'.
**Overeenkomst met Decide.com voor gebruik gegevens.** Mailwisseling Cukier met Etzioni, mei 2012.



**Overname ITA door Google.** Claire Cain Miller, 'U.S. Clears Google Acquisition of Travel Software', *New York Times*, 8 april 2011 (http://www.nytimes.com/2011/04/09/technology/09google.html?_r=0).
**Inrix en automatisch remsysteem (ABS).** Interview Cukier met Inrix-directieleden, mei 2012.
**Roadnet en citaat Len Kennedy.** Interview met Cukier, mei 2012.
**Dialoog uit de film *Moneyball*, geregisseerd door Bennett Miller, Columbia Pictures 2011.**
**Gegevens McGregor bestrijken meer dan tien patiëntenjaren.** Interview met Cukier, mei 2012.
**Citaat Goldbloom.** Interview met Cukier, maart 2012.
**Hollywood-recettes versus verkoopcijfers games.** Zie voor films Brooks Barnes, 'A Year of Disappointment at the Movie Box Office', *New York Times*, 25 december 2011 (http://www.nytimes.com/2011/12/26/business/media/a-year-of-disappointment-for-hollywood.html). Zie voor games 'Factbox: A Look at the $ 65 billion Video Games Industry', Reuters, 6 juni 2011 (http://uk.reuters.com/article/2011/06/06/us-videogames-factbox-idUKTRE75552I20110606).
**Gegevensanalyse van Zynga.** Nick Wingfield, 'Virtual Products, Real Profits: Players Spend on Zynga's Games, but Quality Turns Some Off', *Wall Street Journal*, 9 september 2011 (http://online.wsj.com/article/SB10001424053111904823804576502442835413446.html).
**Citaat Ken Rudin.** Uit interview met Rudin door Niko Waesche, geciteerd in Erik Schlie, Jörg Rheinboldt & Niko Waesche, *Simply Seven: Seven Ways to Create a Sustainable Internet Business* (Palgrave Macmillan, 2011).

**Citaat Thomas Davenport.** Interview Cukier met Davenport, december 2009.
**The-Numbers.com.** Interviews Cukier met Bruce Nash, oktober 2011 en juli 2012.
**Onderzoek Brynjolfsson.** Erik Brynjolfsson, Lorin Hitt & Heekyung Kim, 'Strength in Numbers: How Does Data-Driven Decisionmaking Affect Firm Performance?', voortgangsartikel, april 2011 (http://papers.ssrn.com/sol3/papers.cfm?abstract_id=1819486).
**Rolls-Royce.** Zie 'Rolls-Royce: Britain's Lonely High-Flier', *The Economist*, 8 januari 2009 (http://www.economist.com/node/12887368). Cijfers geactualiseerd door persbureau, november 2012.
**Erik Brynjolfsson, Andrew McAfee, Michael Sorell & Feng Zhu.** 'Scale Without Mass: Business Process Replication and Industry Dynamics', voortgangsartikel Harvard Business School, september 2006 (http://www.hbs.edu/research/pdf/07-016.pdf, en ook http://hbswk.hbs.edu/item/5532.html).
**Steeds grotere hoeveelheden gegevens.** Zie ook Yannis Bakos & Erik Brynjolfsson, 'Bundling Information Goods: Pricing, Profits, and Efficiency', *Management Science* 45 (december 1999), p. 1613-1630.
**Philip Evans.** Interviews met de auteurs, 2011 en 2012.

## 8. Risico's

**Stasi.** Veel literatuur is in het Duits, maar een uitzondering is Kristie Macrakis' grondig gedocumenteerde *Seduced by Secrets: Inside the Stasi's Spy-Tech World* (Cambridge University Press, 2008); een heel persoonlijk verhaal wordt verteld in Timothy Garton Ash, *The File* (Atlantic Books, 2008; Nederlandse vertaling: *Het Stasi-dossier*, Kosmos, 1997). We kunnen ook de Oscar-winnende speelfilm *Das Leben der Anderen* aanbevelen.



**Bewakingscamera's bij Orwells huis.** 'George Orwell, Big Brother Is Watching Your House', *The Evening Standard*, 31 maart 2007 (http://www.thisislondon.co.uk/news/george-orwell-big-brother-is-watching-your-house-7086271.html).
**Equifax en Experian.** Daniel J. Solove, *The Digital Person: Technology and Privacy in the Information Age* (NYU Press, 2004), p. 20-21.
**Blokadressen van Japanse Amerikanen in Washington doorgegeven aan de Amerikaanse autoriteiten.** J.R. Minkel, 'The U.S. Census Bureau Gave Up Names of Japanese-Americans in WW II', *Scientific American*, 30 maart 2007 (http://www.scientificamerican.com/article.cfm?id=confirmed-the-us-census-b).
**Gegevens burgerlijke stand die de nazi's in Nederland gebruikten.** William Seltzer & Margo Anderson, 'The Dark Side of Numbers: The Role of Population Data Systems in Human Rights Abuses', *Social Research* 68 (2001), p. 481-513.
**IBM en de Holocaust.** Edwin Black, *IBM and the Holocaust* (Crown, 2003; Nederlandse vertaling: *IBM en de holocaust*, Kosmos, 2001).
**Hoeveelheid gegevens die door slimme elektriciteitsmeters wordt verzameld.** Zie Elias Leake Quinn, 'Smart Metering and Privacy: Existing Law and Competing Policies; A Report for the Colorado Public Utility Commission', voorjaar 2009 (http://www.w4ar.com/Danger_of_Smart_Meters_Colorado_Report.pdf). Zie ook Joel M. Margolis, 'When Smart Grids Grow Smart Enough to Solve Crimes', Neustar, 18 maart 2010 (http://energy.gov/sites/prod/files/gcprod/documents/Neustar_Comments_DataExhibitA.pdf).
**Fred Cate over informeren en toestemming vragen.** Fred H. Cate, 'The Failure of Fair Information Practice Principles', in Jane K. Winn, ed., *Consumer Pro-*

*tection in the Age of the 'Information Economy'* (Ashgate, 2006), p. 341 e.v.

**Publicatie van AOL-gegevens.** Michael Barbaro & Tom Zeller Jr., 'A Face Is Exposed for AOL Searcher Nr. 4417749', *New York Times*, 9 augustus 2006. Zie ook Matthew Karnitschnig & Mylene Mangalindan, 'AOL Fires Technology Chief After Web-Search Data Scandal', *Wall Street Journal*, 21 augustus 2006.

**Netflix-gebruiker geïdentificeerd.** Ryan Singel, 'Netflix Spilled Your *Brokeback Mountain* Secret, Lawsuit Claims', *Wired*, 17 december 2009 (http://www.wired.com/threatlevel/2009/12/netflix-privacy-lawsuit/).

**Publicatie Netflix-gegevens.** Arvind Narayanan & Vitaly Shmatikov, 'Robust De-Anonymization of Large Sparse Datasets', *Proceedings of the 2008 IEEE Symposium on Security and Privacy*, p. 111 e.v. (http://www.cs.utexas.edu/~shmat/shmat_oak08netflix.pdf); Arvind Narayanan & Vitaly Shmatikov, 'How to Break the Anonymity of the Netflix Prize Dataset', 18 oktober 2006, arXiv:cs/0610105 [cs.CR] (http://arxiv.org/abs/cs/0610105).

**Mensen identificeren aan de hand van drie kenmerken.** Philippe Golle, 'Revisiting the Uniqueness of Simple Demographics in the US Population', *Association for Computing Machinery Workshop on Privacy in Electronic Society* 5 (2006), p. 77.

**Structurele problemen met anonimisering.** Paul Ohm, 'Broken Promises of Privacy: Responding to the Surprising Failure of Anonymization', 57 *UCLA Law Review* 1701 (2010).

**Anonimiteit van de sociale grafiek.** Lars Backstrom, Cynthia Dwork & Jon Kleinberg, 'Wherefore Art Thou R3579X? Anonymized Social Networks, Hidden Patterns, and Structural Steganography', *Communications of the Association of Computing Machinery*, december 2011, p. 133.

**Datarecorders in auto's.** 'Vehicle Data Recorders: Watching Your Driving', *The Economist*, 23 juni 2012 (http://www.economist.com/node/21557309).



**Door NSA verzamelde gegevens.** Dana Priest & William Arkin, 'A Hidden World, Growing Beyond Control', *Washington Post*, 19 juli 2010 (http://projects.washingtonpost.com/top-secret-america/articles/a-hidden-world-growing-beyond-control/print/). Juan Gonzalez, 'Whistleblower: The NSA Is Lying – U.S. Government Has Copies of Most of Your Emails', *Democracy Now*, 20 april 2012 (http://www.democracynow.org/2012/4/20/whistleblower_the_nsa_is_lying_us). William Binney, 'Sworn Declaration in the Case of Jewel v. NSA', gearchiveerd op 2 juli 2012 (http://publicintelligence.net/binney-nsa-declaration/).

**Bewaking van burgers is in tijdperk van big data veranderd.** Patrick Radden Keefe, 'Can Network Theory Thwart Terrorists?' *New York Times*, 12 maart 2006 (http://www.nytimes.com/2006/03/12/magazine/312wwln_essay.html).

**Dialoog uit *Minority Report*, geregisseerd door Steven Spielberg, DreamWorks/20th Century Fox, 2002.** De dialoog die wij citeren, is iets ingekort. De film is gebaseerd op een kort verhaal van Philip K. Dick uit 1958, maar er zijn aanzienlijke verschillen tussen de twee versies. De openingsscène met de bedrogen echtgenoot komt niet in het boek voor, en de filosofische kwestie van het veroordelen van mensen voordat ze de misdaad plegen, wordt in de film van Spielberg nadrukkelijker naar voren gebracht dan in het verhaal. Daarom hebben we ervoor gekozen in ons betoog van de film uit te gaan.

**Voorbeelden van voorspellend surveilleren.** James Vlahos, 'The Department Of Pre-Crime', *Scientific American* 306 (januari 2012), p. 62-67.

**FAST (Future Attribute Screening Technology).** Zie Sharon Weinberger, 'Terrorist 'Pre-crime' Detector Field Tested in United States', *Nature*, 27 mei 2011 (http://www.nature.com/news/2011/110527/full/news.2011.323.html); Sharon Weinberger,

'Intent to Deceive', *Nature* 465 (mei 2010), p. 412-415. Zie over het probleem van de vals-positieve meldingen Alexander Furnas, 'Homeland Security's "Pre-Crime" Screening Will Never Work', The Atlantic Online, 17 april 2012 (http://www.theatlantic.com/technology/archive/2012/04/homeland-securitys-pre-crime-screening-will-never-work/255971/).

**Cijfers studenten en verzekeringspremies.** Tim Query, 'Grade Inflation and the Good-Student Discount', *Contingencies Magazine*, American Academy of Actuaries, mei-juni 2007 (http://www.contingencies.org/mayjun07/tradecraft.pdf).

**Gevaren van profilering.** Bernard E. Harcourt, *Against Prediction: Profiling, Policing, and Punishing in an Actuarial Age* (University of Chicago Press, 2006).

**Het werk van Richard Berk.** Richard Berk, 'The Role of Race in Forecasts of Violent Crime', *Race and Social Problems* 1 (2009), p. 231-242, en mailinterview met Cukier, november 2012.

**McNamara's voorliefde voor gegevens.** Phil Rosenzweig, 'Robert S. McNamara and the Evolution of Modern Management', *Harvard Business Review*, december 2010 (http://hbr.org/2010/12/robert-s-mcnamara-and-the-evolution-of-modern-management/ar/pr).

**Succes van de 'whizkids' in de Tweede Wereldoorlog.** John Byrne, *The Whiz Kids* (Doubleday, 1993).

**McNamara bij Ford.** David Halberstam, *The Reckoning* (William Morrow, 1986), p. 222-245. (Nederlandse vertaling: *De afrekening*, Het Spectrum, 1988.)

**Boek Kinnard.** Douglas Kinnard, *The War Managers* (University Press of New England, 1977), p. 71-25. Voor dit gedeelte is mede gebruikgemaakt van een mailinterview met Kinnard via zijn assistent, waarvoor de auteurs hem danken.



**Citaat 'Wij vertrouwen op God (...)'.** Dit wordt vaak toegeschreven aan W. Edwards Deming.

**Ted Kennedy en het vliegverbod.** Sara Kehaulani Goo, 'Sen. Kennedy Flagged by No-Fly List', *Washington Post*, 20 augustus 2004, p. A01 (http://www.washingtonpost.com/wp-dyn/articles/A17073-2004Aug19.html).

**Sollicitatiegesprekken bij Google.** Zie Douglas Edwards, *I'm Feeling Lucky: The Confessions of Google Employee Number 59* (Houghton Mifflin Harcourt, 2011), p. 9. Zie ook Steven Levy, *In the Plex* (Simon and Schuster, 2011), p. 140-141. De ironie wil dat de oprichters van Google Steve Jobs graag als directeur wilden (ondanks het feit dat hij geen universitair diploma had); Levy, p. 80.

**Eenenveertig tinten blauw testen.** Laura M. Holson, 'Putting a Bolder Face on Google', *New York Times*, 1 maart 2009 (http://www.nytimes.com/2009/03/01/business/01marissa.html).

**Topontwerper bij Google nam boos ontslag.** Citaat ingekort (vanwege de leesbaarheid zonder beletseltekens) uit Doug Bowman, 'Goodbye, Google', blogpost, 20 maart 2009 (http://stopdesign.com/archive/2009/03/20/goodbye-google.html).

**Citaat Jobs.** Steve Lohr, 'Can Apple Find More Hits Without Its Tastemaker?' *New York Times*, 18 januari 2011, p. B1 (http://www.nytimes.com/2011/01/19/technology/companies/19innovate.html).

**Boek Scott.** James Scott, *Seeing Like a State: How Certain Schemes to Improve the Human Condition Have Failed* (Yale University Press, 1998).

**Citaat McNamara.** Uit toespraak op Millsaps College in Jackson, Mississippi, geciteerd in *Harvard Business Review* van december 2010.

**McNamara's verweerschrift.** Robert S. McNamara & Brian VanDeMark, *In Retrospect: The Tragedy and Lessons of Vietnam* (Random House, 1995), p. 48, 270.

## 9. Controle

**Boekencollectie van de universiteit van Cambridge.** Marc Drogin, *Anathema! Medieval Scribes and the History of Book Curses* (Allanheld & Schram, 1983), p. 37.
**Aansprakelijkheid en privacy.** Het Center for Information Policy Leadership is betrokken geweest bij een meerjarig project over de raakvlakken tussen aansprakelijkheid en privacy; zie http://www.informationpolicycentre.com/accountability-based_privacy_governance/.
**Houdbaarheidsdata voor gegevens.** Mayer-Schönberger, *Delete*.
**'Differentiële privacy'.** Cynthia Dwork, 'A Firm Foundation for Private Data Analysis', *Communications of the ACM*, januari 2011, p. 86-95.
**Facebook en differentiële privacy.** A. Chin & A. Klinefelter, 'Differential Privacy as a Response to the Reidentification Threat: The Facebook Advertiser Case Study', 90 *North Carolina Law Review* 1417 (2012); A. Haeberlen e.a., 'Differential Privacy Under Fire', http://www.cis.upenn.edu/~ahae/papers/fuzz-sec2011.pdf.
**Duitse functionarissen voor gegevensbescherming bij bedrijven.** Viktor Mayer-Schönberger, 'Beyond Privacy, Beyond Rights: Towards a "Systems" Theory of Information Governance', 98 *California Law Review* 1853 (2010).
**Interoperabiliteit.** John Palfrey & Urs Gasser, *Interop: The Promise and Perils of Highly Interconnected Systems* (Basic Books, 2012).

## 10. Straks

**Mike Flowers en analyse stadsgegevens New York.** Gebaseerd op een interview met Cukier, juli 2012. Zie voor een goede beschrijving Alex Howard, 'Predictive data analytics is saving lives and taxpayer dollars in New York City,' *O'Reilly Media*, 26 juni 2012 (http://strata.oreilly.com/2012/06/predictive-data-analytics-big-data-nyc.html).
**Walmart en Pop-Tarts.** Constance L. Hays, 'What Wal-Mart Knows About Customers' Habits', *New York Times*, 14 november 2004 (http://www.nytimes.com/2004/11/14/business/yourmoney/14wal.html).
**Gebruik big data voor sloppenwijken en het modelleren van vluchtelingenstromen.** Nathan Eagle, 'Big Data, Global Development, and Complex Systems', http://www.youtube.com/watch?v=yaivtqlu7iM.
**Tijdsbeleving.** Benedict Anderson, *Imagined Communities* (nieuwe editie, Verso, 2006).
**Citaat Shakespeare.** Uit *The Tempest* (*De storm*), tweede bedrijf, eerste toneel, Nederlandse vertaling geciteerd uit *De werken van William Shakespeare*, vert. Dr. L.A.J. Burgersdijk, elfde deel, Brill, 1886.
**CERN-experiment en gegevensopslag.** Mailwisseling Cukier met CERN-onderzoekers, november 2012.
**Computersysteem Apollo 11.** David A. Mindell, *Digital Apollo: Human and Machine in Spaceflight* (MIT Press, 2008).

# Literatuurlijst



Alter, Alexandra. 'Your E-Book Is Reading You'. *Wall Street Journal*, 29 juni 2012 (http://online.wsj.com/article/SB10001424052702304870304577490950051438304.html).

Anderson, Benedict. *Imagined Communities*, nieuwe editie, Verso, 2006. Nederlandse vertaling: Benedict Anderson, *Verbeelde gemeenschappen*, vert. Paul Syrier, Mets, 1995.

Anderson, Chris. 'The End of Theory'. *Wired* 16, afl. 7 (juli 2008) (http://www.wired.com/science/discoveries/magazine/16-07/pb_theory).

Asur, Sitaram & Bernardo A. Huberman. 'Predicting the Future with Social Media'. *Proceedings of the 2010 IEEE / WIC / ACM International Conference on Web Intelligence and Intelligent Agent Technology*, p. 492-499. (Een onlineversie is beschikbaar op http://www.hpl.hp.com/research/scl/papers/socialmedia/socialmedia.pdf.)

Babbie, Earl. *Practice of Social Research*, 12e druk, 2010.

Backstrom, Lars, Cynthia Dwork & Jon Kleinberg. 'Wherefore Art Thou R3579X? Anonymized Social Networks, Hidden Patterns, and Structural Steganography'. *Communications of the ACM*, december 2011, p. 133-141.

Bakos, Yannis & Erik Brynjolfsson. 'Bundling Information Goods: Pricing, Profits, and Efficiency'. *Management Science* 45 (december 1999), p. 1613-1630.

Banko, Michele & Eric Brill. 'Scaling to Very Very Large Corpora for Natural Language Disambiguation'. Microsoft Research, 2001, p. 3 (http://acl.ldc.upenn.edu/P/P01/P01-1005.pdf).

Barbaro, Michael & Tom Zeller Jr. 'A Face Is Exposed for AOL Searcher Nr. 4417749'. *New York Times*, 9 augustus 2006 (http://www.nytimes.com/2006/08/09/technology/09aol.html).

Barnes, Brooks. 'A Year of Disappointment at the Movie Box Office', *New York Times*, 25 december 2011 (http://www.nytimes.com/2011/12/26/business/media/a-year-of-disappointment-for-hollywood.html).

Beaty, Janice. *Seeker of Seaways: A Life of Matthew Fontaine Maury, Pioneer Oceanographer.* Pantheon Books, 1966.

Berger, Adam L., e.a. 'The Candide System for Machine Translation'. *Proceedings of the 1994 ARPA Workshop on Human Language Technology* (1994) (http://aclweb.org/anthology-new/H/H94/H94-1100.pdf).

Berk, Richard. 'The Role of Race in Forecasts of Violent Crime'. *Race and Social Problems* 1 (2009), p. 231-242.

Black, Edwin. *IBM and the Holocaust.* Crown, 2003. Nederlandse vertaling: Edwin Black, *IBM en de holocaust*, vert. Jacques Meerman & Margreet Blok, Kosmos, 2001.

Boyd, Danah & Kate Crawford. 'Six Provocations for Big Data'. Onderzoeksartikel gepresenteerd op het symposium 'A Decade in Internet Time: Symposium on the Dynamics of the Internet and Society', Oxford Internet Institute, 21 september 2011 (http://ssrn.com/abstract=1926431).

Brown, Brad, Michael Chui & James Manyika. 'Are You Ready for the Era of 'Big Data'?' *McKinsey Quarterly*, oktober 2011, p. 10.

Brynjolfsson, Erik, Andrew McAfee, Michael Sorell & Feng Zhu. 'Scale Without Mass: Business Process Replication and Industry Dynamics'. HBS-voortgangsartikel, september 2006 (http://www.hbs.edu/research/pdf/07-016.pdf; zie ook http://hbswk.hbs.edu/item/5532.html).

Brynjolfsson, Erik, Lorin Hitt & Heekyung Kim. 'Strength in Numbers: How Does Data-Driven Decisionmaking Affect Firm Performance?' *ICIS 2011 Proceedings*, artikel 13 (http://aisel.aisnet.org/icis2011/proceedings/economicvalueIS/13; ook beschikbaar op http://papers.ssrn.com/sol3/papers.cfm?abstract_id=1819486).



Byrne, John. *The Whiz Kids,* Doubleday, 1993.

Cate, Fred H. 'The Failure of Fair Information Practice Principles'. In Jane K. Winn, ed., *Consumer Protection in the Age of the 'Information Economy'* (Ashgate, 2006), p. 341 e.v.

Chin, A. & A. Klinefelter. 'Differential Privacy as a Response to the Reidentification Threat: The Facebook Advertiser Case Study'. 90 *North Carolina Law Review* 1417 (2012).

Crosby, Alfred. *The Measure of Reality: Quantification and Western Society, 1250-1600.* Cambridge University Press, 1997.

Cukier, Kenneth. 'Data, Data Everywhere'. Speciaal rapport van *The Economist* van 27 februari 2010, p. 1-14.

Cukier, Kenneth. 'Tracking Social Media: The Mood of the Market'. *Economist.com*, 28 juni 2012 (http://www.economist.com/blogs/graphicdetail/2012/06/tracking-social-media).

Davenport, Thomas H., Paul Barth & Randy Bean. 'How "Big Data" Is Different'. *Sloan Review*, 30 juli 2012 (http://sloanreview.mit.edu/the-magazine/2012-fall/54104/how-big-data-is-different/).

Di Quinzio, Melanie & Anne McCarthy. 'Rabies Risk Among Travellers'. *CMAJ* 178, nr. 5 (2008), p. 567.

Drogin, Marc. *Anathema! Medieval Scribes and the History of Book Curses* (Allanheld & Schram, 1983).

Dugas, A.F., e.a. 'Google Flu Trends: Correlation with Emergency Department Influenza Rates and Crowding Metrics'. CID Advanced Access, 8 januari 2012. DOI 10.1093/cid/cir883.

Duggan, Mark & Steven D. Levitt. 'Winning Isn't Everything: Corruption in Sumo Wrestling'. *American Economic Review* 92 (2002), p. 1594-1605 (http://price

theory.uchicago.edu/levitt/Papers/DugganLevitt2002.pdf).
Duhigg, Charles. *The Power of Habit: Why We Do What We Do in Life and Business.* Random House, 2012. Nederlandse vertaling: Charles Duhigg, *Macht der gewoonte: waarom we doen wat we doen en hoe we dat kunnen veranderen*, vert. Patty Adelaar, Ambo, 2012.
Duhigg, Charles. 'How Companies Learn Your Secrets'. *New York Times*, 16 februari 2012 (http://www.nytimes.com/2012/02/19/magazine/shopping-habits.html).
Dwork, Cynthia. 'A Firm Foundation for Private Data Analysis'. *Communications of the ACM*, januari 2011, p. 86-95 (http://dl.acm.org/citation.cfm?id=1866739.1866758).
Economist, The. 'Rolls-Royce: Britain's Lonely High-Flier'. *The Economist*, 8 januari 2009 (http://www.economist.com/node/12887368).
Economist, The. 'Building with Big Data: The Data Revolution Is Changing the Landscape of Business'. *The Economist*, 26 mei 2011 (http://www.economist.com/node/18741392/).
Economist, The. 'Official Statistics: Don't Lie to Me, Argentina'. *The Economist*, 25 februari 2012 (http://www.economist.com/node/21548242).
Economist, The. 'Counting Every Moment'. *The Economist*, 3 maart 2012 (http://www.economist.com/node/21548493).
Economist, The. 'Vehicle Data Recorders: Watching Your Driving'. *The Economist*, 23 juni 2012 (http://www.economist.com/node/21557309).
Edwards, Douglas. *I'm Feeling Lucky: The Confessions of Google Employee Number 59.* Houghton Mifflin Harcourt, 2011.
Ehrenberg, Rachel. 'Predicting the Next Deadly Manhole Explosion'. *Wired*, 7 juli 2010 (http://www.wired.com/wiredscience/2010/07/manhole-explosions).
Eisenstein, Elizabeth L. *The Printing Revolution in Early Modern Europe.* Cambridge: Canto/Cambridge University Press, 1993. 
Etzioni, Oren, C.A. Knoblock, R. Tuchinda & A. Yates. 'To Buy or Not to Buy: Mining Airfare Data to Minimize Ticket Purchase Price'. SIGKDD '03, 24-27 augustus 2003 (http://knight.cis.temple.edu/~yates//papers/hamlet-kdd03.pdf).
Frei, Patrizia, e.a. 'Use of Mobile Phones and Risk of Brain Tumours: Update of Danish Cohort Study'. *BMJ* 2011, 343 (http://www.bmj.com/content/343/bmj.d6387).
Furnas, Alexander. 'Homeland Security's "Pre-Crime" Screening Will Never Work'. The Atlantic Online, 17 april 2012 (http://www.theatlantic.com/technology/archive/2012/04/homeland-securitys-pre-crime-screening-will-never-work/255971/).
Garton Ash, Timothy. *The File.* Atlantic Books, 2008. Nederlandse vertaling: Timothy Garton Ash, *Het Stasi-dossier*, vert. Frans Bruning, Kosmos, 1997.
Geron, Tomio. 'Twitter's Dick Costolo: Twitter Mobile Ad Revenu Beats Desktop on Some Days'. *Forbes*, 6 juni 2012 (http://www.forbes.com/sites/tomiogeron/2012/06/06/twitters-dick-costolo-mobile-ad-revenue-beats-desktop-on-some-days/).
Ginsburg, Jeremy, e.a. 'Detecting Influenza Epidemics Using Search Engine Query Data'. *Nature* 457 (2009), p. 1012-1014 (http://www.nature.com/nature/journal/v457/n7232/full/nature07634.html).
Golder, Scott A. & Michael W. Macy. 'Diurnal and Seasonal Mood Vary with Work, Sleep, and Daylength Across Diverse Cultures'. *Science* 333 (30 september 2011), p. 1878-1881.
Golle, Philippe. 'Revisiting the Uniqueness of Simple Demographics in the US Population'. *Association for Computing Machinery Workshop on Privacy in Electronic Society* 5 (2006), p. 77-80.
Goo, Sara Kehaulani. 'Sen. Kennedy Flagged by No-Fly List'. *Washington Post*, 20

augustus 2004, p. A01 (http://www.washingtonpost.com/wp-dyn/articles/A17073-2004Aug19.html).

Haeberlen, A., e.a. 'Differential Privacy Under Fire'. In *SEC'11: Proceedings of the 20th USENIX conference on Security*, p. 33 (http://www.cis.upenn.edu/~ahae/papers/fuzz-sec2011.pdf).

Halberstam, David. *The Reckoning*. William Morrow, 1986. Nederlandse vertaling: David Halberstam, *De afrekening*, vert. Rob Poort, Het Spectrum, 1988.

Haldane, J.B.S. 'On Being the Right Size'. *Harper's Magazine*, maart 1926 (http://harpers.org/archive/1926/03/on-being-the-right-size/).

Halevy, Alon, Peter Norvig & Fernando Pereira. 'The Unreasonable Effectiveness of Data'. *IEEE Intelligent Systems*, maart/april 2009, p. 8-12.

Harcourt, Bernard E. *Against Prediction: Profiling, Policing, and Punishing in an Actuarial Age*. University of Chicago Press, 2006.

Hardy, Quentin. 'Bizarre Insights from Big Data'. NYTimes.com, 28 maart 2012 (http://bits.blogs.nytimes.com/2012/03/28/bizarre-insights-from-big-data/).

Hays, Constance L. 'What Wal-Mart Knows About Customers' Habits'. *New York Times*, 14 november 2004 (http://www.nytimes.com/2004/11/14/business/yourmoney/14wal.html).

Hearn, Chester G. *Tracks in the Sea: Matthew Fontaine Maury and the Mapping of the Oceans*. International Marine/McGraw-Hill, juni 2002.

Helland, Pat. 'If You Have Too Much Data then "Good Enough" Is Good Enough', *Communications of the ACM*, juni 2011, p. 40 e.v.

Hilbert, Martin & Priscilla López. 'The World's Technological Capacity to Store, Communicate, and Compute Information'. *Science* 1 (april 2011), p. 60-65.

Hilbert, Martin & Priscilla López. 'How to Measure the World's Technological Capacity to Communicate, Store and Compute Information?' *International Journal of Communication* (2012), p. 1042-1055 (ijoc.org/ojs/index.php/ijoc/article/viewFile/1562/742).

Holson, Laura M. 'Putting a Bolder Face on Google'. *New York Times*, 1 maart 2009, p. BU 1 (http://www.nytimes.com/2009/03/01/business/01marissa.html).

Hopkins, Brian & Boris Evelson. 'Expand Your Digital Horizon with Big Data'. Forrester, 30 september 2011.

Hotz, Robert Lee. 'The Really Smart Phone'. *Wall Street Journal*, 22 april 2011 (http://online.wsj.com/article/SB10001424052748704547604576263261679848814.html).

Hutchins, John. 'The First Public Demonstration of Machine Translation: The Georgetown-IBM System, 7th January 1954'. November 2005 (http://www.hutchinsweb.me.uk/GU-IBM-2005.pdf).

Inglehart, R. & H.D. Klingemann. *Genes, Culture and Happiness*. MIT Press, 2000.

Isaacson, Walter. *Steve Jobs*. 2011. Nederlandse vertaling: *Steve Jobs*, vert. Rob de Ridder, Het Spectrum, 2011.

Kahneman, Daniel. *Thinking, Fast and Slow*. Farrar, Straus & Giroux, 2011. Nederlandse vertaling: Daniel Kahneman, *Ons feilbare denken*, vert. Peter van Huizen, Business Contact, 2011.

Kaplan, Robert S. & David P. Norton. *Strategy Maps: Converting Intangible Assets into Tangible Outcomes*. Harvard Business Review Press, 2004.

Karnitschnig, Matthew & Mylene Mangalindan. 'AOL Fires Technology Chief After Web-Search Data Scandal'. *Wall Street Journal*, 21 augustus 2006.

Keefe, Patrick Radden. 'Can Network Theory Thwart Terrorists?' *New York Times*, 12 maart 2006 (http://www.nytimes.com/2006/03/12/magazine/312wwln_essay.html).

Kinnard, Douglas. *The War Managers.* University Press of New England, 1977.
Kirwan, Peter. 'This Car Drives Itself'. *Wired UK*, januari 2012 (http://www.wired.co.uk/magazine/archive/2012/01/features/this-car-drives-itself).
Kliff, Sarah. 'A Database That Could Revolutionize Health Care'. *Washington Post*, 21 mei 2012.
Kruskal, William & Frederick Mosteller. 'Representative Sampling, IV: The History of the Concept in Statistics, 1895-1939'. *International Statistical Review* 48 (1980), p. 169-195.
Laney, Doug. 'To Facebook You're Worth $ 80.95'. *Wall Street Journal*, 3 mei 2012 (http://blogs.wsj.com/cio/2012/05/03/to-facebook-youre-worth-80-95/).
Latour, Bruno. *The Pasteurization of France.* Harvard University Press, 1993.
Levitt, Steven D. & Stephen J. Dubner. *Freakonomics: A Rogue Economist Explores the Hidden Side of Everything*. HarperCollins, 2005. Nederlandse vertaling: Steven D. Levitt. *Freakonomics: een tegendraadse econoom ontdekt de verborgen kant van bijna alles*, vert. Rob Kuitenbrouwer, Olaf Brenninkmeijer & Auke van den Berg, De Bezige Bij, 2005.
Levy, Steven. *In the Plex.* Simon and Schuster, 2011.
Lewis, Charles Lee. *Matthew Fontaine Maury: The Pathfinder of the Seas.* U.S. Naval Institute, 1927.
Lohr, Steve. 'Can Apple Find More Hits Without Its Tastemaker?' *New York Times*, 19 januari 2011, p. B1 (http://www.nytimes.com/2011/01/19/technology/companies/19innovate.html).
Lowrey, Annie. 'Economists' Programs Are Beating U.S. at Tracking Inflation'. *Washington Post*, 25 december 2010 (http://www.washingtonpost.com/wp-dyn/content/article/2010/12/25/AR2010122502600.html).

Macrakis, Kristie. *Seduced by Secrets: Inside the Stasi's Spy-Tech World.* Cambridge University Press, 2008.
Manyika, James, e.a. 'Big Data: The Next Frontier for Innovation, Competition, and Productivity'. McKinsey Global Institute, mei 2011 (http://www.mckinsey.com/insights/mgi/research/technology_and_innovation/big_data_the_next_frontier_for_innovation).
Marcus, James. *Amazonia: Five Years at the Epicenter of the Dot.Com Juggernaut.* The New Press, 2004.
Margolis, Joel M. 'When Smart Grids Grow Smart Enough to Solve Crimes'. Neustar, 18 maart 2010 (http://energy.gov/sites/prod/files/gcprod/documents/Neustar_Comments_DataExhibitA.pdf).
Maury, Matthew Fontaine. *The Physical Geography of the Sea*. Harper, 1855.
Mayer-Schönberger, Viktor. 'Beyond Privacy, Beyond Rights: Towards a "Systems" Theory of Information Governance'. 98 California Law Review 1853 (2010).
Mayer-Schönberger, Viktor. *Delete: The Virtue of Forgetting in the Digital Age.* Princeton University Press, 2nd ed., 2011.
McGregor, Carolyn, Christina Catley, Andrew James & James Padbury. 'Next Generation Neonatal Health Informatics with Artemis'. In European Federation for Medical Informatics, *User Centred Networked Health Care*, ed. A. Moen e.a. (IOS Press, 2011), p. 117 e.v.
McNamara, Robert S. & Brian VanDeMark. *In Retrospect: The Tragedy and Lessons of Vietnam.* Random House, 1995.
Mehta, Abhishek. 'Big Data: Powering the Next Industrial Revolution'. Tableau Software White Paper, 2011.
Michel, Jean-Baptiste, e.a. 'Quantitative Analysis of Culture Using Millions of Digi-

tized Books'. *Science* 331 (14 januari 2011), p. 176-182 (http://www.sciencemag.org/content/331/6014/176.abstract).

Miller, Claire Cain. 'U.S. Clears Google Acquisition of Travel Software'. *New York Times*, 8 april 2011 (http://www.nytimes.com/2011/04/09/technology/09google.html?_r=0).

Mills, Howard. 'Analytics: Turning Data into Dollars'. *Forward Focus*, december 2011 (http://www.deloitte.com/assets/Dcom-UnitedStates/Local%20Assets/Documents/FSI/US_FSI_Forward%20Focus_Analytics_Turning%20data%20into%20dollars_120711.pdf).

Mindell, David A. *Digital Apollo: Human and Machine in Spaceflight.* MIT Press, 2008.

Minkel, J.R. 'The U.S. Census Bureau Gave Up Names of Japanese-Americans in WW II'. *Scientific American*, 30 maart 2007 (http://www.scientificamerican.com/article.cfm?id=confirmed-the-us-census-b).

Murray, Alexander. *Reason and Society in the Middle Ages.* Oxford University Press, 1978.

Nalimov, E.V., G.McC. Haworth & E.A. Heinz. 'Space-Efficient Indexing of Chess Endgame Tables'. *ICGA Journal* 23, nr. 3 (2000), p. 148-162.

Narayanan, Arvind & Vitaly Shmatikov. 'How to Break the Anonymity of the Netflix Prize Dataset'. 18 oktober 2006, arXiv:cs/0610105 [cs.CR] (http://arxiv.org/abs/cs/0610105).

Narayanan, Arvind & Vitaly Shmatikov. 'Robust De-Anonymization of Large Sparse Datasets'. *Proceedings of the 2008 IEEE Symposium on Security and Privacy*, p. 111 (http://www.cs.utexas.edu/~shmat/shmat_oak08netflix.pdf).

Nazareth, Rita & Julia Leite. 'Stock Trading in U.S. Falls to Lowest Level Since 2008'. Bloomberg, 13 augustus 2012 (http://www.bloomberg.com/news/2012-08-13/stock-trading-in-u-s-hits-lowest-level-since-2008-as-vix-falls.html).



Negroponte, Nicholas. *Being Digital.* Alfred Knopf, 1995. Nederlandse vertaling: Nicholas Negroponte, *Digitaal leven*, vert. Jules van Lieshout, Prometheus, 1995.

Neyman, Jerzy. 'On the Two Different Aspects of the Representative Method: The Method of Stratified Sampling and the Method of Purposive Selection'. *Journal of the Royal Statistical Society* 97, nr. 4 (1934), p. 558-625.

Ohm, Paul. 'Broken Promises of Privacy: Responding to the Surprising Failure of Anonymization'. 57 *UCLA Law Review* 1701 (2010).

Onnela, J.P., e.a. 'Structure and Tie Strengths in Mobile Communication Networks'. *Proceedings of the National Academy of Sciences of the United States of America (PNAS)* 104 (mei 2007), p. 7332-7336 (http://nd.edu/~dddas/Papers/PNAS0610245104v1.pdf).

Palfrey, John & Urs Gasser. *Interop: The Promise and Perils of Highly Interconnected Systems.* Basic Books, 2012.

Pearl, Judea. *Models, Reasoning and Inference.* Cambridge University Press, 2009.

Pollack, Andrew. 'DNA Sequencing Caught in the Data Deluge'. *New York Times*, 30 november 2011 (http://www.nytimes.com/2011/12/01/business/dna-sequencing-caught-in-deluge-of-data.html?pagewanted=all).

President's Council of Advisors on Science and Technology. 'Report to the President and Congress Designing a Digital Future: Federally Funded Research and Development in Networking and Information Technology'. December 2010 (http://www.whitehouse.gov/sites/default/files/microsites/ostp/pcast-nitrd-report-2010.pdf).

Priest, Dana & William Arkin. 'A Hidden World, Growing Beyond Control'. *Washington Post*, 19 juli 2010 (http://projects.washingtonpost.com/top-secret-america/

articles/a-hidden-world-growing-beyondcontrol/print/).
Query, Tim. 'Grade Inflation and the Good-Student Discount'. *Contingencies Magazine*, American Academy of Actuaries, mei-juni 2007 (http://www.contingencies.org/mayjun07/tradecraft.pdf).
Quinn, Elias Leake. 'Smart Metering and Privacy: Existing Law and Competing Policies; A Report for the Colorado Public Utility Commission'. Voorjaar 2009 (http://www.w4ar.com/Danger_of_Smart_Meters_Colorado_Report.pdf).
Reshef, David, e.a. 'Detecting Novel Associations in Large Data Sets'. *Science* (2011), p. 1518-1524.
Rosenthal, Jonathan. 'Banking Special Report'. *The Economist*, 19 mei 2012, p. 7-8.
Rosenzweig, Phil. 'Robert S. McNamara and the Evolution of Modern Management'. *Harvard Business Review*, december 2010, p. 87-93 (http://hbr.org/2010/12/robert-s-mcnamara-and-the-evolution-of-modern-management/ar/pr).
Rudin, Cynthia, e.a. '21st-Century Data Miners Meet 19th-Century Electrical Cables'. *Computer*, juni 2011, p. 103-105.
Rudin, Cynthia, e.a. 'Machine Learning for the New York City Power Grid'. *IEEE Transactions on Pattern Analysis and Machine Intelligence* 34.2 (2012), p. 328-345 (http://hdl.handle.net/1721.1/68634).
Rys, Michael. 'Scalable SQL'. *Communications of the ACM*, juni 2011, 48, p. 48-53.
Salathé, Marcel & Shashank Khandelwal. 'Assessing Vaccination Sentiments with Online Social Media: Implications for Infectious Disease Dynamics and Control'. *PloS Computational Biology* 7, nr. 10 (oktober 2011).
Savage, Mike & Roger Burrows. 'The Coming Crisis of Empirical Sociology'. *Sociology* 41 (2007), p. 885-899.
Schlie, Erik, Jörg Rheinboldt & Niko Waesche. *Simply Seven: Seven Ways to Create a Sustainable Internet Business*. Palgrave Macmillan, 2011. 
Scanlon, Jessie. 'Luis von Ahn: The Pioneer of "Human Computation"'. *Businessweek*, 3 november 2008 (http://www.businessweek.com/stories/2008-11-03/luis-von-ahn-the-pioneer-of-human-computation-businessweek-business-news-stock-market-and-financial-advice).
Scism, Leslie & Mark Maremont. 'Inside Deloitte's Life-Insurance Assessment Technology'. *Wall Street Journal*, 19 november 2010 (http://online.wsj.com/article/SB10001424052748704104104575622531084755588.html).
Scism, Leslie & Mark Maremont. 'Insurers Test Data Profiles to Identify Risky Clients'. *Wall Street Journal*, 19 november 2010 (http://online.wsj.com/article/SB10001424052748704648604575620750998072986.html).
Scott, James. *Seeing like a State: How Certain Schemes to Improve the Human Condition Have Failed.* Yale University Press, 1998.
Seltzer, William & Margo Anderson. 'The Dark Side of Numbers: The Role of Population Data Systems in Human Rights Abuses'. *Social Research* 68 (2001) p. 481-513.
Silver, Nate. *The Signal and the Noise: Why So Many Predictions Fail – But Some Don't.* Penguin, 2012.
Singel, Ryan. 'Netflix Spilled Your *Brokeback Mountain* Secret, Lawsuit Claims'. *Wired*, 17 december 2009 (http://www.wired.com/threatlevel/2009/12/netflix-privacy-lawsuit/).
Smith, Adam. *The Wealth of Nations* (1776). Herdruk, Bantam Classics, 2003. Een elektronische versie is kosteloos beschikbaar op http://www2.hn.psu.edu/faculty/jmanis/adam-smith/Wealth-Nations.pdf). Nederlandse vertaling: Adam Smith, *Hoe worden landen welvarend*, vert. Prometheus/Liberaal Kennis Centrum, Prometheus, 2012 (gedeeltelijk in te zien via Google Books).

Solove, Daniel J. *The Digital Person: Technology and Privacy in the Information Age.* NYU Press, 2004.

Surowiecki, James. 'A Billion Prices Now'. *The New Yorker*, 30 mei 2011 (http://www.newyorker.com/talk/financial/2011/05/30/110530ta_talk_surowiecki).

Taleb, Nassim Nicholas. *Fooled by Randomness: The Hidden Role of Chance in Life and in the Markets.* Random House, 2008. Nederlandse vertaling: Nassim Nicholas Taleb, *Misleid door toeval: het onvoorziene in de economie en het leven*, vert. Jan Braks, Nieuwezijds, 2009.

Taleb, Nassim Nicholas. *The Black Swan: The Impact of the Highly Improbable.* 2e druk, Random House, 2010. Nederlandse vertaling: Nassim Nicholas Taleb, *De Zwarte Zwaan: de impact van het hoogst onwaarschijnlijke*, vert. Jan Braks, Nieuwezijds, 2008.

Thompson, Clive. 'For Certain Tasks, the Cortex Still Beats the CPU'. *Wired*, 25 juni 2007 (http://www.wired.com/techbiz/it/magazine/15-07/ff_humancomp?currentPage=all).

Thurm, Scott. 'Next Frontier in Credit Scores: Predicting Personal Behavior'. *Wall Street Journal*, 27 oktober 2011 (http://online.wsj.com/article/SB10001424052970203687504576655182086300912.html).

Tsotsis, Alexia. 'Twitter Is at 250 Million Tweets per Day, iOS 5 Integration Made Signups Increase 3x'. *TechCrunch*, 17 oktober 2011 (http://techcrunch.com/2011/10/17/twitter-is-at-250-million-tweets-per-day/).

Valery, Nick. 'Tech.View: Cars and Software Bugs'. *The Economist*, 16 mei 2010 (http://www.economist.com/blogs/babbage/2010/05/techview_cars_and_software_bugs).

Vlahos, James. 'The Department Of Pre-Crime'. *Scientific American* 306 (januari 2012), p. 62-67.



Von Baeyer, Hans Christian. *Information: The New Language of Science.* Harvard University Press, 2004.

Von Ahn, Luis, e.a. 'reCAPTCHA: Human-Based Character Recognition via Web Security Measures'. *Science* 321 (12 september 2008), p. 1465-1468 (http://www.sciencemag.org/content/321/5895/1465.abstract).

Watts, Duncan. *Everything Is Obvious Once You Know the Answer: How Common Sense Fails Us.* Atlantic, 2011.

Weinberger, David. *Everything Is Miscellaneous: The Power of the New Digital Disorder.* Times, 2007.

Weinberger, Sharon. 'Intent to Deceive'. *Nature* 465 (mei 2010), p. 412-415 (http://www.nature.com/news/2010/100526/full/465412a.html).

Weinberger, Sharon. 'Terrorist "Pre-crime" Detector Field Tested in United States'. *Nature*, 27 mei 2011 (http://www.nature.com/news/2011/110527/full/news.2011.323.html).

Whitehouse, David. 'UK Science Shows Cave Art Developed Early'. BBC News Online, 3 oktober 2001 (http://news.bbc.co.uk/1/hi/sci/tech/1577421.stm).

Wigner, Eugene. 'The Unreasonable Effectiveness of Mathematics in the Natural Sciences'. *Communications on Pure and Applied Mathematics* 13, nr. 1 (1960), p. 1-4.

Wilks, Yorick. *Machine Translation: Its Scope and Limits*. Springer, 2009.

Wingfield, Nick. 'Virtual Products, Real Profits: Players Spend on Zynga's Games, but Quality Turns Some Off'. *Wall Street Journal*, 9 september 2011 (http://online.wsj.com/article/SB10001424053111904823804576502442835413446.html).

# Woord van dank



Wij hebben allebei het geluk gehad samen te werken met een pionier op het gebied van informatienetwerken en innovatie, Lewis M. Branscomb. Van hem hebben we veel opgestoken. Zijn intellect, welsprekendheid, energie, professionalisme, esprit en onuitputtelijke nieuwsgierigheid inspireren ons tot op de huidige dag. En wij bieden zijn partner en zielsverwante Connie Mullin onze excuses aan omdat we haar suggestie om dit boek *Superdata* te noemen niet hebben opgevolgd.

Momin Malik was met zijn uitzonderlijke intelligentie en ijver een uitstekende onderzoeksassistent. Wij hebben het voorrecht te worden vertegenwoordigd door Lisa Adams en David Miller van het agentschap Garamond, die in elk opzicht simpelweg geweldig waren. Eamon Dolan, onze redacteur, was fenomenaal – hij behoort tot die zeldzame redacteuren die een vrijwel perfect gevoel hebben voor een manier van tekstredactie die intellectueel prikkelend is voor de auteurs, zodat het eindresultaat veel beter is dan we ooit hadden durven hopen. We danken Camille Smith, die ons manuscript vakkundig persklaar heeft gemaakt. En we danken James Fransham van *The Economist* voor zijn uitstekende factchecking en zijn scherpzinnige kritiek op ons manuscript.

Speciale dank zijn we verschuldigd aan alle big data-beoefenaars die de tijd namen uitleg over hun werk te geven, met name Oren Etzioni, Cynthia Rudin, Carolyn McGregor en Mike Flowers.

Viktor: ik wil graag de volgende personen bedanken – allereerst Philip Evans, die altijd twee stappen vooruitdenkt en zijn ideeën precies en welsprekend verwoordt en met wie ik al meer dan tien jaar regelmatig in gesprek ben.

Ik dank ook mijn voormalige collega David Lazer, die al vroeg een goede big data-wetenschapper was en die ik menigmaal om advies heb gevraagd.

Ik dank de deelnemers aan de Oxford Digital Data Dialogue 2011 (die zich concentreerde op big data), en vooral mijn medevoorzitter Fred Cate, voor een aantal zeer waardevolle discussies.

Het Oxford Internet Institute, waar ik werk, was precies de juiste omgeving voor dit boek aangezien heel veel van mijn collega's zich bezighouden met big data-onderzoek. Ik had me geen betere plek kunnen voorstellen om het te schrijven. Ik spreek ook mijn grote erkentelijkheid uit voor de ondersteuning door het Keble College, waar ik staflid ben. Zonder die steun zou ik geen toegang hebben gehad tot een aantal belangrijke primaire bronnen die in dit boek zijn gebruikt.

Het gezin lijdt er altijd het meest onder als je een boek schrijft. Niet alleen vanwege de vele uren die ik op kantoor achter mijn computer heb doorgebracht, maar ook vanwege de talloze uren dat ik lichamelijk wel aanwezig was maar met mijn gedachten elders vertoefde, waarvoor ik mijn vrouw Birgit en de kleine Viktor om vergiffenis wil vragen. Ik beloof dat ik zal proberen mijn leven te beteren.

Kenn: ik wil graag de volgende personen bedanken – allereerst de vele zeer vakbekwame datalogen die ons hielpen, in het bijzonder Jeff Hammerbacher, Amr Awadallah, DJ Patil, Michael Driscoll, Michael Freed en heel veel mensen van Google in de loop der jaren (onder wie Hal Varian, Jeremy Ginsberg, Peter Norvig en Udi Manber, terwijl de veel te korte babbeltjes met Eric Schmidt en Larry Page van onschatbare waarde waren).

Mijn denken is verrijkt door Tim O'Reilly, een wijze uit het internettijdperk, en eveneens door Marc Benioff van Salesforce.com, die mij veel heeft geleerd. De inzichten van Matthew Hindman waren van onmeetbare waarde, zoals altijd. James Guszcza van Deloitte heeft me ontzettend goed geholpen, evenals Geoff Hyatt, oude vriend en serieel IT-ondernemer. Mijn speciale dank gaat uit naar Pete Warden, die zowel filosoof als big data-beoefenaar is.

Veel vrienden hebben ideeën en goede raad aangedragen, onder wie John Turner, Angelika Wolf, Niko Waesche, Katia Verresen, Anna Petherick, Blaine Harden en Jessica Kowal. Enkele anderen die me hebben geïnspireerd tot onderwerpen in dit boek, zijn Blaise Aguera y Arcas, Eric Horvitz, David Auerbach, Gil Elbaz, Tyler Bell, Andrew Wyckoff en vele anderen bij de OESD, Stephen Brobst en het team van Teradata, Anthony Goldbloom en Jeremy Howard van Kaggle, Edd Dumbill, Roger Magoulas en het team bij O'Reilly Media, en Edward Lazowska. James Cortada is pantheonisch. Dank ook aan Ping Li van Accel Partners en aan Roger Ehrenberg van IA Ventures.

Mijn collega's bij *The Economist* hebben geweldige ideeën aangedragen en zijn een grote steun voor me geweest. Ik wil vooral mijn redacteuren Tom Standage, Daniel Franklin en John Micklethwait danken, en tevens Barbara Beck, die het speciale rapport 'Data, Data Everywhere' voor me heeft geredigeerd, waaruit dit boek is voortgekomen. Henry Tricks en Dominic Zeigler, mijn collega's in Tokio, waren rolmodellen omdat ze altijd op zoek zijn naar het allernieuwste en het prachtig onder woorden kunnen brengen. Oliver Morton liet me in zijn gebruikelijke wijsheid delen toen ik dat het hardst nodig had.

Het Salzburg Global Seminar in Oostenrijk bood precies de combinatie van idyllische rust en intellectuele speurzin die mij hielp bij het schrijven en nadenken. Een rondetafelconferentie op het Aspen Institute in juli 2011 inspireerde mij tot allerlei ideeën, waarvoor ik de deelnemers en de organisator, Charlie Firestone, wil bedanken. Mijn waardering gaat ook uit naar Teri Elniski voor haar geweldige steun.

Frances Cairncross, de rector van Exeter College in Oxford, voorzag me van een rustige verblijfplaats en veel aanmoediging. Het is een nederig stemmende ervaring om je te concentreren op vragen over technologie en de samenleving die voortbouwen op de kwesties die zij vijftien jaar eerder aan de orde stelde in *The Death of Distance*, een werk dat mij als jonge journalist inspireerde. Het gaf voldoening om elke ochtend de binnenplaats van Exeter College over te steken in het besef dat ik een toorts aan anderen kon doorgeven die zij had gedragen, al brandde de vlam in haar handen vele malen feller.

Mijn diepste waardering geldt mijn familie, die mij – of vaker mijn afwezigheid – geduldig heeft verdragen. Mijn ouders, mijn zus en andere familieleden verdienen dank, maar mijn grootste dankbaarheid bewaar ik voor mijn vrouw Heather en onze kinderen Charlotte en Kaz, zonder wier steun, aanmoediging en ideeën dit boek niet mogelijk was geweest.

Wij zijn de vele mensen dankbaar die met ons over big data van gedachten hebben gewisseld, lang voordat die term zo populair werd. Wat dat betreft spreken wij onze bijzondere dank uit aan alle deelnemers die in de loop der jaren de Rueschlikon Conference on Information Policy hebben bijgewoond, die mede door Viktor werd georganiseerd en waar Kenn rapporteur was. In het bijzonder danken wij Joseph Alhadeff, John Seely Brown, Peter Cullen, Ed Felten, Jeff Jonas, Douglas Merrill, Cory Ondrejka, Herbert Burkert (die ons kennis liet maken met gezagvoerder Maury), Urs Gasser, Nicklas Lundblad, Paul Schwartz en Joi Ito.

Viktor Mayer-Schönberger
Kenneth Cukier
Oxford/Londen, augustus 2012